LES GRANDS HOMMES VENGÉS.

TOME SECOND.

LES GRANDS HOMMES VENGÉS,

OU

Examen des jugements portés par M. de V., & par quelques autres Philosophes, sur plusieurs Hommes célebres, par ordre alphabétique ;

AVEC

Un grand nombre de remarques critiques & de Jugements Littéraires.

Par Monsieur DES SABLONS.

Confunde tyrannum & quos deprimit eleva. (Sanc. Vict.)

TOME SECOND.

A AMSTERDAM,

& se trouve A LYON,

Chez JEAN-MARIE BARRET, Imprimeur-Libraire, Quai de Retz.

M. DCC. LXIX.

AVEC APPROBATION ET PERMISSION.

LES GRANDS HOMMES VENGÉS.

SECONDE PARTIE,

Contenant les Articles qui ont rapport à l'Histoire Sacrée & Ecclésiastique.

ABBADIE.

§. I.

Témoignages avantageux rendus à son Traité de la Vérité de la Religion Chrétienne.

L'Auteur du *Dictionnaire anti-Philosophique* a vengé la mémoire de cet Auteur. Il a démontré contre M. de V. qu'*Abbadie* n'étoit pas mort en démence,

Tome II.

A

& qu'il avoit fini fa carriere à Londres, &
non en Irlande. Il s'appuie fur les Mémoires
de *Niceron*. Il auroit pu citer, ce femble,
les Auteurs anglois du *Supplément au Dictionnaire de Bayle*, qui étoient à portée
d'être inftruits du lieu de fa mort. Ce qui
a trompé M. de V. c'eft que le Docteur
Abbadie avoit le Doyenné de Killalow en
Irlande ; mais il ne mourut point dans ce
pays-là, & fur-tout il ne mourut pas fou.
Nous ne reviendrons donc pas fur les calomnies de M. de V. quoiqu'il les ait reproduites
dans le troifieme volume de fes Mélanges.
Mais comme il affecte un mépris fouverain
pour le livre d'*Abbadie*, livre qui vivra autant que la Religion même, on ne fera peut-
être pas fâché de trouver ici le jugement
que porterent de cet Ouvrage des perfonnes
d'ailleurs peu favorablement prévenues pour
les Prétendus Réformés. Je parle du Comte
de *Buffi-Rabutin*, de fon ami M. *Corbinelli*, & de fa parente Madame de *Sévigné*,
dont le goût & l'efprit font fi connus par
fes lettres.

Voici ce que M. *Corbinelli* mandoit au
Comte de *Buffi*, dans une lettre de Ma-
dame de *Sévigné* du 10 de Mars de 1687.
Je viens d'achever de lire un livre intitulé,
La vérité de la Religion Chrétienne, qui eft
à mon gré un livre parfait.

Le Comte de *Buffi* difoit à Madame de
Sévigné dans une lettre du 5 de Juillet
1688 : " Il faut chercher autre chofe que ce
» que nous voyons ; & favez-vous bien ce

» qui me confirme dans ces fentiments ?
» c'eft le fecond livre *de la verité de la Reli-*
» *gion.* Nous le lifons à préfent.... & nous
» trouvons qu'il n'y a que ce livre-là à lire
» au monde.

Madame de *Sévigné* ne s'exprime pas
moins fortement dans fa lettre du 13 d'Août
1688. " Il faut que je revienne encore à
» vous, pour vous dire la joie que j'ai de
» l'eftime que je vous vois pour le fecond
» tome d'*Abbadie.* C'eft le plus divin de
» tous les livres ; cette eftime eft géné-
» rale..... Je ne crois pas qu'on ait jamais
» parlé de la Religion comme cet homme-
» là.

Je n'ajouterai plus que deux paffages , qui
prouvent combien cet Ouvrage avoit frappé
& touché le Comte de *Buffi.* Dans une lettre du 15 Août 1688 à Madame de *Sévigné,*
il dit : " Madame de *Coligny* dit qu'elle
» gageroit qu'*Abbadie* ne mourra point
» Huguenot, ne pouvant pas imaginer que
» J. C. laiffe périr un homme qui l'a fi
» bien prouvé : & moi qui ne réponds de
» rien, je dis que fi *Abbadie* meurt dans
» fa Religion , cela me fait craindre &
» admirer la Providence. » Et dans la
même lettre : " Nous fommes fur la fin
» du fecond tome *de la verité de la Reli-*
» *gion.* C'eft un livre divin ; je ne dis pas
» feulement par la matiere , mais encore
» pour la forme. Je ne veux plus lire que
» ce livre-là pour ce qui regarde mon falut.
» Il ne me feroit pas quitter le monde ,

» comme il a obligé le *Charmel* (*), quand
» je ne ferois pas non plus marié que lui ;
» mais il me le fera bien méprifer , &
» il m'en perfuadera le détachement par
» l'efprit. Jufqu'ici je n'ai point été touché
» de tous les autres livres qui parlent de
» Dieu , & j'en vois bien aujourd'hui la
» raifon : c'eft que la fource m'en paroiffoit
» douteufe ; mais la voyant claire & nette
» dans le livre d'*Abbadie* , il me fait va-
» loir tout ce que je n'eftimois pas. Encore
» une fois, c'eft un livre admirable ; il me
» peint tout ce qu'il me dit, & , en un mot,
» il force ma raifon à ne pas douter de ce
» qui lui paroiffoit incroyable. »

M. l'Abbé *Desfontaines* ne traite pas
moins favorablement l'ouvrage d'*Abbadie.*
» Ce livre également eftimé & lu des Pro-
» teftants & des Catholiqu‑, eft un ou-
» vrage complet, nourri d'un ftyle éloquent,
» & où l'érudition & le raifonnement ne
» laiffent rien à fouhaiter. Auffi efface-t-il
» aux yeux de l'Univers tout ce qui s'eft
» publié avant lui pour la défenfe du Chrif-
» tianifme. Quelles converfions n'a-t-il pas
» opérées ? Que d'Efprits forts n'a-t-il
» pas foumis ? Ce n'eft pas une élégance
» puérile,une vaine affectation de bel efprit ;
» vous n'y voyez point d'ornements dé-
» placés , ni de ces traits furprenants qui
» éblouiffent. Il ne débite ni épigrammes
» ni énigmes ; il ne fonge point à flatter les
» oreilles , & n'amufe point fon lecteur par

(*) Libertin converti.

» le choix étudié des expreſſions. L'Auteur
» eſt convaincu que les paroles ſont faites
» pour les hommes, & non pas les hommes
» pour les paroles.

§. II.

Doit-on défendre la Religion ?

M. de V. attaque ſans ceſſe la Religion,
& il ne ceſſe de crier qu'il ne faut pas la
défendre ; mais l'Abbé *Houteville* lui avoit
répondu d'avance, dans la Préface de la
Religion Chrétienne prouvée par les faits.
Où en ſeroit, dit-il, la Religion, ſi dans
l'origine les réſerves politiques & les ſcru-
puleuſes terreurs, dont on voudroit aujour-
d'hui nous faire des loix, euſſent prévalu ?
L'Idolâtre, le Juif, le Novateur, n'auroient
trouvé ni contradictions, ni réſiſtance. Si
nos premiers Apologiſtes, contents de
croire, avoient négligé d'inſtruire & de
reprendre ; s'ils avoient évité d'éclaircir,
de juſtifier leur foi, & ſi leur zele eût manqué d'héritiers ; dans les jours malheureux
d'Arius, l'erreur ſe ſeroit élevée ſur les
ruines de la vérité.
L'Evangile n'a pas d'ennemis moins nom-
breux, moins aigris, moins artificieux,
moins ſuperbes qu'autrefois. S'engager à le
défendre, n'eſt donc pas un ſoin ſuperflu,
moins encore un projet condamnable. Ce
n'eſt point renouveller avec danger des
querelles aſſoupies ; c'eſt travailler à ter-

miner, s'il se peut, celles que l'impiété ne cesse de nous faire. Ce n'est point exposer la Religion ; c'est la produire avec tous ses appuis. Ce n'est pas supposer que l'Incrédule emploie contre nous des armes formidables ; c'est en mettre toute la foiblesse à découvert.

Bien loin de troubler la paix des simples, comme on nous en accuse, ni leur préparer des pieges, c'est au contraire les éclairer, les consoler, fortifier leur foi : car la foi n'est que trop foible pour l'ordinaire, quand elle n'est pas éclairée. L'ignorance de ses motifs conduit presque sûrement à la perdre tout-à-fait. Il n'est donc pas nécessaire qu'un Chrétien se justifie, lorsqu'il se présente pour soutenir la cause de l'Evangile. Il est permis à chaque Fidele, il lui est ordonné même de défendre sa Religion lorsqu'on l'attaque ; & la foi de tout Chrétien n'est-elle pas attaquée, quand celle du Christianisme l'est aussi indécemment & aussi publiquement qu'elle l'est aujourd'hui, sans que personne ose la défendre, du moins parmi les séculiers.

On n'a pas adopté à la vérité dans la spéculation le systême de la tolérance ; mais on le suit dans la pratique. On laisse chacun arbitre de ses opinions particulieres, & libre de se composer à son gré sa propre Religion. Il semble que nous ne devions nous appartenir mutuellement que durant les courtes bornes de la vie présente : on s'endort sur les suites malheureuses de l'infidélité de ses proches mêmes. Tandis que sur tout le reste on craint jusqu'à l'ombre du péril pour ceux qu'on aime, on n'a sur l'erreur qui va les perdre, qu'un cœur indifférent & des yeux distraits. Le dirai-je ? Parmi ceux même qui, plus intimément persuadés, sembleroient devoir être plus touchés de l'égarement d'autrui, la plûpart, soigneux seulement de garder en eux la simplicité de la foi, pensent avoir assez fait pour elle, quand ils ont donné quelques plaintes secrettes & vagues au malheur de l'incrédulité. Avouons-le à notre honte ; telle est aujourd'hui la face du Christianisme. On s'y permet, pour l'impiété même, des complaisances que nos Peres se seroient défendues pour les plus foibles écarts dans la Doctrine.

Mais (dit-on aux défenseurs du Christianisme) il est à craindre que les objections que vous exposez ne fassent plus d'impression que vos réponses. Nous avouons que cela peut être pour ce grand nombre d'hommes superficiels qui ne lisent qu'à la hâte, & qui ne voient que ce qui est sous leurs yeux. Ils se lassent & se rebutent au premier effort d'attention suivie, & toute réponse demande un esprit appliqué. Quelque simple que soit l'objection, ce n'est souvent qu'à l'aide d'un grand nombre de raisonnemens, & en quelque forte par des dissertations, qu'on arrive à la détruire. Presque toujours, pour la résoudre, il est nécessaire de remonter à des principes

écartés , de définir avec précifion ce qui
eft équivoque , de débrouiller ce qui eft
confus , d'éloigner ce qui eft inutile , de
rapprocher ce qui eft effentiel , de comparer exactement des idées , de démêler des
fophifmes , de péfer des autorités , d'éclaircir
des textes écrits en langues étrangeres ,
d'en extraire le véritable fens. Mais parce
que la refutation d'un livre impie , tel, par
exemple, que le *Dictionnaire Philofophique,*
demandera tout cet appareil , faudra-t-il
fe difpenfer de lui répondre , & laiffer
l'incrédulité nous infulter paifiblement ?
Non ; s'il eft des efprits fuperficiels & frivoles qui ne veulent cueillir que les fleurs
d'un fujet , il eft auffi des efprits fages &
profonds qui ne craignent pas de paffer à
travers les épines des matieres les plus
abftraites ; & ces gens fages ramenent à la
longue ces génies légers & inappliqués , que
l'âge mûrit tôt ou tard. Si ceux-ci craignent
d'entrer avec un Auteur dans les routes
pénibles du raifonnement , ils ne redoutent
pas de même l'inftruction verbale. Il faut
donc qu'on éclaire les Maîtres , pour que
les Difciples puiffent être ramenés par ceux
qui font à portée de converfer avec eux ;
& c'eft, ce me femble , ce qui prouve vifiblement l'utilité des ouvrages contre l'impiété , ou en faveur de la Religion.

AMBROISE. (St.)

Ce Pere croyoit-il l'Ame immatérielle ?

M. de V. a cru trouver dans ce Pere un passage qui favorifoit le Matérialifme. Avant que de le dévélopper, il eft bon de voir de quelle maniere S. Ambroife expliquoit la Création. La vie de l homme a commencé, dit-il, lorfque Dieu a foufflé fur lui ; cette vie finit par la féparation de l'ame & du corps, mais le fouffle qu'il reçoit de Dieu n'eft point détruit, lorfqu'il fe fépare du corps : comprenons par-là combien ce que Dieu a fait immédiatement dans l'homme, eft différent de ce qu'il a formé & figuré ; c'eft pour cela que l'Ecriture dit que Dieu a fait l'homme à fon image, & qu'elle raconte enfuite qu'il prit de la pouffiere, & qu'il forma l'homme.

Ce qui n'a point été formé de la pouffiere, n'eft ni terre, ni matiere : c'eft une fubftance incorporelle, admirable, immatérielle ; ce n'eft ni dans le corps, ni dans la matiere, mais dans l'ame raifonnable qu'il faut chercher la reffemblance de l'homme avec Dieu. L'ame n'eft donc point une vile matiere ; elle n'eft rien de corporel. (*Serm.* 10. n. 15.)

C'eft par le Dogme de l'immatérialité de l'ame qu'il éleve l'homme, qu'il le confole des malheurs de la vie, qu'il le foutient contre les horreurs de la mort ; toute la morale de ce Pere porte fur l'immatérialité de l'ame. (*de Noé & Arcâ* , c. 25.)

Sur quel fondement foupçonne-t-on ce Pere d'être Matérialifte ? Sur un paffage dans lequel ce Pere dit , *qu'il n'y a rien qui foit exempt de compofition matérielle , que la Trinité.* (*de Abraham* , l. 1. c. 8. n. 58.)

En prenant ce paffage ainfi détaché de tout ce qui le précede & de ce qui le fuit , il s'enfuivroit tout au plus que S. *Am-broife* croyoit que tous les efprits créés font unis à un petit corps dont elles font inféparables. S. *Ambroife* s'eft expliqué trop clairement fur l'immatérialité de l'ame , pour donner un autre fens à ce paffage.

Mais S. *Ambroife* dans ce paffage ne dit rien de ce qu'on lui fait dire.

Ce Pere , en parlant des facrifices , dit qu'ils fervent à rappeller l'homme à Dieu , & à lui faire connoître que Dieu , quoi-qu'au-deffus du monde , en a pourtant arrangé les parties.

Du fpectacle de la nature où il trouve les traces , ou plutôt le caractere de la Providence , il paffe aux différentes parties du monde & de la terre. Il fait voir que c'eft Dieu qui a difpofé les différentes par-ties de la terre ; il paffe enfuite au corps humain , & dit que c'eft Dieu qui a mis entre tous fes membres l'harmonie qu'on y admire.

Pour l'ame , elle a auffi fes divifions ; &

ces divisions font fes différentes fonctions :
car l'ame , felon ce Pere , eft indivifible.
Plus légere que les oifeaux , fes vertus
l'élevent au-deffus des Cieux ; & Dieu ne
l'a point divifée en parties comme les autres
êtres , parce qu'elle eft unie à la Trinité ,
qui , feule indivifible , a tout divifé.

C'eft pour cela que les Philofophes
avoient cru que la fubftance fupérieure du
monde , qu'ils appellent l'*Ether* , n'eft
point compofée des éléments qui forment
les autres corps ; mais qu'il eft une lumiere
pure, qui n'a rien de la faleté de la terre , de
l'humidité de l'eau, du nébuleux de l'air ou
de l'éclat du feu. C'eft , felon eux , une cinquieme nature qui, infiniment plus rapide
& plus légere que les autres parties de la
nature , eft comme l'ame du monde , parce
que les autres parties font mêlées à des
corps étrangers & groffiers.

Mais , pour nous , continue S. *Ambroife* ,
nous croyons qu'il n'y a rien d'exempt de
compofition matérielle , que la fubftance
de la Trinité , qui eft d'une nature fimple
& fans mêlange ; quoique quelques-uns
croient que cette cinquieme effence eft cette
lumiere que David appelle le Vêtement du
Seigneur.

Il eft évident que S. *Ambroife* confirme
ici l'immatérialité de l'ame , puifqu'il dit
qu'elle eft indivifible & unie à la Sainte
Trinité , qui eft fimple ; qu'ainfi ce Pere n'a
pu , deux lignes au-deffus , dire que l'ame
eft matérielle , à moins qu'on ne le fuppofe
ftupide ou infenfé.

Il n'eſt pas moins clair que dans ce texte S. *Ambroiſe* n'a pour objet que de com-battre le ſyſtême de l'ame univerſelle, que les Philoſophes ſuppoſoient répandue dans le monde comme un cinquieme élément ; par conſéquent, il ne s'agiſſoit point dans cet endroit de l'ame humaine, mais d'une des parties du monde que les Philoſophes regardoient comme un eſprit : & S. *Am-broiſe* leur dit qu'il ne reconnoît, pour gouverner le monde, d'autre nature ſimple que Dieu, & que tous les éléments qui ſervent à entretenir l'harmonie de la na-ture, ſont corporels ; ce qui n'a aucun rapport à l'ame.

Voilà le ſens naturel du paſſage de St. *Ambroiſe*, lequel vraiſemblablement n'a pas été lu en entier par ceux qui ont cru que ce Pere étoit Matérialiſte.

Les ſiecles poſtérieurs au Pere dont nous venons d'examiner les ſentiments, ne four-niſſent rien dont les Matérialiſtes prétendent s'autoriſer, ou ce ſont des paſſages détachés qui peuvent s'expliquer par ce que nous avons dit ſur les différents ſens que l'on a attachés aux mots *corps* & *corporel*.

ANTHOINE. (*)

Ses erreurs font punies par le feu.

CE malheureux fut une preuve des suites funeftes que produit la fureur de raifonner, touchant les matieres de Religion, dans une tête foible. Il s'appelloit *Nicolas Anthoine*, & il vit le jour à Brieu en Lorraine de parents Catholiques. Ils prirent un foin particulier de fon éducation. Ils l'envoyerent à Luxembourg, où il étudia pendant cinq ans dans le College de cette Ville. De-là il paffa à Pont-à-Mouffon, à Treves & à Cologne, & y continua fes Etudes dans le College des Jéfuites, jufqu'à l'âge de 20 ans. De retour chez fon pere avec une averfion extrême pour l'Eglife Romaine, il fe rendit à Metz auprès de M. *Ferry*, favant Théologien Reformé, qui l'inftruifit dans la Religion Proteftante. *Anthoine* en fit publiquement profeffion, & il tâcha même de pervertir fes Parents. De Metz on l'envoya à Sedan pour y étudier en Théologie, & de-là à Geneve, où fa foi acheva de faire naufrage.

(*) M. de V. a raconté l'hiftoire de ce malheureux dans le tome IV de fes *Nouveaux Mélanges*, imprimé en l'année 1767. mais il ne l'a que crayonnée, & il eft tombé dans quelques inexactitudes qu'on a évitées dans cet article fait fur plufieurs pieces originales.

Son premier Maître, *Ferry*, l'ayant imbu de ce grand principe des Proteſtants, que l'Ecriture Sainte eſt la ſeule regle de notre foi, *Anthoine* y chercha à fixer la ſienne ; & s'étant ſéparé de l'Egliſe, qui ſeule peut donner le vrai ſens aux Livres ſaints, il s'égara en cherchant la véritable voie. Il s'attacha particuliérement à la lecture de l'Ancien Teſtament, qui commença à lui donner du goût pour la Religion Juive. Il paſſa enſuite au Nouveau, & y trouvant pluſieurs difficultés qui lui paroiſſoient inſolubles, il embraſſa intérieurement le Judaïſme, environ cinq ou ſix ans avant qu'on lui fit ſon Procès en 1632. Il commença à douter de la vérité de la Religion Chrétienne, en comparant enſemble les deux Généalogies de J. C. comme on les trouve dans S. *Matthieu* & dans S. *Luc*. Mais lorſqu'il entreprit d'examiner les paſſages de l'Ancien Teſtament, qui ſont appliqués au Meſſie dans le Nouveau, ſon eſprit téméraire fut ſi choqué de cette application, dont les moindres interprêtes lui auroient montré la ſublimité & la vérité, qu'il renonça au Chrſtianiſme. On a obſervé judicieuſement (dans le ſecond volume de la *Bibliotheque Angloiſe* qui nous fournit une partie de cet article) que *Nicolas Anthoine* eſt peut-être le ſeul Chrétien qui ait abjuré ſa Religion par un tel motif.

Les nouveaux ſentiments, en matiere de Religion, font ſouvent une plus forte impreſſion ſur l'eſprit des hommes , que ceux dont ils ont été imbus dès leur enfance. Les uns ſont notre ouvrage, & les autres ne paroiſſent à nos yeux , faſcinés par l'amour propre , que la production de nos parents. *Anthoine* vérifia cette remarque. Il devint ſi zélé pour le Judaïſme, qu'il reſolut d'en faire profeſſion publiquement : ſon imagination s'échauffant de plus en plus , il quitte Geneve & retourne à Metz. Il y découvre d'abord ſes ſentiments aux Juifs de cette Ville. Il demande d'être admis dans leur Synagogue ; mais il le demande inutilement. Les Juifs ſentirent de quelle conſéquence ſeroit cette affaire. Ils le renvoyerent à leurs Freres de Veniſe.

Le Proſélyte partit pour cette Ville , & demanda la circonciſion avec inſtance ; mais elle lui fut encore refuſée. Les Juifs de Veniſe lui dirent que le Sénat leur avoit défendu de circoncire ceux qui n'étoient pas nés dans le Judaïſme. *Anthoine* ſouhaitant paſſionnément de recevoir le ſceau de l'alliance Judaïque , alla de Veniſe à Padoue , dans l'eſpérance que les Iſraélites de cette Ville lui ſeroient plus favorables ; mais ils lui firent la même réponſe. Les Docteurs de la Loi le conſolerent néanmoins , en l'aſſurant qu'il ſeroit ſauvé ſans faire profeſſion ouverte de la Religion Moſaïque, pourvu qu'il demeurât fidele à Dieu dans ſon cœur. Cette déciſion l'ayant un peu calmé , il retourna à Geneve.

Anthoine étoit connu dans cette Ville

pour un homme qui avoit quelques talents.
M. *Diodati*, Miniſtre & Profeſſeur, lui
confia l'éducation de ſes enfants. L'Iſraé-
lite fit ſemblant de continuer ſes Etudes
de Théologie, & fut pendant quelque
temps Régent de la premiere Claſſe. Il
diſputa enſuite la Chaire de Philoſophie,
mais ſans ſuccès. Il vivoit extérieurement
en Chrétien, participant à la Cene, aſſiſ-
tant aux autres exercices de la Religion
Réformée ; mais il vivoit en particulier,
& faiſoit ſes dévotions à la maniere des
Juifs. Enfin, ennuyé de ſon état, & ayant
beſoin d'un établiſſement, il demanda une
atteſtation à l'Egliſe de Geneve, pour ſe
rendre au Synode de Bourgogne aſſemblé
à Gex. Il y fut admis au ſaint Miniſtere,
& nommé à l'Egliſe de Divonne dans le
Pays de Gex, après avoir promis de ſuivre
la Doctrine du Nouveau & de l'Ancien
Teſtament.

Ce fut à Divonne qu'il inſpira les premiers ſoupçons contre ſa Religion. Le
Seigneur de ce Village s'apperçut qu'*Anthoine* ne parloit jamais de JESUS-CHRIST,
ni dans ſes prieres, ni dans ſes ſermons.
Il ne puiſoit ſes textes que dans l'Ancien
Teſtament. Il appliquoit à d'autres perſonnes les paſſages que les Chrétiens ap-
pliquent à J. C. Cette conduite ſinguliere
excita des murmures qui parvinrent à *Anthoine*. Il étoit naturellement ſombre &
peureux. Une terreur panique s'empara de
ſon ame, & il tomba dans un accès de

folie

folie au mois de Février 1632. On regarda
cet accident comme un jugement de Dieu,
parce qu'il arriva le jour après qu'*Anthoine*
eut expliqué le Pseaume deuxieme, sans en
faire l'application à J. C.

Sa démence se tourna en phrénesie. Il
marchoit à quatre pates dans sa chambre,
& c'est l'allure que devroient avoir tous
les foux dangereux de ce monde. Dans cet
état, il déclama avec emportement contre
la Religion Chrétienne, sur-tout en présence de quelques Ministres de Geneve.
Il attaqua la personne de J. C. qu'il traita
d'*Idole*, [& il soutint que le Nouveau Testament n'étoit qu'une fable. Pour le prouver, il demanda qu'on apportât un rechaud
plein de charbons ardents, & il dit aux
Théologiens qui étoient dans sa chambre,
qu'il mettroit la main dans le feu pour
soutenir sa Doctrine, & qu'il les défioit de
faire la même chose pour leur CHRIST.
Enfin, dans un transport de fureur, il
s'échappa pendant la nuit des mains de
ceux qui le gardoient, & courut jusqu'aux
portes de Geneve. On le trouva le lendemain matin dans la boue à demi nud.
Alors ayant ôté ses souliers au nom du
véritable Dieu d'Israël, il l'adora les pieds
nuds & prosterné à terre, & prononça des
blasphêmes. Les Magistrats de Geneve le
firent mettre à l'Hôpital, où son esprit se
calma peu à peu.

Dès qu'il fut revenu à lui, il cessa de
parler injurieusement de la Religion Chré-

tienne ; mais il continua de foutenir fortement le Judaïfme. Les Miniftres firent
tous leurs efforts pour le convaincre de la
fauffeté de fa Doctrine . & pour l'éclairer
fur l'énormité de fa couduite ; mais il per-
fifta dans fon opiniâtreté.

M. *Ferry*, le premier Maître, ou le premier corrupteur de ce malheureux , écrivit
une lettre aux Miniftres & aux Profeffeurs
de Geneve pour obtenir fa grace. Il le
peint comme un jeune homme taciturne ,
d'une mélancolie noire , toujours agité de
penfées fombres , inquiet , ardent , & plus
fou que méchant. Cette lettre fit très-peu
de fruit à Geneve, où fes blafphêmes avoient
aigri plufieurs perfonnes. *Anthoine* préfenta
lui-même trois Requêtes au Confeil de Geneve. La premiere , datée du 11 Mars
1632 , commence ainfi : *Au nom du grand
Dieu des Cieux , qui eft le puiffant Dieu
d'*Ifraël *; fon faint nom foit eternellement
béni. Amen.* Il y fupplie les Magiftrats de
lui faire rendre quelques écrits touchant fa
Doctrine , qu'il avoit remis entre les mains
d'un Miniftre de Geneve par leur ordre ,
afin qu'il puiffe les revoir & les corriger ,
avant qu'on les produife contre lui. Il
ajoute enfuite : " Enquerez-vous de ma vie.
» J'ai toujours tâché de vivre en la crainte
» de Dieu , & de fuivre la droite voie du
» falut..... N'attirez point de fang inno-

(*) Voyez la principale dans les pieces juftifica-
tives , n. 3.

» cent sur vos têtes , ni sur vos familles ,
» ni sur votre Ville ; & Dieu , en la main
» de qui nous sommes tous , vous bénira
» si vous aimez ses saintes voies , &c. » La
seconde Requête , datée du lendemain ,
mérite une attention particuliere , & nous
la mettrons dans les pieces justificatives.

Le 13 Avril 1632 , *Anthoine* comparut
devant ses Juges pour la premiere fois. Il
déclara , 1°. Qu'il étoit Juif , & qu'il
prioit Dieu de lui faire la grace de mourir
dans la Religion Judaïque.

2°. Qu'il croyoit qu'il y avoit eu un homme nommé J. C. mais qu'il ne savoit pas s'il
avoit été crucifié.

3°. Qu'il ne croyoit point que J. C. fût
Dieu , ni Fils de Dieu , ni le Messie , puisqu'il n'y avoit qu'un seul Dieu , sans dis-
tinction de personnes , & que le temps du
Messie n'étoit pas encore venu.

4°. Qu'il rejettoit le Nouveau Testament,
parce qu'il y trouvoit plusieurs contradictions , & parce qu'il ne s'accordoit pas avec
l'Ancien.

5°. Qu'il avoit embrassé le Ministere ,
parce que les Juifs lui avoient dit qu'il
pouvoit faire profession de toutes sortes
de Religions , & pour avoir de quoi vivre.

6°. Que quand il prêta les serments ordinaires , il juroit *à part soi ce qui étoit
véritable & équitable.*

7°. Qu'ayant pris ce parti , il ne pouvoit
se dédire de réciter le Symbole des Apôtres,
& de donner la Communion.

8°. Qu'il ne prononçoit jamais diſtinctement les articles du Symbole qui regardoient J. C.

9°. Qu'il prenoit ſes textes dans les Pſeaumes & dans le Prophete *Iſaïe*.

10°. Qu'il étoit vrai qu'au mois de Février, le jour après qu'il eut prêché ſur le Pſeaume deuxieme, ſans en faire l'application à J. C. il tomba dans un accès de folie, en chantant le Pſeaume 74.

11°. Qu'il avoit perdu le ſens, lorſqu'on le trouva dans la boue aux portes de Geneve, & qu'il avoit nommé J. C. une Idole, &c.

12°. Qu'il étoit vrai qu'il avoit dit que les paſſages de l'Ancien Teſtament, cités dans le Nouveau, étoient forcés, *tirés par les cheveux, & qu'ils crioient miſéricorde.*

13°. Qu'il avoit renoncé à ſon baptême, & qu'il continuoit d'y renoncer.

On l'interrogea enſuite ſur les Profeſſions de foi contraires qu'il avoit faites. On lui demanda ſi un jour, étant viſité par un Seigneur & par un Miniſtre, il dit : » Qu'il » ne croyoit que le Dieu d'*Iſraël*, & » que ce *qu'adore & ſert toute autre gent,* » *Idoles ſont ;* ajoutant : *Si ce Chriſt eſt* ». *Dieu, que toutes les malédictions de la* » *Loi & les foudres tombent ſur moi ; mais* » *s'il ne l'eſt pas, qu'elles tombent ſur vous ;* » *& que ce Chriſt eſt une Idole,* &c. » *Anthoine* répondit qu'il ne s'en ſouvenoit pas, mais que cela pouvoit être. On lui montra enſuite une confeſſion de foi écrite de fa propre main , mais fans fignature. Il répondit qu'on l'avoit forcé à l'écrire , & il défavoua la doctrine qu'elle contenoit. On lui demanda s'il perfiftoit à renoncer à fon baptême ; il répondit affirmativement.

Ses mœurs étoient un point qu'il ne falloit pas oublier. Il eft vrai que ce n'eft pas toujours le vice qui conduit à l'erreur ; & ceux qui connoiffent la nature humaine , favent que les plus grands hérétiques ne font pas ordinairement les plus grands débauchés. Quoiqu'il en foit , on exhorta *Anthoine* à confeffer s'il *avoit fréquenté les mauvais lieux à Venife.* Il invoqua Dieu pour découvrir fon innocence , & il dit que *fi c'eût été la plus belle fille du monde , il n'y eût pas fongé ;* & baiffant la tête vers la terre , il pria Dieu qu'il eût pitié de lui.

Cette priere ne fut pas exaucée. Il comparut de nouveau devant fes Juges , & tenta en vain de fe les rendre favorables. Il leur déclara qu'il n'avoit jamais dogmatifé à Geneve ; que lorfqu'il adminiftroit la Cene dans fon Eglife à Divonne , il difoit aux Communiants , *Souvenez-vous de votre Sauveur ,* & qu'il baptifoit comme les autres Miniftres ; qu'il étoit dans la *voie du falut ,* & réfolu de mourir pour la vérité de la Doctrine. Son Procès étant inftruit , il fut condamné , le 12 Avril 1632 , à être lié & mené en la Place de Plein-Palais , *pour là être attaché à un poteau fur un bûcher , & étranglé , à la façon accoutumée , & en après fon corps brûlé & réduit en cendres ,*

&c. Cette Sentence fut exécutée le même jour, & ce misérable mourut avec la constance d'un véritable martyr.

Les Ministres de Geneve étoient allés en Corps au Conseil, pour supplier les Magistrats de vouloir suspendre l'exécution ; mais leurs prieres furent inutiles. Le motif de la Sentence étoit que *Nicolas Anthoine, oubliant toute crainte de Dieu, auroit commis crime d'Apostasie & de lése-Majesté Divine au premier chef, ayant combattu la Sainte Trinité, renié Notre - Seigneur & Sauveur J. C. blasphémé son saint Nom, renoncé son baptême pour embrasser le Judaïsme & la Circoncision, & se seroit parjuré, &c. &c. &c.*

Anthoine laissa quelques petits Ouvrages écrits de sa main. Un des Auteurs de la *Bibliotheque Angloise* dit les avoir vus. Ils constatent sa folie. Ces misérables productions sont, 1°. Quelques passages de l'Ancien Testament, avec une priere.

2°. Une priere qu'il faisoit le soir avant que de se coucher, & une autre priere qu'il récitoit après ses Sermons. Le style en est à-peu-près le même que celui des Théologiens Réformés ; mais il n'y est fait aucune mention de J. C. Ces prieres sont remplies d'onction.

3°. Une petite feuille contenant onze objections philosophiques contre la doctrine de la Trinité.

4°. Un long écrit, dans lequel l'Auteur fait une confession de sa foi ; en douze ar-

ticles , accompagnés de leurs preuves. Il
envoya cet écrit au Conseil , étant prison-
nier ; & il pria les Magiſtrats de vouloir
bien le communiquer à leurs Théologiens.
Il le ſigna le jour même de ſon exécution.

Voici ces douze articles. I. Qu'il n'y a
qu'un ſeul Dieu , ſans diſtinction de Perſonnes.

II. Qu'il n'y a point d'autre voie de ſalut,
que l'accompliſſement de la Loi de *Moyſe*.

III. Que la Circonciſion doit toujours
être pratiquée.

IV. Que le Sabath doit toujours être obſervé.

V. Que la diſtinction des viandes pures
& impures doit toujours ſubſiſter.

VI. Que les ſacrifices ſeront rétablis.

VII. Que le Temple & la Ville de Jéru-
ſalem ſeront rebâtis.

VIII. Que le véritable Meſſie doit venir ,
& qu'il ſera un Roi glorieux , ſaint & juſte,
qui rétablira le Royaume d'*Iſraël*.

IX. Qu'il n'y a point d'imputation du
péché d'*Adam*.

X. Qu'il n'y a qu'une prédeſtination ,
par laquelle Dieu a décrété de ſauver les
uns & de damner les autres ; mais qu'on
ſera recompenſé ou puni ſelon ce qu'on
aura fait.

XI. Que perſonne ne peut ſatisfaire pour
nous ; mais que ſi nous péchons , il y a
lieu à la repentance.

XII. Que le Nouveau Teſtament n'eſt
point conforme à l'Ancien.

A la fin de ce long écrit , on en trouve deux autres qui ne font pas moins remarquables. *Anthoine* entreprend de prouver que les paffages de l'Ancien Teftament , où il eft parlé d'une nouvelle alliance , ne fe doivent entendre que d'une confirmation de l'ancienne alliance faite avec *Abraham* , *Moyfe* & les Peres.

Le fecond écrit eft une explication du Chapitre LIII d'*Ifaïe*. *Anthoine* croyoit que ce Prophête y parle des Ifraélites vertueux , qui furent punis à caufe des méchants , & enveloppés dans les mêmes malheurs.

Ces différents écrits prouvent qu'*Anthoine* avoit le fanatifme du Judaïfme , autant que d'autres ont celui de l'impiété. Mais fon enthoufiafme devoit être accompagné de beaucoup d'adreffe , & peut-être , fans fa folie , on n'auroit jamais découvert fes véritables fentiments. Ce qui montre qu'il avoit un caractere rufé , c'eft qu'il fut affez fourbe pour prêcher tous les Dimanches dans une Eglife Chrétienne , quoiqu'il fût Juif. Il eft affez ordinaire de voir jouer ce même rôle en Portugal & en Efpagne à de véritables Ifraélites. Son exemple prouve que nos recherches en matiere de Religion ne fauroient être trop accompagnées d'attention d'efprit, de droiture de cœur & de refpect pour la parole de Dieu. Il vaut beaucoup mieux penfer fobrement que librement. Les doutes & les irréfolutions en fait de Religion , conduifent prefque toujours à l'erreur.

AUGUSTIN (St.)

Force de son génie & de son éloquence. Sa conduite à l'égard des Donatistes.

» L'Evêque d'Hyppone, dit M. de V., » quelquefois inconséquent, étoit plus » disert que ne sont les autres Africains. » (Traité de la *Tolérance*, chap. intitulé *Post-Scriptum*) Voilà S. Augustin dignement caractérisé en deux mots. M. de V. a sans doute plus médité ce Pere de l'Eglise, que tant d'autres Ecrivains qui en ont fait le plus grand éloge. Il faut qu'il l'ait mieux lu que la *Bruyere* qui le met en pararelle avec *Platon* & avec *Ciceron*. Citons en entier le beau passage où il en parle.

» Un Pere de l'Eglise, un Docteur de » l'Eglise, quels noms ! Quelle sécheresse, » quelle froide dévotion, & peut-être, » quelle scholastique ! disent ceux qui ne » les ont jamais lus ; mais plutôt, quel » étonnement pour tous ceux qui se sont » fait une idée des Peres si éloignée de la » vérité, s'ils voient dans leurs Ouvrages » plus de tours & de délicatesse, plus de » politesse & d'esprit, plus de richesse » d'expression & plus de force de raison- » nement, des traits plus vifs & des graces » plus naturelles que l'on n'en remarque » dans la plûpart des livres de ce temps,

» qui font lus avec goût, qui donnent du
» nom & de la vanité à leurs Auteurs !
» Quel plaifir d'aimer la Religion , & de la
» voir crue , foutenue, expliquée par de fi
» beaux génies & par de fi beaux efprits !
» fur-tout lorfque l'on vient à connoître que
» pour l'étendue des connoiffances , pour
» la profondeur & la pénétration , pour
» les principes de la pure Philofophie ,
» pour leur application & leur développe-
» ment , pour la jufteffe des conclufions .
» pour la dignité du difcours , pour la
» beauté de la morale & des fentiments ,
» il n'y a rien , par exemple , que l'on
» puiffe comparer à S. Auguftin , que
» *Platon* & que *Ciceron.* » (Chap. des
» *Efprits forts.*)

A ce fuffrage d'un Laïque, nous joignons
celui d'un Eccléfiaftique , de M. *Racine.*

» Les Ouvrages de S. Auguftin font eux
» feuls une Théologie complette. Ce Pere
» s'eft appliqué dans tous fes Ecrits a expli-
» quer avec une merveilleufe netteté les véri-
» tés chrétiennes , à les bien digérer , à les
» débarraffer de toutes les chicanes des
» hérétiques , & à les mettre dans un ordre
» méthodique. Il a marqué avec précifion
» ce qu'on doit croire de chaque myftere ,
» ce qu'on doit répondre aux objections
» que l'on y oppofe , & comment on doit
» tirer de l'Ecriture de quoi appuyer chaque
» dogme & chaque vérité. Quelqu'abftrai-
» tes que foient les matieres qu'il traite ,
» il les met dans un fi grand jour , qu'elles

„ deviennent intelligibles à tout le monde.
„ Il fait répandre dans tous fes Ouvrages
„ un goût de piété, qui dégage infenfible-
„ ment fon lecteur de l'amour des créatures,
„ pour le porter à n'aimer que celui dont
„ il a reçu l'être & la vie. L'idée que je
„ vais tâcher d'en donner, fera fentir quel
„ eft le bonheur de ceux qui font les fideles
„ Difciples de ce grand Maître, & com-
„ bien l'un des plus grands hommes de
„ notre temps avoit raifon de dire, qu'un
„ Eccléfiaftique ne doit ambitionner d'autre
„ fortune que de goûter les Ecrits de cet
„ incomparable Docteur, & d'en bien con-
„ noître tout le prix. „ (Abr. de l'Hift. Ec-
„ clef. tom. 4.)

M. de V. après avoir déprifé les talents
de S. Auguftin, décrie fon caractere.
„ L'Auteur de ce faint Libelle (l'*Accord de
„ la Religion & de l'humanité*) s'appuie fur
„ *S. Auguftin*, qui, après avoir prêché la
„ douceur, prêcha enfin la perfécution,
„ attendu qu'il étoit alors le plus fort, &
„ qu'il changeoit fouvent d'avis..... Je
„ d rai à l'Evêque d'Hyppone : Monfeigneur,
„ vous avez changé d'avis, permettez-moi
„ de m'en tenir à votre premiere opinion;
„ en vérité, je la crois la meilleure. „
On voit toujours dans le ftyle de M. de
V. la même décence & la même vérité. Il
eft queftion ici de favoir fi S. *Auguftin*
prêcha la perfécution contre les Donatiftes,
& fi ces Hérétiques étoient dans le cas de la
tolérance. Ecoutons M. *Racine.*

„ Les Donatistes s'étoient si fort multi-
„ pliés en Afrique , qu'ils sembloient y
„ avoir opprimé les Catholiques. Depuis
„ qu'ils étoient venus à bout d'obtenir une
„ loi qui leur donnoit toute liberté , ils
„ exerçoient par-tout des violences insup-
„ portables. Ces hommes qui faisoient pro-
„ fession de ne vouloir communiquer qu'avec
„ des Saints , étoient la plûpart coupables
„ des plus grands excès ; & leurs circon-
„ cellions étoient si furieux , qu'on auroit
„ peine à croire tous les crimes qu'ils com-
„ mettoient , si l'on ne savoit que l'esprit
„ de schisme rend capables de tout , ceux
„ qui en sont possédés. Ils pilloient les mai-
„ sons , brûloient les bâtiments , portoient
„ par-tout la désolation. Quand ils trou-
„ voient des clercs Catholiques , non con-
„ tents de les couvrir de plaies , ils leur
„ mettoient dans les yeux de la chaux &
„ du vinaigre. S. *Augustin* apprit un jour
„ qu'en une seule occasion ils avoient re-
„ baptisé quarante - huit personnes , qui
„ n'avoient point eu la force de soutenir
„ ces cruautés. Pour remédier aux maux
„ que ces forcenés faisoient par-tout , les
„ Evêques Catholiques s'assemblerent à
„ Carthage l'an 410 , & résolurent d'en-
„ voyer des députés à l'Empereur *Honorius*,
„ qui régnoit en Occident depuis la mort
„ du grand *Théodose* son pere. Ces dépu-
„ tés obtinrent ce qu'ils avoient eu
„ ordre de demander , savoir , qu'il fût
„ ordonné aux Donatistes de venir à une

„ conférence publique. S. *Augustin* qui
„ avoit fait prendre ce parti aux Evêques ,
„ croyoit que c'étoit le meilleur moyen de
„ défabufer les peuples.

Il ne vouloit pas qu'on les châtiât. " S.
„ *Augustin* & d'autres Evêques (dit M.
„ l'Abbé *Pluquet* dans fon Dictionnaire
„ des Héréfies) jugerent qu'il ne falloit
„ point demander à l'Empereur qu'il or-
„ donnât des peines contre les Donatiftes.
„ S. *Augustin* croyoit qu'il falloit agir en
„ conférence , combattre par des difputes
„ & vaincre par des raifons , de peur de
„ changer des hérétiques déclarés en Catho-
„ liques déguifés.

„ Mais les Donatiftes avoient rempli
„ l'État de défordres ; ils troubloient la
„ tranquillité publique : c'étoient des affaf-
„ fins , des incendiaires , des féditieux , &
„ l'Empereur devoit au Public des Loix plus
„ féveres contre d'auffi dangereux Sectaires.
„ Ils n'étoient dans le cas ni de la tolé-
„ rance Civile , ni de la tolérance Ecclé-
„ fiaftique ; ainfi ce fut avec juftice qu'il
„ ordonna , fous les plus grandes peines ,
„ que les Schifmatiques rentreroient dans
„ l'Eglife.

Cette conduite de l'Empereur , eût-elle
été approuvée par S. *Augustin* , ne fauroit
être blâmée par M. de V. à moins qu'il
ne contredife fes propres principes. Il
prétend qu'un gouvernement eft en droit
de punir les erreurs des hommes , quand
ces erreurs font des crimes. " Elles font

„ des crimes quand elles troublent la fo-
„ ciété ; elles troublent cette fociété, dès
„ qu'elles infpirent le fanatifme ; il faut
„ donc que les hommes commencent par
„ n'être pas fanatiques pour mériter la
„ tolérance.

   „ Si quelques jeunes Jéfuites, fachant
„ que l'Églife a les Réprouvés en horreur,
„ que les Janféniftes font condamnés par une
„ Bulle, qu'ainfi les Janféniftes font Réprou-
„ vés, s'en vont brûler une maifon des Prêtres
„ de l'Oratoire, parce que *Quefnel* l'Ora-
„ torien étoit Janfénifte, il eft clair qu'on
„ fera bien obligé de punir ces Jéfuites. „

BAYLE.

§. I.

La prévention en faveur de Bayle n'eft pas univerfelle.

QUELQUE grande que foit la prévention
de M. de *Voltaire* en faveur de *Bayle*,
elle n'eft pas fi généralement répandue qu'il
pourroit le croire. Le Philofophe de Rot-
terdam a trouvé bien des Cenfeurs. Il y a
dans tous les fiecles des perfonnes raifonnables & éclairées qui ne font point efcla-
ves du préjugé. Parmi les lettres écrites à
feu M. de la *Croze*, il y a divers jugements
fur *Bayle*, dont la plûpart lui font affez
défavantageux. Les Journaliftes de Leipfic

n'en ont pas parlé plus favorablement, & ils étoient bons juges en matiere d'érudition. Qu'il me soit permis, dit M. l'Abbé *d'Olivet*, de faire une réflexion sur M. *Bayle*. Je le tiens pernicieux en matiere de Religion. Je crois même qu'à le prendre du côté de l'érudition, il ne mérite pas ce haut rang où les demi-Savants l'ont placé. „ Quelle pitié ! (avoit déjà dit cet Auteur „ dans son Histoire de l'Académie Fran- „ çoise, à l'article *Mezerai*) de voir que „ M. *Bayle*, un si beau génie, se plaise „ à déterrer les plus misérables brochures „ pour en tirer des anecdotes scandaleu- „ ses, qui reçoivent dans ses *in-folio* une „ seconde vie plus durable que la premiere. „ Il connoissoit la malice du cœur hu- „ main ; il a voulu la chatouiller.

Suivant les Journalistes de Trevoux, *Bayle*, généralement parlant, fait mieux imposer à ses lecteurs par les charmes de l'expression, que les convaincre par la force du raisonnement.

Dans la vie de M. *Nicole*, il est fait mention des lettres de ce Savant, & l'on en cite une où il dit de *Bayle* : " Il faut „ le moins que l'on peut se compromettre „ avec ce Nouvelliste. Il a dans le fond „ l'esprit assez faux, & nulle équité. Il se „ divertit d'une maniere indigne des choses „ les plus lascives ; mais il est en possession „ de plaire & de donner un air ridicule „ à ceux qu'il lui plaît. C'est une chose „ pernicieuse, que ces petits censeurs qui

„ s'érigent un tribunal, & qui difposent
„ de toutes les têtes mal faites qui font
„ toujours le plus grand nombre. „

L'Auteur de l'*Essai sur le beau*, après
avoir parlé des Ecrivains dont les Ouvrages ne s'accordent pas avec leur caractere,
ajoute à la page 197. " Le moyen de n'être
„ pas choqué en lifant un Philofophe qui,
„ felon lui, a profeffé toute fa vie le pur
„ Evangile, affecter hautement la qualité
„ d'honnête homme, défier tous fes Ad-
„ verfaires de le trouver en défaut fur la
„ Religion & fur les mœurs, & qui ne
„ travaille près de quarante ans que pour
„ ramaffer dans un feul Ouvrage une biblio-
„ theque entiere d'irréligion & d'infamie. „

Dans la Préface du livre qui a pour titre,
*Traité des abus de la critique en matiere de
Religion*, *&c.* ce judicieux cenfeur des
excès infupportables de la critique, s'étant
plaint amérement qu'elle a une pleine licence de s'exercer fur les fujets les plus
refpectables comme fur les plus minces, &
de s'élever contre Dieu même & fes Saints,
pourfuit en ces termes : " Témoin, entre
„ mille Ouvrages de ce caractere, le Dic-
„ tionnaire de M. *Bayle*, qui eft un amas
„ d'erreurs capitales qu'on y a inférées fous
„ prétexte d'en corriger d'affez indifféren-
„ tes en fait d'hiftoire & de littérature :
„ Ouvrage à la mofaïque, qui, dans fon
„ bizarre affortiment de citations & de
„ réflexions curieufes & comiques, fournit
„ de quoi former le plus monftrueux affem-
„ blage

„ blage d'obſcénités , d'héréſies & d'athéiſ-
„ me : Ouvrage , qui pis eſt, très-propre
„ à inſinuer ces poiſons avec tout l'agré-
„ ment que peuvent répandre la délicateſſe
„ de l'eſprit, la légéreté de la plume & la
„ variété de l'érudition , jointe à la fineſſe
„ de la critique. „

Les Proteſtants eux-mêmes , ajoute un
autre Ecrivain, ne lui ont-ils pas fait un
Procès dans les formes ? Ne l'ont-ils pas
accuſé d'athéiſme au Conſiſtoire de Rot-
terdam ? Il s'eſt défendu, il eſt vrai, avec
un artifice très-impoſant , & un air de ſu-
périorité qui devoit déconcerter un Accu-
ſateur auſſi peu méſuré que le fanatique
Jurieu. Mais quelque mous que fuſſent ſes
Juges , n'ont-ils pas exigé de lui qu'il
changeât ſes articles de *Pyrrhon ,* des *Ma-
nichéens ,* des *Pauliciens ,* &c. qu'il réfor-
mât entiérement ce qu'il avoit dit de *David ;*
qu'il dît nettement qu'il le regardoit comme
un Auteur inſpiré , &c. Enfin ne lui firent-
ils pas une reprimande ſur les obſcénités
dont il paroît affecter d'embellir ſes Ouvrages ? Liſez là-deſſus ſa vie par M. des
Maizeaux , ſa *Cabale chimérique ,* ſes *Penſées ſur les Cometes ,* & ſes ennuyeuſes
diſſertations contre MM. *Jurieu , le Clerc ,
Jacquelot , Bernard ,* &c. (Voyez *Bayle* en
petit.)

Les *Eſſais ſur les Philoſophes ,* ou les
Egarements de la raiſon ſans la foi , parlent ainſi du Lexicographe : „ Qu'eſt-ce
„ que *Bayle ,* comparé à M. Paſcal ? Je nom-

» me *Bayle* , parce que fon Dictionnaire
» eſt à la mode , & que les Savants eſti-
» ment ce qui eſt forti de fa plume. *Bayle*
» eſt un Auteur dangereux , qui fouvent
» fait une grande dépenſe d'efprit & d'éru-
» dition pour des bagatelles , qui a le talent
» de prendre les choſes du mauvais côté ,
» à qui la perverſité des fentiments échappe
» de temps en temps ; alors on lui voit
» dévoiler fa malice & répandre fon venin,
» fon déſeſpoir le trahit : toujours curieux
» de rechercher ce qu'il croit être mal conçu
» ou peu raifonnable dans les Peres de
» l'Egliſe , il change & traveſtit les meilleurs
» arguments en fophifmes , épiant toutes
» les occaſions de faire naître des doutes
» fur la Providence , fur l'immortalité de
» l'ame , fur fa fpiritualité. Il cherche à fe
» décorer d'un nom reſpectable pour auto-
» rifer fes travers. Enflé de fes connoiſſan-
» ces , parce qu'il fe croit un homme uni-
» verſel , il foumet les oracles de l'Ecriture
» à fon jugement , & tente de les redreſſer.
» La fimplicité de cette nourriture lui cauſe
» un dégoût extrême ; fon orgueil le rend
» incrédule , & lui fait déclarer la guerre
» à Dieu-même. Enfin *Bayle* eſt un Philo-
» fophe qui fe dit avec emphaſe , *Jupiter ,*
» *Aſſemble-Nue.* C'eſt un efprit plein d'in-
» quiétudes philofophiques , qui combat
» ce qui lui plaît , qui défend ce qu'il veut.
» C'eſt un impudent Cynique , qui a rayé
» du Code des devoirs de l'homme envers
» Dieu & envers foi-même , l'article de

,, l'honnêteté & de la pudeur. C'eſt un
,, incrédule qui profeſſe par-tout le Pyrrho-
,, niſme, qui a perdu de vue tout deſſein
,, de s'éclairer, qui ne penſe qu'à entaſſer
,, difficulté ſur difficulté, qui fuit la lumiere
,, & ſe dérobe aux plus fortes preuves, &
,, qui fait conſiſter tout ſon plaiſir & toute
,, ſa gloire à ne ſe pas rendre. C'eſt enfin
,, le Docteur des Impies de nos jours, qui
,, mettent de niveau le Paganiſme, l'Egliſe
,, Catholique & les Sectes hérétiques.

On connoît les portraits que *Saurin* &
Jean le *Clerc* ont tracés de *Bayle*. Le premier eſt inſéré dans le Dictionnaire de M.
l'*Advocat*, & l'autre ſe trouve dans le *Dictionnaire anti-Philoſophique*. J'avoue que
Jean le *Clerc* eſt recuſable par les démêlés
aſſez vifs qu'il a eus avec *Bayle*, ſur divers
points de littérature & même de Religion.
C'eſt une juſtice que je dois à ce dernier,
qu'il a rarement rendue en pareil cas. Mais
on ne ſauroit nier qu'il n'y ait beaucoup
de vrai & des traits reſſemblants dans le
portrait que ce Journaliſte a tracé de l'Auteur du Dictionnaire. D'ailleurs, *Saurin*
n'eſt par ſuſpect, & il faut avouer qu'il a
peint *Bayle* d'après la vérité, & de main de
Maître.

L'Auteur des *Lettres ſur les Anglois &
ſur les François*, ne porte pas un jugement
plus avantageux ſur cet Ecrivain, qu'il dépeint avec les traits ſuivants.

,, Il ſe préſente ici un bel Eſprit d'un autre
,, caractere, un Auteur renommé, qui, après

,, s'être exercé dans ses écrits sur toutes for-
,, tes de matieres avec une facilité extrême, &
,, avoir acquis beaucoup de réputation, s'est
,, avisé enfin de vuider toute son érudition, &
,, de la décharger dans un grand livre cri-
,, tique pour en régaler le monde curieux.
,, Cet Auteur sur-tout peut faire voir jus-
,, qu'où un homme qui manque par le cœur,
,, peut s'égarer par l'esprit ; & son Ouvrage
,, qui, par la maniere agréable dont il est
,, écrit, impose à tant de gens, peut mon-
,, trer de quel côté est tourné le goût pres-
,, que général de notre temps. Les rapports
,, que les choses ont entr'elles , se trouvent
,, bien observés ici. Le raisonnement est le
,, fort de cet Ecrivain ; mais les rapports
,, que les choses ont à l'homme, y sont
,, renversés & détruits entiérement. Ils ne
,, vont ni à l'homme oisif, ni à l'homme;
,, mais à l'homme corrompu qu'ils corrom-
,, pent encore davantage. L'Auteur s'est plu
,, à y répandre des obscénités aussi bien
,, que des railleries , sur des sujets que toute
,, personne sensée fera toujours profession
,, de respecter ; & il fait valoir les unes &
,, les autres par le moyen de l'esprit qui
,, s'ajuste à tout , au sale & au mauvais
,, comme au bon, & qui, sur le mauvais,
,, encore plus que sur le bon , se plaît à
,, montrer les merveilles qu'il fait faire. Le
,, gros du livre est une merveille lui-même
,, par toutes les inutilités qu'un style agréa-
,, ble & un tour naturel & ingénieux fait
,, valoir & admirer ; c'est l'Ouvrage du

,, monde, où les hommes qui courent après
,, l'efprit, ceux qui veulent être amufés &
,, trompés, le font davantage. Ce terrible
,, volume, cette montagne d'entre les livres,
,, après avoir jetté de grands cris dans une
,, Préface qui l'affortit au jufte, & qui
,, difpenfe un homme judicieux de la lecture
,, de l'Ouvrage, n'enfante véritablement
,, qu'une fouris, ou plutôt elle en enfante
,, toute une nichée, qui fe fourre par-tout
,, pour ronger & faire du dégât, & qui
,, n'épargne pas même les chofes les plus
,, facrées. Cet Ecrivain, qui penfe fi mal
,, de ce que nous refpectons, dira-t-il tout
,, ce qu'il penfe ? & fe fera-t-on une bien-
,, féance de ne pas dire tout ce qu'on penfe
,, de lui ? Difons hardiment que le caractere
,, de l'Auteur du *Dictionnaire critique* eft
,, celui d'un Charlatan, & que c'eft peut-être
,, de tous les Charlatans qui aient jamais
,, paru, le plus fignalé. Paré d'une faftueufe
,, érudition, d'un ramas de faits & de
,, circonftances, qui ne mériterent jamais
,, l'attention d'un homme fenfé, il fe pro-
,, duit avec une efpece d'éclat, & attire
,, fur lui les yeux de tout le monde ; & la
,, fertilité de fon efprit, qui le rend propre
,, à jouer toutes fortes de perfonnages, le
,, met en état d'amufer agréablement la
,, foule qu'il attire. Tantôt il fait le Philo-
,, fophe qui témoigne faire cas des bonnes
,, mœurs, & il fait des réflexions qui les
,, recommandent ; tantôt c'eft un libertin
,, qui fe joue de tout, & fe laiffe aller à

,, fon penchant. Quelquefois il paroît com-
,, me un Efprit fort devant qui rien ne
,, doit tenir ; d'autres fois il fe met en
,, pofture contre les Efprits forts eux-mê-
,, mes, & vous diriez qu'il va les com-
,, battre. C'eft un Savant qui cite ou qui
,, refute d'autres Savants ; c'eft un Cavalier
,, qui imite le langage de la Cour ; quel-
,, quefois il affecte celui de la guerre ; d'au-
,, trefois il emploie celui du Barreau. Sou-
,, vent il en parle un qui n'eft propre qu'à
,, charmer la canaille, & il le parle fi bien,
.,, que par-là principalement il l'emporte
,, fur tous les Charlatans qui ont paru
,, avant lui. Il n'eft rôle qu'il ne joue, ni
,, figure qu'il ne prenne pour groffir la
,, foule des fpectateurs, auffi bien que pour
,, les contenter : & le fruit de tout cela
,, eft de leur faire envifager toutes chofes
,, comme faites pour fervir de matiere au
,, raifonnement , & le raifonnement fait
,, pour fe jouer de toutes chofes. Quelques-
,, uns fe contentent d'être fimples fpecta-
,, teurs de ces fingeries, & ils n'y perdent
,, que leur temps. D'autres plus à plaindre
,, ajoutent foi à fes difcours, & fe pour-
,, voient de fes drogues, comme de quel-
,, que chofe d'exquis, & qui préferve les
,, hommes des fcrupules & des terreurs
,, incommodes que la Religion leur caufe ;
,, & ils trouvent en effet ce qu'ils cher-
,, chent. De toute maniere , c'eft un Ou-
,, vrage propre à féduire ceux qui veulent
,, bien être féduits. ,,

M. de *Ramſai* ne juge pas plus favorablement de *Bayle.* M. de *Crouſaʒ* cite &
adopte ſon jugement, (dans ſon examen
du Pyrrhoniſme) auſſi bien que celui des
Lettres ſur les Anglois & les François. Sans
rien rabattre (c'eſt M. de *Crouſaʒ* qui parle)
des juſtes éloges que M. *Bayle* a pu mériter ; il me paroît que M. de *Ramſai* en
donne le caractere avec autant de vérité
que de modeſtie, quand il dit : " Il avoit un
„ génie capable de tout approfondir ; mais
„ il écrivoit quelquefois à la hâte, & ſe
„ contentoit d'effleurer les matieres les plus
„ graves. D'ailleurs, on ne peut juſtifier
„ cet Auteur d'avoir trop aimé l'obſcurité
„ déſolante du Pyrrhoniſme ; il ſemble dans
„ ſes Ouvrages être toujours en garde con-
„ tre les idées ſatisfaiſantes ſur la Religion.
„ Il montre avec art & avec ſubtilité tous
„ les côtés obſcurs d'une queſtion ; mais
„ il en préſente rarement le point lumineux
„ d'où ſort l'évidence. Quels éloges n'eût-
„ il pas mérité, s'il avoit employé ſes rares
„ talents plus utilement pour le genre hu-
„ main ! „

Attaquer, dit M. de *Crouſaʒ*, la liberté,
l'exiſtence de Dieu, la Providence, l'in-
fluence de la Religion ſur les mœurs, &
prouver l'innocence de l'athéiſme, égayer
enfin d'indignes lecteurs par une profuſion
d'obſcénités, voilà les bornes dans leſquelles il s'eſt renfermé à-peu-près, & ce
qui a rempli la plus grande partie de ſon
livre.

» Je veux, ajoute le même Auteur, que
» M. *Bayle* ait paſſé ſa vie dans une grande
» continence. Ce n'eſt pas ſa perſonne qu'on
» examine, on ſe borne à ſes Ouvrages.
» Un nombre infini de débauchés (on ne
» ſauroit le nier; ce fait eſt d'une notoriété
» trop publique) s'autoriſent de ſes compila-
» tions à ne plus rougir de faire & d'avouer
» qu'ils font ce dont les idées divertiſſoient
» aſſez un ſi grand Philoſophe, pour l'en-
» gager à en remplir ſes cayers, & par-là
» (pour emprunter une penſée de Seneque)
» ils perdent entiérement ce qui pourroit
» donner des bornes à leur licence, & peut-
» être même les en ramener, la honte de s'y
» laiſſer aller.

§. II.

Source des erreurs de Bayle.

Un *Dictionnaire hiſtorique & critique* eſt
un Ouvrage plus ſuſceptible de fautes qu'aucun autre livre. " Je m'eſtimerois trop heu-
» reux, dit *Bayle*, ſi l'on vouloit m'excu-
» ſer ſur la raiſon qu'il eſt impoſſible ou
» preſque impoſſible de ne pas faire beau-
» coup de fautes dans un Ouvrage tel que
» celui-ci. Je ne penſe pas que je me fuſſe
» engagé au travail de ce Dictionnaire, ſi
» j'euſſe prévu que toute mon attention à
» éviter les mépriſes, ne m'empêcheroit
» pas de me tromper fort ſouvent & bien
» lourdement. " (Art. *Babylas*, Rem. derniere.)

Il fait le même aveu dans le projet de ce grand Ouvrage où il a raison de prétendre qu'il n'est rien moins qu'aisé de compiler les fautes d'autrui, & qu'on a besoin de beaucoup de temps pour ces sortes de compilations.

Il dit ailleurs qu'il est sûr que l'Ouvrage ne vaudra rien au fond ; que s'il s'imprime, ce sera, non pas parce qu'il en aura attendu quelque louange, mais parce que le Libraire aura cru le débiter, & l'aura fort sollicité à ce travail, prenant à ses risques & fortune le succès quant à sa bourse ; que si on lui demande pourquoi il se donne tant de peine pour un Ouvrage dont il connoît lui-même les défauts, dont il n'attend aucune gloire, & contre lequel il prévoit le mépris de tous les fins & bons connoisseurs, il répond qu'il ne l'a pas écrit pour acquérir le titre de bon Auteur, ne le trouvant pas digne d'être fort souhaité ; de sorte que c'est pour s'occuper d'une façon qui ne lui soit pas à charge à lui-même qu'il entreprend ce Dictionnaire... Qu'il y a long-temps qu'il a pris son parti ; qu'il est sûr que malgré les fatigues qu'il se donnera pour ne rien dire de faux, son livre fournira cent & cent occasions de critiquer des fautes & des bévues à ceux qui voudront le censurer ; qu'il travaille avec quelque sorte d'occupation à cet Ouvrage sans en espérer un grand succès ; que *jacta est alea*, & qu'il ne voit pas comment reculer honnêtement.

On ne niera pas qu'un Dictionnaire, tel que celui de *Bayle*, n'exige le secours d'un grand nombre de livres. Or, l'Auteur n'en étoit pas suffisamment pourvu. Il l'avoue lui-même dans son projet, dans les articles de P. *Faustus Andrelinus*, Rem. derniere, d'*André Govea*, Rem. E., de *Benjamin Briolo*, Rem. B. & ailleurs. Cette disette de livres l'a souvent empêché de puiser dans les sources, & l'a jetté par conséquent dans un grand nombre de fautes. (Lett. de *Bayle*, lett. 121.)

La seconde source des erreurs de *Bayle*, est la précipitation avec laquelle il travailloit. Tout le monde sait que malgré la multiplicité des talents, malgré la fécondité & la facilité d'écrire, les longs ouvrages coûtent beaucoup de temps & de travail. Mais si nous demandons à *Bayle* combien il a employé d'années à la composition de son Dictionnaire, il nous répondra que plusieurs s'étonnerent qu'on ait pu faire en moins de cinq ans deux si gros Volumes *in-folio*; que pour lui, au contraire, il est étonné de sa lenteur; qu'il a commencé cet Ouvrage au mois de Juillet 1692, & qu'il l'a achevé au mois d'Octobre 1696; que si l'on juge qu'il a été trop lent, il ne le trouvera pas étrange; qu'il n'ignore pas que cela est vrai; qu'il en a de la honte, &c.

„Pour moi, dit un de ses Censeurs, je „suis du nombre de ceux qui s'étonnent „de sa précipitation. Je m'étonne que

„ *Bayle*, qui étoit depuis long-temps au
„ fait , ait pu s'imaginer qu'en moins de
„ cinq ans il fût possible de remplir deux
„ mortels *in-folio* d'un prodigieux nombre
„ de faits , sans s'expofer évidemment à
„ en débiter beaucoup de faux. Je m'étonne
„ qu'il ait pu se perfuader que ces deux gros
„ Volumes , après si peu de travail , fuffent
„ au point de perfection où il eût été ca-
„ pable de les porter , s'il y eût travaillé
„ le double & le triple du temps qu'il y
„ avoit employé : perfection pourtant à
„ laquelle tout bon Auteur juge vraifem-
„ blablement avoir porté son Ouvrage ,
„ lorfqu'il prend la réfolution de le donner
„ au Public.

„ Quand je parle ici de perfection , je
„ l'entends avec une certaine latitude. Je
„ veux dire que , quoiqu'il ne foit pas né-
„ ceffaire qu'un homme se perfuade qu'il n'y
„ a rien du tout de repréhenfible dans son
„ Ouvrage , néanmoins il faut qu'il ait une
„ confiance qui n'eft point incompatible
„ avec l'humilité , que son Ouvrage n'eft
„ point éloigné d'être , généralement par-
„ lant , bon & capable de fatisfaire des
„ lecteurs équitables & éclairés. Il faut
„ que fa confcience lui dicte qu'il a pris
„ toutes les mefures néceffaires fuivant la
„ grandeur de son projet, pour éviter les
„ fautes & les fauffetés. Voilà indubitable-
„ ment la difpofition dans laquelle *Bayle*
„ a été à caufe de son Dictionnaire quand
„ il s'eft déterminé d'en faire part au

„ Public. Il avoit trop d'esprit pour ne pas
„ savoir qu'un *Dictionnaire critique* ayant
„ particuliérement pour objet de noter, de
„ relever & de corriger les bévues d'autrui,
„ il doit aussi conséquemment être tra-
„ vaillé avec encore plus de soin que tout
„ autre livre ; qu'un Auteur qui se mêle
„ de critiquer, doit être plus qu'aucun au-
„ tre sur ses gardes, &c. Or, le sujet de
„ ma surprise est que *Bayle* n'ait pas senti
„ que quatre ans & quatre mois n'étoient
„ point un temps suffisant pour un projet
„ aussi vaste que le sien..... Le grand &
„ ordinaire défaut de *Bayle*, & il lui est
„ commun avec beaucoup de Critiques &
„ d'autres Ecrivains d'ailleurs célebres, a
„ été l'impatience de mettre ses produc-
„ tions au jour. Il sentoit assez que l'ou-
„ vrage va fort lentement quand on se fait
„ une loi de discuter tout, de s'assurer de
„ tout, de ne rien avancer qui ne soit ap-
„ puyé sur des preuves suffisantes.

„ D'un autre côté, il voyoit avec plai-
„ sir l'abondance d'érudition qu'un Ecri-
„ vain, qui ne prend pas toutes ces peines,
„ & qui d'ailleurs a beaucoup de lecture,
„ est capable de répandre, pour ainsi dire,
„ à pleines mains dans un *Dictionnaire*
„ *critique.* Il savoit encore qu'un lecteur,
„ comme accablé par cette espece de pro-
„ fusion, se donne assez rarement la peine
„ de faire les discussions que son Auteur
„ n'a pas faites, & que par-là il arrive que
„ le Collecteur a peu à craindre de la plu-

„ part de ſes lecteurs ; outre que de tant
„ de gens qui liſent, il y en a aſſez peu qui
„ ſoient capables de diſtinguer le vrai du
„ faux dans les démêlés critiques & hiſto-
„ riques, pour peu qu'ils ſoient embrouillés.

„ Voilà, ce me ſemble, ce qui a fait que
„ *Bayle* a mis un ſi grand nombre de faits
„ dans ſon Livre en pur copiſte, ſans avoir
„ voulu prendre le temps néceſſaire pour
„ les examiner de près, & pour les diſ-
„ cuter à fond avec toute l'exactitude, toute
„ la ſagacité dont il étoit d'ailleurs très-
„ capable. Il faudroit, en quelque façon,
„ *dans les matieres de fait, ſuivre le conſeil*
„ *que M. Deſcartes donne à l'égard des ſpé-*
„ *culations philoſophiques, examiner cha-*
„ *que choſe tout de nouveau, ſans avoir*
„ *aucun égard à ce que d'autres en ont écrit.*
„ *Mais il eſt infiniment plus commode de*
„ *s'arrêter au témoignage d'autrui, & c'eſt*
„ *ce qui multiplie prodigieuſement les témoins*
„ *des fauſſetés.* Voilà ce que *Bayle* a écrit.
„ (Article *Goulu*, Rem. F.) Cette réflexion
„ eſt très-ſenſée ; mais *Bayle*, qui donne
„ en paſſant cette leçon importante à ſes
„ lecteurs, n'en a point aſſez profité. Il a
„ préféré en mille endroits la méthode qu'il
„ appelle ici la plus commode, & qu'il
„ avoue en même temps n'être bonne qu'à
„ multiplier les témoins des fauſſetés ; il
„ l'a, dis-je, préféré à la méthode d'examen,
„ parce que celle-ci, qu'il convient être
„ la bonne, demande dans un homme qui
„ écrit, trop de temps & de travail. †

(M. *Leclerc*, lett. cr. fur le Dict. de *Bayle*.

Bayle, avoit prévu tous ces inconvénients, & il n'a pu s'empêcher de blâmer ces *Compilateurs qui aiment à trouver la befogne faite ; ces Auteurs décififs qui fe trouvent quelquefois attrapés ; ces Ecrivains qui nous renvoient à des Auteurs qu'ils n'ont pas vus eux-mêmes. Il connoiffoit le péril qu'on court quand on fe mêle de parler d'un livre que l'on n'a point lu ; & que , quand on renvoie fon lecteur à quelque livre , il faudroit payer d'exemple , & y aller foi-même tout le premier.* Bayle connoiffoit ces loix de tout Ecrivain , de tout Hiftorien; il les a tranfgreffées ; & l'une des caufes de cette tranfgreffion , c'eft l'extrême précipitation avec laquelle il compofoit.

La troifieme fource des erreurs de *Bayle*, vient de ce qu'il employoit tout ce qui lui tomboit fous fa main. Il reffembloit à ces *Auteurs qui fe font réfolus de ne jamais reculer* , ou qui , *par le choix de leur inftitut , ou par le mauvais état de leurs affaires , font tombés dans la néceffité de toujours avancer , & fe croiroient eftropiés s'ils s'étoient retranché quelque chofe.* Bayle , dis-je , reffembloit à ces Ecrivains , non par intérêt , mais par defir d'étaler tout ce qu'il favoit. De-là vient qu'il ne faifoit jamais grace à fes lecteurs du moindre paffage qu'il eût compilé. J'excepte les cas où fa partialité , l'emportoit fur fa démangeaifon de citer. Il eft arrivé , par cette envie de tout dire , qu'il eft tombé dans une multitude d'erreurs.

Qu'eſt-ce, en effet, que cet Ouvrage ſi ample, ces quatre volumes *in-folio* ? On peut, ſans courir riſque de ſe tromper, s'en rapporter à l'Auteur. „ J'ai été ſi éloigné, „ dit-il, de m'en promettre quelque avan- „ tage, que j'ai dit & écrit cent fois à ceux „ qui m'en ont parlé, que ce n'étoit qu'une „ rapſodie, qu'il y auroit là-dedans bien „ du fatras, & que le Public ſeroit bien „ trompé ; s'il s'attendoit à autre choſe „ qu'à une compilation irréguliere ; que je „ n'étois guere capable de me gêner, & „ qu'ayant une indifférence ſouveraine pour „ les louanges, la crainte d'être critiqué ne „ m'empêchoit point de courir à bride „ abbatue par monts & par vaux, ſelon que „ que la fantaiſie m'en prenoit ; qu'étant „ un Auteur ſans conſéquence, qui ne „ prétend rien moins que dogmatiſer, je „ donnois carriere à mes petites penſées, „ tantôt d'une façon, tantôt d'une autre, „ perſuadé que perſonne ne feroit de tout „ cela qu'un ſujet d'amuſement, c'eſt-à- „ dire, que l'on ne feroit que s'y délaſſer „ de la lecture d'une infinité d'autres cho- „ ſes, graves, utiles, curieuſes, que j'ai „ raſſemblées avec beaucoup de patience, „ mais ſans eſpérer que l'on écoutât en ma „ faveur le *Ubi plura nitent in carmine non* „ *ego paucis offendar maculis*, *&c.* C'eſt „ ici le lieu de répondre aux dernieres „ lignes de la page 29. *Les perſonnes de* „ *meilleur goût entre ſes propres amis,* „ *avouent qu'on pourroit retrancher de ſes*

„ *propres Ouvrages une grande moitié fans*
„ *lui faire tort.* Ces perfonnes-là n'en difent
„ pas tant que moi : je paffe jufqu'aux deux
„ tiers & jufqu'aux trois quarts & au-delà.

Cependant *Bayle* blâmoit ceux qui em-
ploient tout ce qui leur tombe fous la
main. C'eft à l'article *Chryfipe* , Philofophe
Stoïcien , remarque C. , où il femble avoir
fait lui-même , en ces termes , fon portrait :
„ On ne s'étonnera pas tant de ce grand
„ nombre de compofitions, quand on faura
„ qu'il employoit tout ce qui lui tomboit
„ fous la main ; qu'il ne fe mettoit guere
„ en peine de corriger fon travail ; qu'il
„ alléguoit une infinité de témoignages....
„ Si un Ecrivain verfe fur le papier tout
„ ce qui lui vient dans l'efprit & tout ce
„ qu'il trouve dans les autres Ecrivains ,
„ & s'il ne corrige guere fon premier tra-
„ vail , il peut inonder de fes Ouvrages.la
„ République des Lettres. Au refte , cette
„ paffion de publier une infinité de livres,
„ engagea notre Philofophe, non-feulement
„ à citer beaucoup & à répéter , mais auffi
„ à fe contredire ; car tantôt il fe copioit
„ lui-même , tantôt il fe réfutoit. „

Il fe condamne encore dans l'article de
Guillaume Forbes , remarque B. , où il dit
de cet Auteur : " Le parti qu'il avoit pris
„ de n'écrire pas beaucoup , étoit fort
„ bon , & de la même folidité que le
„ confeil qu'il donna à une perfonne qui
„ ufoit beaucoup de papier. Lifez davan-
„ tage , lui dit-il , & écrivez moins : *Pauca*
fcripfit,

» *fcripfit , fcire enim maluit quam fcribere ,*
» *& hoc dicterium fcripturienti cuidam qui-*
» *dam & ei magnos labores oftentanti le-*
» *pide , fed folidè ufurpavit : lege plura , &*
» *fcribe pauciora.* Le nombre des excellents
» Ecrivains feroit moins petit qu'il n'eft , fi
» ceux qui acquierent enfin le talent de bien
» écrire , pouvoient fe réfoudre à ne pu-
» blier quelque chofe que tous les quatre
» ans ; mais ils abufent de la facilité qu'ils
» ont acquife & de leur réputation ; ils
» entaffent tome fur tome ; ils fe difpenfent
» de la peine de retoucher & de bien limer,
» & ne font plus rien qui vaille , ou qui
» approche du mérite de leurs premieres
» compofitions.

» Si l'on cherchoit , ajoute-t-il ailleurs ,
» de pareilles fautes dans les Œuvres de
» *Kec-Kerman* , on y en trouveroit à foi-
» fon. C'eft le propre de ceux qui compo-
» fent aux dépens de leur prochain. Ils
» enlevent les meubles de la maifon & les
» balaiures auffi ; ils prennent le grain , la
» paille , la balle , la pouffiere en même
» temps. »

Bayle , en avouant qu'il avoit compofé
en pofte fon Ouvrage , nous difpenfe de
chercher pour quelle raifon ce gros Livre
n'eft qu'une *rapfodie*, qu'une *compilation
irréguliere*, où il y a bien du *fatras*. La
conféquence naturelle qu'on tirera toûjours
fûrement d'un pareil aveu , c'eft que l'Ouvrage eft néceffairement plein de fautes.

Je fais qu'il feroit injufte de prendre à
Tome II.   D

la rigueur le témoignage d'un Ecrivain qui dépose contre lui-même. Mais quelle idée aura-t-on du *Dictionnaire critique* , lorsqu'on entendra dire à *Bayle* qu'il ne garantit que la fidélité des citations.

La derniere source des erreurs de *Bayle*, est l'extrême subtilité de son esprit, dont il abuse & dont il veut abuser. Un homme qui n'auroit jamais entendu parler de lui, & qui, en prenant son Dictionnaire, l'ouvriroit par hazard à l'article d'*Euclide* , pourroit-il s'imaginer qu'il est lui-même de tous les Auteurs celui qui a le plus abusé de l'esprit de dispute , qui a fait le plus mauvais usage de sa subtilité, qui a poussé le plus loin la contradiction, qui a le plus répandu de doutes sur ce qui passoit pour le plus incontestable ? Jamais a-t-on attaqué des vérités plus fondamentales ? Jamais a-t-on mis en œuvre plus de comparaisons éblouissantes ? Jamais a-t-on tiré plus de parti d'une Métaphysique abandonnée ? Jamais a-t-on su mieux profiter de l'ambiguité des termes vagues , & donner un air de Philosophie à des sottises ? Il est donc visible qu'on peut lui appliquer ces paroles d'*Euminius* contre *Arcésilas*. *C'étoit un homme ,* dit Bayle , *qui nioit & qui affirmoit les mêmes choses.* "Il se jettoit aveu-
,, glément à droite & à gauche, il faisoit
,, gloire d'ignorer la différence du bien &
,, du mal. Il débitoit la premiere fantaisie
,, qui lui venoit dans l'esprit, & tout d'un
,, coup il la renversoit par plus de raisons

,, qu'il ne l'avoit établie. C'étoit une Hydre
,, qui fe déchiroit elle-même. ,,

On diroit que *Bayle* a voulu faire
fon portrait dans l'article de *Chryſippe*, où
il s'exprime ainſi : " *Scioppius* le regarde
,, comme le Chef de ces Stoïciens qui
,, avoient déshonoré la Secte ¹, en abuſant
,, de leur eſprit, & en courant après de
,, vaines ſubtilités, qui n'étoient propres
,, qu'à faire expoſer au ridicule la gravité
,, du Portique. Son orgueil, ajoute-t-il,
,, l'engagea à diſputer du pour & du contre
,, ſur la plûpart des matieres, & à compo-
,, ſer beaucoup. Il redit ſouvent les mêmes
,, choſes, & il en dit plus ſouvent qui ſe
,, réfutoient les unes les autres. Voilà, con-
,, tinue *Scioppius*, ce qui arrive lorſqu'on
,, ſonge plus à la victoire qu'à la vérité dans
,, une diſpute. *Nimium altercando veritas*
,, *amittitur....* On ne peut nier que ces réfle-
,, xions de *Scioppius* ne ſoient judicieuſes.
,, C'eſt un très-grand mal à une Secte, que
,, d'avoir pour ſon défenſeur un Ecrivain
,, qui a l'eſprit vaſte, prompt & ſuperbe,
,, & qui aſpire à la gloire, non-ſeulement
,, de belle plume, mais auſſi de plume
,, féconde. Le grand & unique but d'un
,, tel Ecrivain, eſt de réfuter quelque Ad-
,, verſaire que ce ſoit qu'il entreprend de
,, combattre ; & comme il travaille plus
,, pour ſa propre réputation que pour l'in-
,, térêt de la cauſe, il s'attache principale-
,, ment aux penſées particulieres que ſon
,, imagination lui fournit. Il lui importe

„ peu qu'elles ne foient pas conformes aux
„ principes de fon parti , c'eft affez qu'elles
„ foient utiles , ou pour éluder une objec-
„ tion , ou pour fatiguer les Adverfaires.
„ Ebloui de fes inventions , il n'en voit
„ pas le mauvais côté , il ne prévoit pas
„ les avantages que les mêmes enne-
„ mis , ou une autre forte d'Antagonif-
„ tes en retireront. Le préfent lui tient
„ lieu de toutes chofes ; il ne fe met
„ point en peine de l'avenir. Entaffant
„ d'ailleurs livre fur livre, tantôt contre cette
„ Secte , tantôt contre une autre , il ne fau-
„ roit éviter de fe contredire , & il ne fau-
„ roit raifonner conféquemment. Il trahit
„ par ce moyen les intérêts de fa Commu-
„ nion ; & à force de s'éloigner d'une ex-
„ trêmité , il tombe dans l'autre , & fuc-
„ ceffivement dans toutes les deux. „

Cet efprit de fubtilité , & les funeftes
fuites qu'il attire après lui , ont été fi bien
décrits par deux célebres Auteurs, que je ne
puis m'empêcher de rapporter leurs paroles.

„ Les efprits trop vifs & trop fubtils ,
„ dit le premier , ne font pas toujours les
„ plus propres à la Philofophie. Il vaudroit
„ mieux s'épaiffir l'imagination par quel-
„ que chofe de groffier , que de la laiffer
„ évaporer en des fpéculations trop fines.
„ Le bon fens tout fimple de *Socrate*
„ triompha de tout l'art & de toute la
„ fineffe des Sophiftes. La Philofophie ne
„ devint abftraite que quand elle ceffa d'être
„ folide. On s'attacha à des formalités ,

„ quand on n'eut plus rien de réel à dire ;
„ & l'on ne s'avisa de recourir à la subti-
„ lité , que quand on n'espéra plus faire
„ valoir la raison par sa simplicité. Ce
„ *Protagoras* , qui chercha le premier des
„ raisonnements captieux , ne prit cet air
„ subtil que parce qu'il n'avoit rien que
„ de faux dans l'esprit.... On gâta tout ,
„ dit Seneque , à force de rafiner sur tout.
„ Car pour faire une vaine ostentation
„ d'esprit , on quitta ce qu'il y avoit d'es-
„ sentiel dans les sciences ; on commença
„ à affoiblir la vérité des choses par l'ar-
„ tifice des paroles. On se servit de so-
„ phismes , quand on manqua de bonnes
„ raisons. Ce fut par cet Art nouveau , que
„ *Nausiphanès* & *Parménides* renverserent
„ tout.... Ainsi la simplicité de la raison
„ se corrompit par l'artifice du discours ,
„ & l'on se joua de la vérité , au lieu de
„ la traiter avec respect. Ce fut le défaut
„ des Espagnols du dernier siecle ; ils firent
„ de la Philosophie comme de la politique :
„ ils porterent , par la qualité de leur es-
„ prit né aux réflexions , l'une & l'autre à
„ des subtilités inconcevables. Il n'y eut
„ point de Disciple qui ne rafinât sur son
„ Maître. D'où arriva un désordre sembla-
„ ble à celui dont s'étoit autrefois plaint
„ Seneque. La dispute devint tout le fruit
„ de la Philosophie , & l'on s'en servit
„ moins pour guérir l'ame que pour exer-
„ cer l'esprit. (*Rapin* , Réflex. sur la Phi-
„ los. n. 27.)

L'Auteur de l'*Hiſtoire du Ciel* , après avoir démontré par la raiſon l'exiſtence de pluſieurs choſes incompréhenſibles à la raiſon même , ajoute : " Un homme tel
» que *Bayle* auroit prouvé à qui l'eût vou-
» lu écouter , que la vue des objets terreſ-
» tres étoit impoſſible. Mais on auroit laiſſé
» dire *Bayle* , & l'on n'en eût pas moins
» fait uſage de la vue de la nature , parce
» que les raiſonnements doivent céder à
» l'expérience. Il en eſt de même des nua-
» ges par leſquels ce téméraire raiſonneur
» a pris par-tout à tache d'obſcurcir l'excel-
» lence de la raiſon , des bonnes mœurs
» & de toute Religion. Vous ne pouvez
» préſenter à cet homme , ni à ſes parti-
» tiſans , aucune vérité , ſoit naturelle , ſoit
» révélée , qu'ils n'aient recours à la Dia-
» lectique & à la controverſe. *Il faut voir.*
» *Commençons par examiner. On pourra dire*
» *ceci. Nous demandons pourquoi cela ?* En
» un mot , il ne trouve qu'incertitude ou
» obſcurité par-tout ; & il n'eſt pas certain,
» à midi , que le ſoleil luiſe „ On peut voir ,
» dans le livre que je cite , ce qui précede
» & ce qui ſuit ces ſages réflexions. (*Hiſt.*
du Ciel. tom. 2. p. 401 & ſuiv.)

Si l'on doit ajouter foi à une anecdote rapportée par M. de *Crouſaʒ* , ce portrait n'eſt point outré. On aſſure , dit cet Auteur , que M. *Bayle* dînant à la Haye , chez M. de *Beauval* , avec un Lieutenant-Colonel François qui avoit été fait priſonnier à la Bataille d'Hocſtect , ne voulut jamais convenir que les Alliés l'euſſent gagnée. Il entaſſa raiſonnement ſur raiſonnements pour prouver que les François ne l'avoient point perdue.

Malgré de ſi fortes raiſons de ſoupçonner la véracité de *Bayle*, trouvera-t-on encore des Auteurs qui la feront valoir à tort & à travers ? Ne ſentira-t-on jamais ſa mauvaiſe foi ? vice ſi condamnable dans un Critique & dans un Hiſtorien. Je n'ignore point qu'il ſe piquoit de la vertu contraire, mais, j'oſe le dire, rien de plus faux que le préjugé où paroiſſent être à cet égard une infinité de perſonnes ; & je ne crains point d'avancer que la réputation de *Bayle* ſur ce ſujet eſt très-mal fondée. Après avoir examiné ce qui pouvoit y avoir donné lieu, j'ai cru en découvrir deux raiſons. Je compte pour la premiere les invectives perpétuelles qu'il fait ſur les Ecrivains paſſionnés, & les leçons d'impartialité qu'il répete ſans ceſſe ; & pour la ſeconde, quelques preuves apparentes de ſincérité & de bonne foi, par leſquelles il a ſu éblouir le Public.

Qui ne croiroit, en effet, qu'un Ecrivain qui fulmine ſans ceſſe contre la mauvaiſe foi, a eu la force de s'en garantir ? Et à qui n'impoſeroient pas un grand nombre de paſſages tels que les ſuivants, qui, à chaque page du *Dictionnaire*, tendent des pieges à la crédulité des lecteurs.

” Il me doit ſuffire, dit-il, de réfuter les
” menſonges qui me ſont connus, & d'être

» toujours difposé à réfuter ceux qu'on me
» fera connoître , ou que mes propres re-
» cherches découvriront de jour en jour.
» C'eft à quoi je fuis fincérement difpofé ,
» l'on ne me fauroit faire un plus grand
» plaifir que de me communiquer les preu-
» ves & les éclairciffements néceffaires pour
» rectifier les erreurs d'autrui inférées dans
» cet Ouvrage , fur la foi de leurs Au-
» teurs. On me trouvera toujours prêt à
» faire agréablement ce que la juftice & la
» vérité demandent. Je puis parler là-def-
» fus pofitivement. Je me fuis fondé , &
» j'ai des preuves d'expérience & de fen-
» timent.

„ J'uferai de la même liberté & de la même
„ honnêteté envers les Auteurs , de quelque
„ Nation & de quelque Religion qu'ils
„ foient. Je le déclare ici : il n'y a rien de
„ plus ridicule qu'un *Dictionnaire* où l'on
„ fait le Controverfifte. C'eft un des plus
„ grands défauts de celui de M. *Moreri*. Il
„ s'y trouve cent endroits qui femblent
„ être détachés d'un vrai Sermon de
„ Croifade. Pour moi , je ne dis pas avec
„ Annibal : *Hoftem qui feriet , mihi erit*
„ *Carthaginienfis , quifquis erit civis ;* mais
„ plutôt que tous ceux qui s'écarteront de
„ la vérité , me feront également étrangers..
„ Ce Dictionnaire ne regardant point les
„ erreurs de Droit , la partialité y feroit
„ incomparablement plus inexcufable que
„ dans les Dictionnaires hiftoriques.

„ La plainte d'un Ancien fur le malheur

„ des Arts , dont on juge avant que de
„ s'en être inftruit , a lieu fur-tout par
„ rapport à l'Hiftoire , où l'on marque
„ toujours que les premieres loix de l'Hif-
„ toire , font *ne quid falfi audeat , ne quid*
„ *veri non audeat* , & que fa différence avec
„ la déclamation d'un Rhéteur ou d'un
„ Panégyrifte , eft que celui-ci fupprime les
„ défauts des gens , au lieu que l'Hiftoire
„ rapporte le bien & le mal. Quand on
„ me demande pourquoi je fais favoir les
„ défauts de quelques grands hommes , &
„ qu'on m'en blâme, je ne réponds autre chofe
„ fi ce n'eft : Avez-vous lu les Traités *de Arte*
„ *hiftoricâ* ? Si vous les avez lus , répon-
„ dez vous-même à votre demande. Si vous
„ ne les avez point lus , ne jugez point de
„ mon Dictionnaire.

„ Ceux qui favent comment j'ai parlé des
„ Jéfuites dans ma réponfe au Calvinifme
„ de *Maimbourg* , & même dans mon
„ Dictionnaire , à l'article de *Loyola* &
„ ailleurs , peuvent être affurés que je ne
„ les crains , ni ne les ménage ; mais il eft
„ vrai qu'un Dictionnaire hiftorique ne doit
„ point porter les marques d'une prévention
„ paffionnée , & je m'en fuis éloigné autant
„ que j'ai pu , tant à leur égard qu'envers
„ toute autre forte de fujets.

„ A mon particulier , je veux bien qu'on
„ fache que je ne ferai pas contre le diable
„ ce que mon délateur (*Jurieu*) fouhaite.
„ Si j'avois mis dans un livre , qu'un Magi-
„ cien avoit maffacré fon Pere à l'inftiga-

„ tion du démon , & que j'apprisse avec
„ certitude , pendant le cours de l'im-
„ pression , que le Magicien n'avoit point
„ tué son Pere , ou qu'il l'avoit tué sans
„ que le diable s'en fût mêlé , je ferois faire
„ un carton pour corriger la méprise. Si
„ mon délateur n'approuve pas une équité
„ de cette étendue , tant pis pour lui. Je
„ ferai toujours gloire d'avoir empêché
„ que l'on fasse les gens plus noirs & plus
„ laids qu'ils ne sont. La destinée de *David*
„ *Blondel* ne me fera jamais peur. La mé-
„ difance se déchaîna contre lui d'une ma-
„ niere la plus scandaleuse , lorsqu'il eut
„ écrit contre la tradition de la Papesse.
„ Notre délateur , s'il avoit été de ce temps-
„ là , n'auroit point manqué de crier que
„ ce livre étoit scandaleux , & qu'il tendoit
„ à diminuer l'aversion pour l'Ante-Christ ,
„ & à ôter aux bonnes ames la consolation
„ qu'elles tiroient de cette avanture bur-
„ lesque & honteuse au Siege Romain. „
De tels vacarmes font mille fois plus de
tort au bon parti , que notre méthode de
Philosophie , qui veut que l'on rende justice
à tout le monde sans exception , & que l'on
préfere la vérité à toutes choses.

De combien de passages n'allongerois-je
pas ce Paragraphe , si je voulois transcrire
tous les endroits où *Bayle* tient à-peu-près
le même langage ? Quelles loix n'impose-
t-il pas aux Auteurs dans l'article d'*Usson* ,
Remarque E. , où il veut qu'un Historien
soit sans parents , sans amis , sans Patrie ;

en un mot, qu'il immole à l'Autel de la vérité , & les fentiments de la reconnoif-fance & de la nature , & les devoirs facrés de la Religion ? Que ne dit-il point fur ce fujet dans l'article de *Rémond* , Remarque B. , où il prouve que le bon Hiftorien eft inféparable de l'honnête homme ? Que n'ajoute-t-il point dans l'article d'*Annat* , Remarque B. , fur la licence des Auteurs des libelles , & fur la maniere de préparer & d'empoifonner la fatyre ? Quelle fentence ne prononce-t-il point dans les articles de *Balde* & de *Barthius* contre les Ecrivains qui, dans leurs Ouvrages perpétuent la calomnie fans la charger d'une note de réprobation ? Que ne dit-il point enfin dans l'article de *Pierre Charron* , Remarque J. , contre ces Auteurs , qui, par de coups de perfidie, déchirent l'honneur , la réputation, la mémoire de leur prochain ? Ne va-t-il pas jufqu'à dire qu'une conduite fi lâche & fi déloyale devroit être foumife aux recherches des Lieutenants-criminels , & qu'il faudroit même établir contr'eux des Chambres ardentes ?

La feconde caufe de l'erreur fur la prétendue impartialité de *Bayle* , confifte dans quelques preuves apparentes qu'il donne de fa bonne foi. En voyant de quel air il réfute certains contes injurieux aux Catholiques , on diroit que c'eft le plus impartial de tous les Hiftoriens. Il fe pare de je ne fais quelle droiture , & pour en impofer plus facilement , il affecte de relever les fautes de quelques calomniateurs. Il réfute l'extravagante fable de la Papeſſe *Jeanne*. Il fait valoir ſon équité au ſujet de l'aſſaſſinat d'*Henri* IV. Il dit que les Accuſateurs des Jéſuites demeurerent en reſte en pluſieurs choſes. Il porte le même jugement ſur pluſieurs calomnies inventées contre les Papes, les Conciles & les Saints , & auſſi mal prouvées que groſſiérement fabriquées. Mais quiconque connoîtra *Bayle* , ne fera pas difficulté de lui appliquer ce qu'il dit contre *Maimbourg*. Il s'objecte que cet Auteur témoigne de la bonne foi en bien des endroits ; qu'il affecte de reconnoître les fautes du parti qu'il favoriſe ; qu'il n'épargne point ſon *Baronius......* qu'il abandonne ſouvent le terrein à ſes Adverſaires de fort bonne grace. Voici ce qu'il répond : " Tout cela m'eſt ſuſpect, & je „ ſuis fort tenté de croire que ce n'eſt „ qu'un artifice & qu'une ruſe. Il veut „ qu'on s'endorme ſur ſa bonne foi , & „ qu'on s'imagine que , puiſqu'il ſe rend „ à la raiſon en certains cas remarquables, „ par-tout ailleurs c'eſt la même choſe. Il „ veut ſe faire un chemin par ſes ingénuités „ affectées, à tromper plus ſûrement. *Timeo* „ *Danaos* , &c.

§. III.

Mauvais raisonnements de Bayle *sur la licence du style.*

Bayle, non moins obfcene que partial, infifte fort fur la difficulté de fuir tous les
termes dont la corruption du cœur humain
peut abufer pour paffer à des idées licen-
cieufes ; & cette difficulté lui fert d'excufe.
Mais plus cela eft difficile, plus on auroit
tort de n'y faire aucune attention, & de
fe permettre une pleine licence fur ce fujet,
s'il n'étoit pas poffible de raconter des
actions honteufes, fans tomber dans ce défaut, il vaudroit incomparablement mieux
en affoiblir le récit, ou même le fupprimer
tout-à-fait, que d'enfeigner à des lecteurs
heureufement ignorants, ce qui leur pourroit être une occafion de chute ou de
fcandale. *Melius eft aliquid nefcire fecurè,*
quàm cum periculo difcere, dit S. *Jérôme.*
C'eft auffi le fentiment de S. *Auguftin,* qui
affure qu'il y a des chofes qu'il eft plus à
propos d'ignorer que de favoir : *Sunt quæ-*
dam, quæ nefcire, quàm fcire fit melius.
J'ajoute à l'autorité de ces grands hommes,
celle d'un Ecrivain qui n'a jamais paffé pour
fort fcrupuleux.

Laurent Valle, dans un livre de Gram-
maire deftiné à l'explication des mots, étant
tombé fur un terme obfcur, mais obfcene,

refufa de l'éclaircir , en difant , *ignorari malo , quàm me docente fciri.*

On ne pourra s'empêcher de louer cette difcrétion , fi l'on veut ramener l'Hiftoire & les belles Lettres à leur véritable but , qui eft de rendre aimable la vertu , & de peindre le vice avec des couleurs qui en faffent connoître & haïr la difformité. C'eft-là l'unique objet que doit fe propofer tout homme qui travaille pour le Public.

Mais il n'eft pas fi difficile , que *Bayle* feignoit de le croire , d'écrire purement les actions les plus impures ; & j'ofe dire qu'il faudroit avoir bien peu d'efprit , pour ne favoir pas les repréfenter telles qu'elles font effectivement ; c'eft-à-dire , indécentes , méprifables , odieufes & flétriffantes.

Il y a des termes , & des tours d'expreffion dont on ne peut s'empêcher de fentir l'immodeftie , à moins de s'être fait une longue & malheureufe habitude de rouler dans fon efprit les idées les plus obfcenes, & de s'y plaire. Des expreffions de cette efpece different du tout au tout d'avec certains termes qu'on entendra prononcer mille & mille fois , fans qu'ils excitent aucune idée contraire à l'honnêteté. Ils ne produifent cet effet , que quand une imagination corrompue s'avife de les décompofer , & d'y faire envifager certains rapports avec d'autres , qui fans cela ne feroient jamais venus dans l'efprit. Alors le mépris des bienféances ne doit pas être imputé à celui qui prononce ces termes conformément à l'unique signification que l'usage y attache ; mais à celui qui s'efforce d'y joindre des idées qu'ils ne font point naître, & qui n'y font pas naturellement attachées : à peu près, comme un estomac malade tourne la nourriture en poison. *Bayle* par exemple, non content d'employer les termes les plus sales, se plait dans son Apologie, à paraphraser le le mot de mariage, d'une maniere à offrir des idées, que ce terme n'excite point par lui-même, ni nécessairement. On le prononce mille fois sans qu'elles se présentent. Mais *Bayle* les fait naître, parce qu'il a l'impudence de le commenter. Chaque chose a diverses faces. Tel mot présente un objet d'un côté, sans faire naître l'idée des autres qui l'accompagnent. On pense souvent à un effet, sans penser à sa cause. Il est des termes à qui l'usage a donné cette force, que, lorsqu'on les prononce, ou que l'on les entend prononcer, l'esprit ne s'attache qu'à ce qu'il y a d'honnête & de légitime dans l'objet qu'ils présentent. C'est travailler à renverser une barriere respectable, que de tâcher de lier, avec certains termes, des idées, que l'usage n'y attache point.

Que de mots blesseroient l'imagination si l'on prenoit la liberté de les décomposer, ou de les commenter ? l'usage, par exemple, attache au terme d'*Adultere* des idées accessoires de honte & d'infamie,

Imitez *Bayle* & paraphrafez ce mot d'une maniere qui le confonde avec ceux qui dépouillent le crime qu'il fignifie , de tout ce qu'il a d'odieux ; vous détruifez toute la différence que l'ufage a fagement établie entre les expreffions qui nous éloignent du vice , & celles qui nous y follicitent. Les expreffions vagues frappent beaucoup moins l'imagination , que les expreffions déterminées. Sur les fujets mêmes, où il ne s'agit point d'obfcénités criminelles , il eft à propos de préférer ces premieres expreffions , afin que l'efprit par fon éloignement pour les idées défagréables d'ordures phyfiques , fe forme à l'heureufe habitude de fuir les ordures morales. Par cette raifon , on doit s'abftenir de parler de certains remedes , ou du moins il ne faut pas les défigner par leurs noms fpécifiques.

Ce n'eft donc pas fans fujet , n'en déplaife à *Bayle ,* qu'on a blâmé *Mezerai* de fe fervir ordinairement des termes de *Concubine,* de *Batard* & d'*Adultere.* Il eft certain qu'ils excitent dans l'imagination des idées groffieres. Delà vient que les perfonnes polies , & qui évitent tout ce qui pourroit bleffer la bienféance , font difficulté de les employer.

Si j'écrivois l'hiftoire , j'aimerois mieux dire , que N. répondit à la paffion du Prince, que de l'appeller fa *Concubine.* Il eft encore certain , que le lecteur paffe plus légérement fur le terme d'*Enfant naturel ,*

naturel, que sur celui de *bâtard* ; & les honnêtes gens me sauroient sans doute plus de gré, si je difois qu'une femme oublia la fidélité qu'elle devoit à son Epoux, que si j'avois dit qu'elle tomba en adultere. Les circonstances fournissent aisément des tours aussi honnêtes aux personnes qui, sans flatter le vice veulent fuir dans leurs paroles, ou dans leurs écrits, l'apparence même de l'obscénité & de la grossiéreté.

Je prends pour juge toutes les personnes raisonnables. Les expressions auxquelles je donne la préférence, ne peignent-elles pas suffisamment les objets, sans laisser dans l'imagination des traces qui la puissent salir ? Un Historien, un Avocat, un Rapporteur, ne se font-ils pas suffisamment entendre, lorsqu'ils se contentent des expressions que j'adopte ?

On peut parler des actions déshonnêtes, même des plus énormes & des plus infames, d'une maniere qui remplisse le cœur d'aversion pour le crime. Mais on en peut parler aussi sur un certain ton, & les exprimer sous de tels tours, qu'on les fera simplement regarder comme des bagatelles & des plaisanteries. Il est évident que, de ce que l'un est permis, il n'y a aucune conséquence à se permettre l'autre. Il faudroit, par exemple, avoir porté l'irréligion & le goût pour l'impureté à un excès que je ne connois pas, pour se former des idées obscenes, en lisant ce que M. *Bossuet* rapporte au sujet de Madame *Guyon*. Si *Bayle* avoit eu à faire un femblable récit , de quels traits honteux n'auroit-il pas fali fon papier ?

» Mais qu'étoit-ce enfin que ce fonge, » dit le favant Evêque de Meaux , & qu'eft-» ce qui vit cette femme fi pénétrée ? Une » montagne où elle fut reçue par Jesus-» Christ ; une chambre où elle demande » pour qui étoient les deux lits qu'elle y » voyoit. En voilà un pour ma mere , & » l'autre pour vous , mon Epoufe ; je vous » ai choifie pour être ici avec vous. „

Ce grand homme s'étant cru obligé de faire connoître les illufions d'une Vifion-naire , a craint d'avoir contraîté par ce récit une efpece de fouillure , qu'il a tâché d'effacer par cette Oraifon : " Mais paffons ; » & vous , ô Seigneur , fi j'ofois , je vous » demanderois un de vos Séraphins avec » le plus brûlant de tous fes charbons , » pour purifier mes levres fouillées par ce » récit , quoique nécelfaire. »

Loin que la vanité de l'imagination fe réveille à ce récit , & qu'il fafle naître dans le cœur quelque fentiment & quelque défir licencieux , la circonftance qui donne lieu à cette narration, la maniere dont l'a faite l'Hiftorien , le but qu'il fe propofe , tout cela émouffe l'imagination , glace la con-cupifcence , & remplit de frayeur pour les égarements de ceux qui donnent dans les vifions.

Ce Prélat étoit fi ennemi des groffiéretés du ftyle , qu'il n'ofe employer dans une néceflité abfolue un terme déshonnête , fans

en faire excufe. « Ce faint Apôtre , dit-il
» ailleurs , a bien pris garde de ne pas
» nommer la Proftituée dont il parle , une
» adultere , mais une femme publique ; &
» fi on me veut permettre une feule fois
» ces noms odieux , une paillarde , une
„ proftituée. „

Tels font les correctifs dont fe fervent
à propos les Ecrivains qui ont de la pudeur , qui favent refpecter le Public & fe
refpecter eux-mêmes. Je crois ne pouvoir
mieux finir ces réflexions que par l'illuftre
modele que je viens de propofer à mes
lecteurs , & par la conféquence qu'on en
peut tirer , qu'il n'y a aucune action que
ne puiffe décrire honnêtement un homme
qui a de l'éducation , de la politeffe , de
la vertu , & médiocrement d'efprit.

Il importe infiniment à la pureté , à l'ordre , à la bienféance , à l'honneur du genre
humain , que les termes dont on fe fert
pour exprimer des actions honteufes , &
tout ce qui peut y avoir quelque rapport ,
préfentent à l'efprit des idées acceffoires
fort vives , qui faffent fentir que l'attention
qu'on donne à des objets de cette efpece ,
eft indécente , & qu'on eft très-coupable
quand on a l'imprudence de fe familiarifer
avec ces penfées dangereufes. Dès qu'un
terme qui avoit la force de réveiller des
idées acceffoires d'éloignement & de haine
pour le crime , perd une partie de cette
force fi utile & fi néceffaire ; dès que la
corruption des hommes groffiers eft par-

venue à donner à ces termes la force de préfenter hardiment des idées qu'on doit fuir ; dès que ces termes font devenus familiers à ceux qui aiment à parler avec effronterie de ce qui offenfe la pudeur : alors il faut craindre que la contagion des fentimens licencieux fe gliffe avec le langage. A ces expreffions hardies , on en doit fubftituer des plus modeftes ; & il ne faut point fe laffer de faire ces changements. C'eft manquer infiniment au refpect dû au genre humain , que de ne s'affujettir pas trèsfcrupuleufement à cette maxime effentielle ; & l'on doit appliquer à tous les hommes ce que *Bayle* , perpétuellement en contradiction avec lui-même , dit des Stoïciens :
" Si dans leurs conférences particulieres ,
„ ils ne jugeoient pas à propos de préférer
„ un mot à un autre , il falloit pour le
„ moins que dans le Public ils fe confor-
„ maffent au ftyle commun. Le confente-
„ ment unanime des Peuples doit être en
„ cela une barriere pour tous les particu-
„ liers. „

La pureté & la modeftie dans les paroles font d'autant plus néceffaires , que la liberté avec laquelle on vit dans une partie de l'Europe , n'a prefque point de bornes. Après s'être familiarifé dans la converfation , avec les idées les plus groffieres & avec les termes les plus hardis , il eft naturel de devenir hardi & groffier dans les manieres ; & après avoir ceffé d'être retenu dans fes difcours , on cefferoit bientôt de

l'être dans ses actions. Il n'en étoit pas
de même chez l'ancien Peuple de Dieu. On
sait que les Orientaux vivent avec les femmes d'une maniere très-différente de celle
des Européens. Les loix chez les Juifs étoient
très-séveres contre l'infidélité conjugale ;
ils vivoient simplement, & telles expressions
qui nous étonnent dans les Livres saints ,
ne faisoient pas sur eux le même effet que
sur nous.

C'est donc à tort qu'on voudroit se couvrir de l'autorité des Ecrivains sacrés pour
s'exprimer sans aucune circonspection , à
l'exemple de *Bayle* , qui rapporte dans son
Apologie un passage obscene d'un ancien
Sermon composé avec des intentions très-
pures : d'où il conclut faussement que ce
qui n'est point mauvais dans un temps , ne
peut l'être dans un autre. Ce Philosophe
ne mérite pas non plus d'être écouté , quand
il défie la raison de pouvoir renverser le
systême des Cyniques , & d'assigner des
bornes qui séparent l'honnête d'avec le
déshonnête.

BERNARD, (St.)

Son zele contre les erreurs d'Abailard justifié. Eclaircissement sur la Croisade qu'il prêcha.

ON fait dire à *Jérôme Carré* mourant, dans les Contes de *Guillaume Vadé*, que S. *Bernard* a trop persecuté ce pauvre *Abailard* qui avoit plus d'esprit que lui, & il se méloit de trop d'affaires. M. de V. répete ici ce que quelques Censeurs imprudents ont reproché à S. *Bernard*, mais à tort, si nous en jugeons par les faits.

Abailard étoit coupable de plusieurs erreurs capitales que *Guillaume*, Abbé de S. *Thieri*, releva dans un livre particulier qu'il adressa à S. *Bernard*.

L'Abbé de Clairvaux écrivit au Novateur pour le prier de retracter ses erreurs ou de corriger ses livres. Il en donna avis en même temps au Pape. Les lettres de S. *Bernard* rendirent la foi d'*Abailard* suspecte dans presque toute l'Eglise. Il s'en plaignit à l'Archevêque de Sens, & le pria de faire venir S. *Bernard* au Concile de Sens, qui étoit sur le point de s'assembler.

S. *Bernard* se rendit au Concile, produisit les propositions extraites des livres d'*Abailard*, & le somma de justifier ces propositions, ou de les retracter. *Abailard* voyant qu'il ne pouvoit faire son apologie,

& que tout le monde le condamnoit, jugea qu'il ne pourroit entrer en difcuffion ; il craignit même une émeute populaire. Il prit donc le parti d'appeller à Rome, où il avoit des amis, & fe retira après fon appel.

Le Concile, qui étoit en droit de mé-prifer un appel frivole & illufoire, fe con-tenta de condamner l'erreur, fans toucher à la perfonne de l'Hérétique. Il rendit compte de tout au Pape *Innocent* II., en le priant de confirmer la condamnation. Si l'on employa la plume de S. *Bernard* pour cela, il n'en faut pas conclure que le Saint fut un perfécuteur. Il s'agiffoit d'inftruire le Pape ; & pourquoi le Concile n'en au-roit-il pas pu charger l'Abbé de Clairvaux, que fa fainteté & l'autorité qu'il s'étoit acquife, rendoient fi refpectable aux Prê-tres de l'Affemblée ? S. *Auguftin* ne fût-il pas dans un cas femblable, chargé de compofer les Ordonnances fynodales des Conciles de Carthage & de Mileve, felon l'ancienne & fage coutume de donner cette commiffion aux perfonnes qui paroiffoient les mieux inftruites des matieres que l'on portoit au Tribunal des Evêques ? Ce ne fut auffi que malgré lui, que le Saint fe porta pour la Partie d'*Abailard*. Celui-ci le força de faire le perfonnage d'Accufateur, en fe plaignant de ce que l'illuftre Réfor-mateur de Cifteaux lui avoit donné en fecret un avis charitable, après s'être tu pendant vingt-cinq ans, fur ce qui le regardoit. S. *Bernard* compofa donc les lettres que les

Evêques envoyerent à fa Sainteté ; & voilà la véritable époque où il commença à fe déclarer contre *Abailard.* Quand il eut pénétré dans le fond de fa mauvaife doctrine, & qu'il fut bien convaincu de fon opiniâtreté, il le traita comme un Héréfiarque obftiné.

Berenger, Difciple d'*Abailard*, dans fon Apologie pour fon Maître, & Dom *Gervaife*, dans fa Vie d'*Abailard*, ont attaqué la procédure du Concile. Le premier n'eft qu'un déclamateur, & Dom *Gervaife* ne prouve point que les Peres du Concile aient outrepaffé leur pouvoir. Les Evêques prononcerent fur les propofitions qu'on leur préfentoit : peut-on douter qu'ils n'euffent ce droit ? Ils n'entendirent point les défenfes d'*Abailard*, dit-on ; mais étoit-il néceffaire de l'entendre, pour juger fi les propofitions qu'on déféroit au Concile étoient conformes ou contraires à la foi ? Il n'eût été néceffaire de l'entendre, qu'au cas que le Concile eût jugé la perfonne d'*Abailard.*

Le Pape répondit à la lettre du Concile, qu'après avoir pris l'avis des Cardinaux, il avoit condamné les Capitules d'*Abailard* & toutes fes erreurs, & jugé que les Sectateurs & les Défenfeurs de fa Doctrine, devoient être retranchés de la Communion. Cette décifion prouve que S. *Bernard* pourfuivit avec juftice ce nouveau Sectaire, qui avoit encore plus d'orgueil dans le caractere, que de faux dans l'efprit.

M. de V. blâme encore S. *Bernard* d'avoir

fait entreprendre la Croifade , & d'avoir
été par-là la caufe de la mort de beaucoup
de perfonnes ; mais ceux qui ont étudié
l'Hiftoire dans des fources pures , favent
que le projet de la Croifade fut formé à
l'infu & fans la participation du célebre
Abbé , dans la grande Affemblée que *Louis*
le jeune tint à Bourges. Ce Roi ayant déclaré le deffein qu'il avoit formé d'aller au
fecours des Chrétiens de la Terre Sainte ,
Bernard fut le feul qui s'y oppofa avec
beaucoup de fermeté. Il ne confentit à parler d'une affaire de cette importance ,
qu'après qu'il en eut reçu l'ordre du Pape
même par un Bref public , qui lui ordonnoit,
comme à *la langue de l'Eglife Romaine* ,
d'expofer aux Princes & aux Peuples , les
raifons qui les obligeoient à fe croifer. Il
ne voulut point être du voyage ; il ne voulut point avoir le commandement général
de toute l'Armée , quoique ces deux chofes
euffent été réfolues d'un commun confen-
tement dans l'Affemblée de Chartres , & il
fit approuver fon refus par le Pape. Eft-ce
donc-là être *la caufe de la mort de tant de
milliers de gens* ? Laiffons les Croifades
pour ce qu'elles font , quoiqu'il ne foit pas
difficile de démontrer que celle dont il
s'agit fût approuvée de Dieu par des miracles inconteftables que fit l'Abbé de Clairvaux. Il parcourut l'Allemagne en Thau-
maturge , prodiguant fur fa route les merveilles dont les Villes conferverent des monuments authentiques , & dont les mauvais

fuccès de la Croifade ne put éteindre la mémoire, ni obfcurcir l'éclat. Cependant je me reftreins à conclure que, puifque S. *Bernard* ne fut point l'auteur de la Croifade, mais qu'il eut fimplement ordre de la prêcher, il ne fut pas non plus *la caufe de la mort de tant de milliers de gens qui fe croiferent fur la foi de fes Prophéties*. Le faint Abbé ne prétendit jamais prophétifer. Il déclara fimplement qu'il agiffoit dans l'affaire de la Croifade, en obéiffant aux ordres de ceux qui lui tenoient la place de Dieu fur la terre. Il affura enfuite avec confiance que Dieu approuvoit ces ordres, & qu'il avouoit les paroles & les promeffes que fon ferviteur portoit de fa part aux Princes & aux Peuples. Il fit même des miracles pour le prouver; & qu'arriva-t-il ? Les péchés des Croifés détournerent l'effet des promeffes, comme les crimes d'*Ifraël* détournerent l'effet des promeffes que *Moyfe* lui avoit faites de la part de Dieu. Mais quel eft en tout cela le crime de S. *Bernard* ? Il ne prophétifa pas plus l'heureux fuccès de la Croifade, que *Moyfe* n'avoit prophétifé l'entrée des Hébreux, qui avoient paffé avec lui la mer rouge, dans la terre promife ; il ne firent l'un & l'autre qu'annoncer avec confiance une entreprife dont les péchés du Peuple firent évanouir le fuccès.

BOSSUET.

Parallele de son Histoire Universelle avec celle de M. de V.; sa politique sacrée.

QU'EST-CE que le sublime Discours de M. *Bossuet*, suivant M. de V.? C'est une *éloquente déclamation* faite pour amuser la jeunesse. Mais d'où peut venir un jugement si partial? Le voici, M. de V. a fait aussi une Histoire générale, & les motifs, ainsi que les vues des deux Historiens, sont bien différents. M. *Bossuet* voit le monde sortir des mains de Dieu par un éclat de sa toute puissance; l'homme né pour être juste & heureux, frappé de malédiction; son Libérateur promis & annoncé dans tous les siecles aux Patriarches & aux Prophêtes; sa venue dans ce monde au temps marqué; sa Religion prêchée & reçue dans tout l'Univers; les Empires s'élever & se détruire successivement, selon que l'Arbitre des événements l'avoient décidé dans ses décrets éternels, & prédit par ses Oracles.

M. de V. ne voit au contraire que des espaces imaginaires, antérieurs à l'Histoire & à la Chronologie de *Moyse*; que des milliers d'années à ignorer, parce qu'elles ne renferment que les Annales de la Religion. S'il croit avoir découvert quelque chose, c'est uniquement dans les Archives de la Chine & des Indes, que tous nos

Savants ont regardé comme des chimeres.
Mais il s'imagine voir des traditions admirables de plufieurs milliers d'années dans ces beaux monuments que perfonne ne fait lire.

Une fatyre fanglante contre le Peuple Juif & contre le Dieu qui en étoit adoré, eft la feule chofe qu'il en ait fu dire. Il ne parle des Babyloniens & des Egyptiens, que pour foutenir la vérité d'une période de trente-fix mille ans, durant lefquels il prétendoit avoir eu des Monarques. Rien n'y annonce l'Auteur des révolutions étonnantes qui arrivent fur la terre, mille traits au contraire lancés contre fa fageffe & fa providence.

Il eft vrai que l'illuftre Evêque de Meaux ayant développé divinement les deffeins & la conduite de Dieu dans la trace de la Religion, & dans la fucceffion des Empires jufqu'à la chûte de celui des Romains, M. de V. ne devoit pas entreprendre de remanier ce fujet, après le développement qui en avoit été fait par un fi grand homme. Mais puifqu'il fe donne pour fon Continuateur, pourquoi n'a-t-il pas fuivi le plan de celui qu'il avoue ailleurs avoir *parfaitement faifi le véritable efprit d'une Hiftoire Univerfelle*? Pourquoi a-t-il pris une route & des maximes totalement contraires? De quel fecours étoit pour lui un modele exécuté fi dignement? Quand il n'en auroit pas atteint toute la perfection, fes talents fupérieurs l'en auroient approché de plus ou moins près, s'il étoit entré dans les vues de fon original; & ces vues y font marquées trop clairement pour pouvoir les méconnoître.

» L'Auteur y repréfente , dit l'Abbé *Hou-*
» *teville* (*) , comme en un champ de ta-
» bleaux , toute la fuite de la Religion &
» celle des Empires : puis venant à des re-
» marques particulieres fur le deffein de
» Dieu dans l'établiffement de fon Eglife ,
» quel ordre il nous découvre ! A quelle
» fublimité de réflexions il nous fait mon-
» ter avec lui ! Quels fecrets il nous révele !
» Quelle notion de la Divinité il nous
» communique ! Qu'avec lui le Chriftia-
» nifme paroît un culte majeftueux , rai-
» fonnable & confolant !

» Aux premiers faits dont *Moyfe* ne nous
» donne qu'un récit court , M. de *Meaux*
» joint une théorie lumineufe qui nous dé-
» veloppe les confeils de la Providence , &
» leur profonde fageffe. L'Idolâtrie où tombe
» le genre humain après le Déluge , &
» l'Hiftoire des faints Patriarches qui con-
» fervent le dépôt de la Religion au milieu
» de l'égarement général , lui fait déjà re-
» marquer cette élection de la grace , qui
» eft le grand myftere de Dieu fur la Créa-
» ture. La Loi écrite donnée aux Juifs , &
» ce prodigieux nombre de cérémonies &
» d'obfervances dont elle eft chargée , le
» conduifent aux plus judicieufes remarques
» fur la Loi même , & fur le génie indo-
» cile du Peuple qui la reçoit.

(*) *Relig. prouv. par les faits* , difc. prélimin.

» Il parcourt le temps des Rois , les
» Prophêtes qui prédifent fous leurs regnes,
» & voilà Jesus-Christ qui , dans cette
» multitude de prédictions , eft le grand
» objet qui fe trouve par-tout. Le premier
» de toute la Nation choifie tombe , &
» dans les dégrés de fa chûte , il voit les
» dégrés de préparation qui difpofent l'Uni-
» vers à l'arrivée du Meffie. Les temps s'é-
» coulent , le Libérateur defcend , & il le
» confidere dans fa vie , dans fa doctrine ,
» dans fes miracles : fpectacle raviffant ,
» par lequel il épuife tout enfemble &
» l'admiration & l'amour. Les Juifs fe pri-
» vent eux-mêmes du bienfait de la Ré-
» demption ; un nouveau Peuple eft enté
» fur le plus ancien de tous pour garder la
» fucceffion. Dieu néanmoins fe fouviendra
» d'*Abraham* & de fes Defcendants. La
» Nation ingrate fe repentira ; le Seigneur
» fe tournera vers elle , nous ne ferons
» plus que le même troupeau fous le même
» Pafteur ; & là-deffus M. de Meaux s'é-
» levant avec S. *Paul* qui le guide , nous
» fait entrer dans l'augufte fecret des mifé-
» ricordes & de la juftice de Dieu.

» Mais parce que cette réunion heureufe
» ne doit arriver qu'après que l'Orient &
» l'Occident auront été remplis de la con-
» noiffance & de la crainte du Très-Haut ,
» l'illuftre Prélat nous prend ici comme
» par la main , & nous conduit au milieu
» des conquêtes de la foi Chrétienne. Nous
» parcourons avec lui fes progrès miracu-

,, leux ; nous la voyons de siecle en sie-
,, cle s'étendre de plus en plus , subjuguer
,, de suite tous les Royaumes , tenir cap-
,, tives à ses pieds les puissances de l'Enfer,
,, & recueillant la vertu qui ne cesse de
,, sortir de la Croix , continuer de remplir
,, par sa fécondité toute l'étendue des pro-
,, messes. Arrêtons-nous : un Ouvrage si
,, riche perd trop à n'être montré qu'à
,, demi. Sans compter le fond des choses
,, que nous touchons à peine , & que nous
,, ne suivons pas même en entier , qui
,, pourroit suffire à louer la maniere dont
,, elles sont dites ?

,, Tout l'art admiré dans les plus grands
,, modeles , est ici à sa plus haute perfec-
,, tion. Le dernier siecle (& en matiere
,, d'éloquence , c'est presque dire tous les
,, siecles) n'a rien produit de plus noble,
,, de plus vif, de plus énergique ; rien où le
,, caractere d'une raison supérieure soit im-
,, primé plus avant ; rien d'une plus grande
,, continuité de sublime ; rien qui soit assorti
,, mieux à la dignité d'un sujet qui laisse
,, infiniment après lui tous les autres sujets.
,, On diroit que c'est la Religion qui s'ex-
,, plique elle-même.

Quels sont les sentiments qu'un si grand
spectacle inspire à M. de V. ? Il les explique
en développant ceux de la personne qui lui
fit entreprendre l'*Histoire générale.*

,, Elle se plaignit , dit-il , qu'un homme
,, si éloquent oubliât en effet l'Univers dans
,, une Histoire universelle , & ne parlât

,, que de trois ou quatre Nations qui font
,, aujourd'hui difparues de la terre.

» Ce qui la choqua le plus , ce fut de voir
» que ces trois ou quatre Nations puiffantes
» font facrifiées dans ce livre au petit Peu-
» ple Juif , qui occupe les trois quarts de
» l'Ouvrage. On voit en marge , à la fin du
» Difcours fur les Juifs , cette note de fa
» main : *On peut parler beaucoup de ce Peu-*
» *ple en Theologie , mais il mérite peu de*
» *place dans l'Hiftoire.*

» En effet , quelle attention peut s'attirer
» par elle-même une Nation foible & bar-
» bare qui ne poffêda jamais un Pays com-
» parable à une de nos Provinces , qui ne
» fut célebre , ni par le commerce , ni par
» les arts , qui fut prefque toujours fédi-
» tieufe & efclave , jufqu'à ce qu'enfin les
,, Romains la difperferent , comme depuis
» les vainqueurs Mahométans difperferent
,, les Partis , Peuple fupérieur aux Juifs ,
,, long-temps leurs Souverains , & d'une
,, antiquité beaucoup plus grande. ,,

En effet , en ne confidérant le Peuple Juif
que fous un point de vue aviliffant , on ne
pouvoit qu'être furpris que M. *Boffuet* fe fût
occupé fi long-temps de cette Nation ; mais
fi M. de V. avoit vu dans les Ifraélites les
gardiens du dépôt des promeffes , les con-
fervateurs de la vraie Religion , le Peuple
chéri de Dieu , enfin ce qu'il devoit y voir ,
ce que M. *Boffuet* y avoit vu , il auroit admiré où il n'a cherché qu'à critiquer.

La critique n'eft pas moins déplacée ,
lorfque

lorſque M. de V. dit dans le premier volume de ſes *Nouveaux Mêlanges*, que l'Ouvrage du grand Boſſuet, intitulé *Politique tirée de l'Ecriture Sainte*, eſt un *Livre peu digne de lui*; & qu'il n'eſt pardonable de l'avoir compoſé, que parce qu'il le fit pour un enfant. Mais quel livre ſera donc digne de *Boſſuet*, ſi une production puiſée dans les ſources les plus pures, dans les fontaines ſacrées de l'Ecriture, n'en eſt pas digne? M. de V. n'a pas lu ſans doute ce Traité, lorſqu'il en parle ainſi. Tâchons de le lui faire connoître par une courte analyſe. Cet Ouvrage eſt diviſé en dix Livres. L'Auteur traite dans le premier des principes de la ſociété civile. Il s'agit dans le deuxieme de l'autorité. M. *Boſſuet* fait voir que l'autorité Royale eſt héréditaire & la plus avantageuſe pour un bon gouvernement; mais il s'arrête à l'autorité Royale, parce qu'il avoit compoſé cet Ouvrage pour l'inſtruction d'un Prince deſtiné à la Monarchie. Il explique enſuite les caracteres de l'autorité Royale, qu'il fait conſiſter à être ſacrée, abſolue, ſoumiſe à la raiſon; ce qu'il explique dans les Livres III, IV & V.

Dans le ſixieme, il montre par l'Ecriture quels ſont les devoirs des Sujets envers leur Prince, & dans le ſeptieme les devoirs particuliers de la Royauté. Il traite dans le huitieme des vertus que le Prince doit avoir, & ſur-tout de la Religion & de la Juſtice. Il s'agit dans le neuvieme des ſecours néceſſaires à la Royauté : tels ſont les armes, les

richeffes , les confeils. Ces deux derniers
articles font une partie du dernier Livre ,
qu'il finit en parlant des inconvénients qui
accompagnent la Royauté.

M. de Meaux ne fit d'abord que les fix
premiers livres , qui renferment ce qu'il y
a de plus effentiel pour l'inftruction d'un
Prince. Les quatre derniers qui n'étoient
qu'ébauchés , font reftés long-temps dans
cet état ; mais l'Ouvrage ayant été mis entre
les mains de M. le Duc de Bourgogne , ce
Prince engagea l'illuftre Auteur à travailler
à ces quatre derniers livres. M. Boffuet
obéit ; mais occupé de plufieurs affaires
importantes , il ne put leur donner le dégré
de perfection que l'on admire dans les fix
premiers. Mais dans ces ébauches on reconnoît toujours un grand Peintre. Cette
politique fera la regle & le modele d'un
bon gouvernement. Ce n'eft point un Ouvrage ordinaire , fondé fur des conjectures
ou des raifonnements humains ; il eft tiré
des propres paroles de l'Ecriture ; c'eft l'Efprit faint qu'on y entend. Enfin il y a dans
ce livre tant d'efprit , de folidité , d'élévation , de grandeur , de génie , de lumiere
fur le fond de la Religion , que c'eft une
honte pour fon Cenfeur de ne pas reconnoître les coups de crayon d'un grand Maître.

§. II.

Projet de pacification des troubles de la Religion.

Quelques beaux Efprits ont voulu ridiculifer l'illuftre *Boffuet* , parce qu'il tenta dans le dernier fiecle de réunir les Catholiques avec les Luthériens. Mais ces hommes inconfidérés qui regardent ce projet de pacification comme chimérique , ne favent point apparemment qu'il avoit occupé pendant fort long-temps toutes les Dietes de l'Empire. L'Empereur *Leopold* le favorifoit. On trouvoit dans les Etats d'Hanovre de grandes difpofitions à la paix , parce que le Duc *Jean-Frédéric* de *Brunfvvick* , qui s'étoit déjà fait Catholique ; & le Prince *Erneft-Augufte* , créé par l'Empereur *Léopold* , neuvieme Electeur de l'Empire , fouhaitoient avec ardeur la pacification des troubles de Religion. Ces deux Princes , choifirent M. *Molanus* parmi les Théologiens Proteftants , pour conférer avec l'Evêque de Neuftad. Ce Docteur étoit de tous les Luthériens , le plus habile & le plus pacifique. Après avoir long-temps profeffé la Théologie dans l'Univerfité d'Hermftad , dite l'*Académie Julienne* , il avoit été fait Abbé de Lokkum , & Directeur des Eglifes ou Confiftoires des Etats d'Hanovre.

Le célebre *Leibnitz* , qui avoit la confiance de la Cour d'Hanovre , prit cette occasion pour lier un commerce de Lettres avec M. de Meaux. Peut-être aussi avoit-il en vue de servir de second à M. *Molanus*, & de défendre un plan qu'il prévoyoit ne devoir pas être tout-à-fait du goût d'un Evêque Catholique aussi bien instruit des maximes de l'Eglise que l'étoit M. *Bossuet*. Ce fut ainsi que cet illustre Evêque, qui, de l'aveu de tout le monde, savoit le mieux manier les esprits, entrer dans les voies de conciliation, & présenter la vérité sur les faces les plus avantageuses, se trouva chargé par la Providence de conduire la plus importante affaire qu'il ait eue de sa vie, & qui depuis long-temps occupoit les plus grands personnages de l'Allemagne. Il prit donc en main la cause de l'Eglise contre deux savants Hommes, qu'on jugeoit dans le parti Protestant les plus capables d'attaquer la doctrine de l'Eglise Catholique, & de défendre celle du Luthéranisme.

Leibnitz plus Philosophe que Théologien, plus propre à former des doutes qu'à les résoudre, ne semble s'appliquer qu'à mettre des obstacles insurmontables à la paix. Imbu du faux principe de la tolérance, qui n'est propre qu'à tout troubler dans la Religion, il s'obstine à ne point admettre le principe solide & lumineux de l'infaillibilité de l'Eglise qui répond à tout, & qui peut seul empêcher que les questions ne soient interminables. C'est contre ce principe qu'il accumule les objections, & qu'il fait jouer tous les ressorts de son esprit pour donner une apparence de vérité. On est surpris qu'il s'épuise en chicanes & reproduise sans cesse les mêmes difficultés, en feignant d'oublier les réponses précises & tranchantes de M. *Bossuet*. On est fâché qu'un si beau génie qui se met sur les rangs en qualité de conciliateur, ne concilie rien, brouille les questions, & se rende à la fin l'arbitre de la négociation en faisant disparoître M. *Molanus*, dont les intentions étoient si bonnes, les vues si justes, le travail si solide, & les éclaircissements si propres à mettre un beau jour dans nos Controverses, & à les dégager des épines qui les offusquoient, & que les préventions & les fausses subtilités y répandoient de toutes parts.

Ce savant Auteur avoit envisagé la fin du schisme comme le plus grand de tous les biens, & proposé en conséquence, dans son Ouvrage intitulé *Cogitationes privatæ*, sur plusieurs articles importants de nos controverses, l'essai d'une conciliation. Il distinguoit exactement les points sur lesquels on s'imputoit réciproquement des erreurs, ceux dont on disputoit faute de s'entendre, ceux enfin qui ne renferment que des questions de mots. Cette partie de son Ecrit étoit très-méthodique. Il y concilioit beaucoup d'articles avec tant de précision & de justesse, que souvent M. *Bossuet*, ravi de trouver dans un Docteur Luthérien tant de droiture & d'équité, adopta sa conciliation sans y rien changer. Il l'encouragea même à continuer sur le reste de nos controverfes , un travail qu'il jugeoit propre à fixer au jufte l'état des queftions , & à terminer prefque toutes les difputes. M. de *Leibnitz* nous apprend dans une de fes Lettres à M. de Meaux , que l'Abbé de Lokkum avoit fait un Ecrit dans lequel cinquante articles de nos controverfes fe trouvoient conciliés. L'Auteur avoit deffein de communiquer cet Ouvrage à M. *Boſſuet;* mais ce Philofophe , qui ne paroît pas avoir eu fort à cœur la réunion , n'en envoya que trois controverfes. M. *Boſſuet* ne s'eft point expliqué fur la conciliation de ces controverfes , parce qu'il vouloit voir tout l'Ouvrage pour en dire fon fentiment.

L'illuftre Prélat propofa de fon côté aux Proteftants , de la part de l'Eglife Catholique , un projet de réunion , non imaginaire & impraticable, mais dreffé fur le plan des conciliations faites autrefois. Il cite à ce fujet les exemples les plus célebres , pour faire voir que la premiere condition que l'Eglife a toujours exigée des errants & fur laquelle elle ne peut fe relâcher , eft qu'ils confeffent diftinctement les dogmes qui font la matiere de la rupture. Ce pas une fois fait , le refte fuit aifément , parce que l'Eglife ne fe rend difficile ni fur les formalités , ni fur les points de pure difcipline , qui peuvent varier & qu'elle change en effet pour l'utilité commune , fuivant les circonftances des temps , des lieux & des perfonnes. Ce principe pofé , le fyftême d'une réunion préliminaire fans aucune condition, tel que l'imaginoit M. *Molanus*, tomboit de lui-même, puifque ce fyftême fuppofoit que les Proteftants feroient réunis à l'Eglife, non-feulement fans convenir avec elle d'une même foi, mais même en perfiftant dans tous les points de doctrine qu'ils ont fait fervir de prétexte à leur fchifme, & en continuant d'accufer l'Eglife Catholique d'innovations & d'erreurs capi-tales. C'eft le préalable que cet Auteur exigeoit, afin d'en venir enfuite à la dif-cuffion des articles conteftés, qui feront conciliés, dit-il, dans des Conférences pacifiques, par des Théologiens des deux partis, & décidés, s'il eft néceffaire, par l'autorité fouveraine du Concile général qu'on affemblera.

Le dogme de l'infaillibilité de l'Eglife répand fur-tout une lumiere infinie fur tou-tes nos controverfes, puifqu'il ne s'agit plus après cela que d'examiner de bonne foi ce que croit l'Eglife, ce qu'elle con-damne. Or, l'Eglife s'exprime toujours d'une maniere nette, intelligible & fans équivoque. La Coutume de l'Eglife Catho-lique, dit excellemment M. *Boffuet* dans un de fes plus beaux Ouvrages, " eft de » trancher les difficultés, en oppofant à » l'héréfie une déclaration précife des dog-» mes révélés.... & le fruit qu'elle recueille » (des héréfies) confifte à mettre dans un » plus grand jour les vérités qu'on favoit » plus confufément avant la difpute. „ La méthode la plus fûre pour connoître au juste la foi de l'Eglise , est sans difficulté celle de *l'Exposition* employée avec tant de succès par M. *Bossuet.* Après qu'on auroit dressé de la maniere la plus claire & la plus précise l'Exposition de la foi Catholique , on auroit pu , si l'on avoit voulu , modifier sur tous les articles , comme M. *Molanus* l'a fait avec succès sur quelques-uns , la doctrine de la confession d'Ausbourg & des autres livres symboliques des Protestants , pour les rapprocher des dogmes contenus dans *l'Exposition.* En s'attachant à cette méthode , tous les points contestés se trouveroient conciliés.

M. *Bossuet* promettoit que l'Eglise accorderoit volontiers aux Protestants réunis l'usage du Calice , comme autrefois elle l'accorda dans le Concile de Basle aux Calixtins de Bohême ; qu'elle consentiroit d'élever leurs Ministres & leurs Surintendants au Sacerdoce & à l'Episcopat , de leur laisser leurs femmes pendant leur vie , à condition qu'après leur mort on suivroit dans l'élection & dans la consécration de leurs successeurs , la discipline présente de l'Eglise ; que sur plusieurs autres points moins importants , elle ne feroit pas difficulté d'entrer en composition avec eux , & d'applanir tous les obstacles qui pourroient se rencontrer. Telles sont les offres de M. *Bossuet* , & les voies qu'il employoit pour ramener à l'Eglise les Peuples que le schisme en a séparés. Ses vues étoient droites , ses propositions équitables , sa maniere de procéder à la réunion, réguliere & nullement fujette aux inconvénients inévitables dans tout autre projet. Il eft étonnant fans doute qu'un plan fi beau, fi fuivi, donné par un Prélat parfaitement inftruit des droits de l'Eglife, de fes intérêts & de fon véritable efprit, ait été fans aucun fuccès. On ne peut s'empêcher d'accufer M. *Leibnitz* d'en être la principale caufe, & d'avoir traverfé la conciliation fi bien commencée entre MM. *Boffuet* & *Molanus*, en difputant à contretemps, & en affectant de l'éloignement pour ce Docteur, à la place duquel il fe rendit pour fon parti l'arbitre d'une affaire qu'il étoit incapable de bien manier, puifqu'il s'agiffoit de concilier & non de fubtilifer & de difputer. On trouve dans le premier volume des Ouvrages pofthumes de M. *Boffuet*, toutes les pieces de cette grande affaire, dans l'efpérance, dit l'Editeur, qu'on pourra quelque jour la renouer, & même, fi les moments de Dieu font venus, la terminer & la confommer.

Qu'on juge par ce détail, puifé dans l'Hift. Ecclef. de M. Racine, & qui eft des plus fideles, fi les Philofophes ont fujet de rire de ce que *Boffuet manqua fon coup*, tandis que ce fût un Philofophe qui le lui fit manquer. Ils voudroient fans doute voir toute l'Eglife divifée, pour s'élever fur les ruines des différents partis. Mais qu'il foit permis au moins aux gens de bien de détromper les efprits foibles, que les railleries des Sophiftes modernes pourroient féduire.

§. III.

Du prétendu mariage de M. Boffuet.

Cette calomnie a été déjà réfutée par plufieurs Ecrivains, mais feulement en paffant.
Nous croyons devoir raffembler ici ce qu'ont
dit de mieux à ce fujet deux Ecrivains différents, M. l'Abbé *Guyon* & l'Auteur du
*Dictionnaire hiftorique des Ecrivains Ecclé-
fiaftiques.*

» On a imprimé plufieurs fois (dit M.
» de V. dans le Catalogue de fon *Siecle*
» *de Louis XIV.*) que cet Evêque avoit
» été marié, & S. *Hyacinthe,* connu par
» la part qu'il eut à la petite plaifanterie
» de *Matanafius,* a paffé pour fon fils ;
» mais il n'y en eut jamais la moindre preuve.
» Une famille confidérable dans Paris,
» affure qu'il y eut un Contrat de mariage
» fecret entre *Boffuet,* encore très-
» jeune & Mademoifelle des *Vieux* ; que
» cette Demoifelle fit le facrifice de fa
» paffion & de fon état à la fortune que
» l'éloquence de fon amant devoit lui pro-
» curer dans l'Eglife ; qu'elle confentit à
» ne jamais fe prévaloir de ce Contrat,
» qui ne fut point fuivi de la célébration ;
» que *Boffuet* ceffant ainfi d'être fon mari,
» entra dans les Ordres ; & qu'après la
» mort du Prélat, ce fut cette même fa-
» mille qui régla les reprifes & les con-
» ventions matrimoniales. Jamais cette

„ Demoiselle n'abusa du secret dangereux
„ qu'elle avoit entre les mains ; elle vécut
„ toujours l'amie de l'Evêque de Meaux,
„ dans une union sévere & respectée.

Peut-on rassembler , dit l'Auteur de
l'*Oracle des nouveaux Philosophes* , plus
de faussetés & de contradictions en si peu
de paroles ? Premiérement, on défie M.
de V. de citer , non pas plusieurs livres,
mais un seul où il soit dit que M. de Meaux
a vécu marié.

II. Le conte populaire que fait S. *Hyacinthe* son fils , a été réfuté sans replique
dans le *Journal de Verdun* , Avril 1758.
On y fait connoître la famille & la naif-
sance de cet Avanturier.

III. Le témoignage d'une prétendue famille considérée , est une pure fiction imaginée pour donner à cette fable un air de
vraisemblance & d'autorité.

IV. Il est faux qu'il y ait jamais eu de
Contrat de mariage entre M. *Bossuet* &
Mademoiselle des *Vieux*. On défie toute
la terre de le produire , ni de dire où il a
été passé.

V. Quand il y en auroit eu de la part
de M. *Bossuet* encore très-jeune , on est
forcé de reconnoître que Mademoiselle des
Vieux en fit le sacrifice , & que ce Contrat
ne fut point suivi de la célébration.

VI. C'est donc une contradiction & une
puérilité, de dire que M. *Bossuet* cessa d'être
son mari, comme s'il l'eût jamais été, &
comme s'il suffisoit pour la réalité du ma-

riage , d'avoir signé des articles & un Contrat , quand même on admettroit la vérité de celui-ci.

VII. Après fa rupture, M. *Boſſuet* entra dans les Ordres. Il étoit donc nul & de nul effet , puiſqu'il n'y avoit point eu de célébratio . Le fait & le droit ſont ſenſibles.

VIII. Il eſt donc faux qu'après la mort du Prélat , cette famille idéale régla les repriſes & les conventions matrimoniales. Voudroit-on bien nous dire ce qu'il falloit régler à cet égard , dès qu'il n'y avoit point eu de mariage ?

IX. S'il y en avoit eu , à qui fera-t-on croire que l'homme le plus prudent & le plus éclairé de ſon ſiecle , auroit laiſſé en ſouffrance une affaire de cette nature , de-puis ſa grande jeuneſſe juſqu'à l'âge de 76 ans, qu'il mourut en 1704.

X. C'eſt donc une chimere de dire que Mademoiſelle des *Vieux* n'abuſa point du ſecret dangereux qu'elle avoit entre les mains. Enfin M. de V. détruit lui-même tout ce qu'il a avancé , en reconnoiſſant qu'elle vécut toujours l'amie de M. *Boſſuet*, dans une union ſévere & reſpectée. Ainſi s'évanouit en fumée tout cet *amphigouri* de fauſſetés & de contradictions. J'admire après cela cette belle phraſe que je trouve dans un de ſes adulateurs : " Quelle ame „ ne s'éleve pas avec *Corneille* , ne s'atten-„ drit pas avec *Racine* , n'apprend pas à ;„ penſer avec V. ! „ (*Hiſtoire de l'Ame* , pag. 184.)

L'Auteur du *Dictionnaire des Ecrivains Eccléfiaftiques*, s'éleve avec encore plus de force contre cette calomnie. Quand on avance, dit-il , des faits auffi graves , il faut articuler le nom des perfonnes de qui on le tient. Quelle eft cette famille ? Où eft ce Contrat ? Jufqu'à ce qu'on le produife, & que plufieurs perfonnes l'aient vu , on eft en droit de révoquer en doute cette anecdote. Ou *Boffuet* époufa Mademoifelle des *Vieux* avant fon départ pour Paris , ou à fon retour. Dans la premiere hypothefe , il n'avoit que quinze ans , étant né en 1627 , & étant parti pour Paris en 1642. Or , pourquoi auroit-on marié deux enfants , dont l'un étoit deftiné aux Etudes & à l'Eglife , & dont l'autre n'avoit qu'un bien très-médiocre. Dans la feconde hypothefe , M. *Boffuet* ne revint de Paris qu'après être Docteur & Prêtre par conféquent. Ce n'étoit pas certainement alors le temps de paffer un Contrat de mariage. *Mademoifelle des Vieux fit le facrifice de fa paffion & de fon état à la fortune que l'eloquence de fon amant devoit lui procurer dans l'Eglife.* Quelle apparence que des enfants paffionnés l'un pour l'autre, rompent un Contrat de mariage fur l'idée de quelques efpérances éloignées & imaginaires , fondées fur des talents qui n'avoient pas encore pu éclater ! Si les parents les ont obligés à cette rupture , il faut fuppofer que *Boffuet* a été forcé d'entrer dans l'Etat Eccléfiaftique : & comment accorder les vertus par lefquelles il se signala dans ses premieres années , avec cette vocation forcée. Enfin pourquoi auroit-on passé un Contrat de mariage , s'il ne devoit pas être suivi de la célébration ? Est-il possible qu'on fasse une pareille démarche sans réflexion , & qu'on soit arrêté , dès qu'on l'a faite par le vain espoir d'une fortune qui se perd dans le lointain ? Remarquez d'ailleurs que *Bossuet* étoit le cadet de sa famille ; pourquoi l'auroit-on marié préférablement à son aîné. On ne s'appésantira pas davantage sur cette anecdote , quoique les réflexions se présentent en foule ; mais on ne peut s'empêcher de dire un mot sur une imposture plus atroce & aussi peu démontrée. On prétend , dit l'Auteur , que *Bossuet pensoit en Philosophe sur certaines matieres , qu'il traitoit en Théologien.* Quelle preuve a-t-il d'une accusation aussi grave ? Si elle est fondée , *Bossuet* étoit un détestable hypocrite : & comment excuser , dans cette supposition , ses disputes avec *Fénélon* , puisqu'il auroit persécuté ce grand homme son ami , son disciple , son confrere , pour des chimeres dont il se moquoit en secret. Les insinuations malignes de l'Auteur du *Catalogue* , ne tendent à rien moins qu'à donner les idées les plus noires du caractere & de la probité de ce que l'Etat & l'Eglise ont produit de plus grand ; & on ne sauroit trop s'élever contre ces Ecrivains téméraires , qui puisent dans leur propre cœur les couleurs dont ils noircissent nos hommes illustres.

BOURDALOUE.

§. I.

Parallele de Bourdaloue *& de* Maffillon.

LOuis BOURDALOUE, Jéfuite, né à Bourges en 1632, mort à Paris en 1704, ne paffa plus dans certains efprits pour le premier Orateur de la Chaire, lorfque le Pere *Maffillon* parut. Mais il ne faut pour cela le vilipender comme a fait l'Auteur du *Dictionnaire philofophique*. Oppofons à fa critique inconfidérée les judicieufes réflexions de M. l'Abbé *Trublet*.

Depuis le Pere *Bourdaloue*, il n'eft venu aucun Prédicateur que le Public lui ait généralement préféré. S'il y avoit quelqu'un à lui égaler, ce feroit M. *Maffillon*. Il me femble néanmoins qu'on ne lui accorde communément que la feconde place, & que le Pere *Bourdaloue* eft refté en poffeffion de la premiere : preuve remarquable du pouvoir du bon fens & des droits de la raifon fur les hommes. Car M. *Maffillon* eft affurément un très-bel efprit, une très-belle imagination, & même un très-beau génie. Il a du fentiment, de l'onction, quelquefois même du pathétique. Abrégons ; il a de tout ; il réunit tout, & l'on ne pourroit dire avec juſtice d'aucune des qualités du Prédicateur, qu'elle lui manque abſolument. Peut-être le diroit-on plutôt du P. *Bourdaloue*. Mais outre qu'à mon avis, M. *Maſſillon* n'a aucune de ces qualités dans le dégré ſupérieur où elles ſont dans quelques autres, ſoit Prédicateurs, ſoit Auteurs d'ouvrages de piété ; il faut convenir du moins qu'il eſt inférieur au Pere *Bourdaloue* dans celle qui fait le caractere propre de celui-ci, je veux dire celle qu'on appelle ſolidité.

Il ſeroit ſuperflu de la définir ; on l'a connoît communément aſſez bien ; on ne s'y trompe point, & on ne la voit pas long-temps où elle n'eſt point. Or cette qualité eſt regardée avec grande raiſon comme la plus eſtimable de toutes, & quoique ſeule elle ne faſſe point l'Orateur, elle élévera toujours dans l'eſtime publique au-deſſus de tous les autres Prédicateurs, celui en qui elle ſe trouvera au plus haut dégré, pourvu qu'il ne manque pas abſolument des autres. En un mot, en convenant que d'autres Prédicateurs ſont plus Orateurs que lui, on le régardera encore comme le premier des Prédicateurs.

M. *Maſſillon* a peut-être plus de choſes à lui, & non puiſées ailleurs, que le Pere *Bourdaloue*, qui paroît avoir lu davantage les Peres de l'Egliſe. Mais, outre que celui-ci s'étant rendu propre ce qu'il a voulu employer de ſes lectures, rien chez lui n'a l'air emprunté ; donc du ſens le plus
droit

droit & du jugement le plus sûr, il n'a voulu s'approprier que d'excellentes choses, au lieu que si M. *Massillon* pense plus par lui-même, il ne pense pas toujours aussi bien, c'est-à-dire, avec autant de justesse & de solidité.

Tout le monde connoît ce qu'on appelle son *Petit Carême ;* tout le monde l'a lu, ceux même qui ne lisent que des ouvrages d'esprit & d'agrément, & que les autres Sermons de ce Prédicateur eussent peut-être ennuyé. On a dit que ce petit Carême étoit charmant. Est-ce un éloge pour des Sermons ? Il est sûr du moins que ce n'en seroit pas un pour des Sermons ordinaires. Je conviens que l'âge du Roi demandoit de l'Orateur un style moins sévere & moins grave ; mais celui de M. *Massillon* dans ce *Petit Carême* n'est-il pas quelquefois trop brillant & trop fleuri ? Si, parlant devant un Roi enfant, le Prédicateur devoit changer de style, ce n'étoit pas pour en prendre un plus élevé & plus pompeux. Il falloit au contraire en prendre un plus simple & plus familier, quoique toujours avec grace, noblesse & dignité. Voilà ce que M. de *Fénelon* eût excellemment fait.

Au reste, ce qu'il y a de bien louable dans ce *Petit Carême*, c'est le choix des matieres. L'âge des leçons fut saisi, les devoirs des Rois furent nettement exposés devant un Roi, & cela nous intéresse de plus d'une maniere. Le sujet de ces discours a bien contribué à leur succès.

Il faut prouver & toucher, prouver **en** touchant & toucher en prouvant ; enforte que l'un & l'autre marchent enfemble ; mais fi on les féparoit, (comme cela convient quelquefois) il faudroit s'attacher à prouver avant que de chercher à toucher. Un jour que je difois ceci en préfence de quelques gens de lettres, l'un d'eux entrant dans ma penfée, ajouta qu'*un Sermon parfait feroit celui dont* Bourdaloue *auroit fait le premier point &* Maffillon *le fecond.* Ce mot caractérife très-heureufement ces deux grands Prédicateurs.

Les gens du monde, principalement les femmes, font pour *Maffillon* par préférence à *Bourdaloue.* C'eft que le premier a plus de ce qu'on appelle ordinairement efprit, plus de fleur & d'élégance, fur-tout plus de fentiment. Ils le goûtent plus que le fecond, comme ils goûtent plus *Racine* que *Corneille.* Mais je doute qu'il en foit de même du plus grand nombre des gens de lettres, &, fi l'on me permet l'expreffion, des gens du métier.]

On peut ajouter à ce que dit M. l'Abbé *Trublet,* que les femmes d'un certain caractere, qui réuniffoient à beaucoup de fenfibilité pour le grand, une extrême élévation d'efprit, auroient été vraifemblablement pour *Bourdaloue,* même après avoir entendu *Maffillon.* J'en juge du moins ainfi par les lettres de Madame de *Sevigné,* remplies des louanges de *Bourdaloue,* qui marquent la plus forte admiration. Point

de fleur, on vient de le dire, point de bel
esprit. Sur cela on avoit cru , & Madame
de *Sévigné* elle-même , qu'il ne réussiroit pas
tant à la Cour qu'à la ville. » Nous nous
» trompions , (écrit Madame de *Sévigné*
» dès 1670 , à Madame de *Grignan* sa fille)
» le Pere *Bourdaloue* prêche divinement bien
» aux Thuileries. Nous nous trompions
» dans la pensée qu'il ne joueroit bien que
» dans son tripot ; il passe infiniment tout
» ce que nous avons ouï. »

La Princesse de *Conti* & la Duchesse de
Longueville , très-amies de Port-Royal ,
n'en goûtoient pas moins le Pere *Bourda-*
loue , & n'étoient pas moins assidues à
l'entendre. Madame de *Sévigné* , qui s'y
étoit trouvée avec elles le vendredi 13 Mars
1671 , écrit à sa fille : « J'ai dîné aujour-
» d'hui chez Madame de *Lavardin* , après
» avoir été entendre *Bourdaloue* , où étoit
» les *Meres de l'Eglise* : c'est ainsi que j'ap-
» pelle les Princesses de *Conti* & de *Lon-*
» *gueville*. Tout ce qui étoit au monde
» étoit à ce Sermon , & ce Sermon étoit
» digne de tous ceux qui l'écoutoient. J'ai
» songé vingt fois à vous, & vous ai souhaité
» autant de fois auprès de moi ; & vous
» auriez été ravie de l'entendre , &c. »

On voit par ces citations , quelle idée les
Dames les plus illustres de la Cour de *Louis*
XIV avoient de *Bourdaloue*. Revenons à
ce célebre Orateur avec M. l'Abbé *Trublet.*

La *Bruyere* compare , dit-il, *Bossuet* à
Demosthene , & *Bourdaloue* à *Ciceron* ; c'est

que *Massillon* n'étoit pas encore venu. *Bourdaloue* ressemble beaucoup moins à l'Orateur Romain que *Massillon*, & il ressemble peut-être plus à l'Orateur Grec que *Bossuet*.

Il n'a donc pas moins de vraie éloquence que *Massillon*; il a seulement moins d'une certaine élégance.

Enfin ils sont très-éloquents l'un & l'autre; mais ils le sont d'une maniere différente. & beaucoup de gens aimoient mieux celle du Pere *Bourdaloue*. C'est mon goût en particulier; mais ce sont de ces choses dont on peut disputer.] Voyez *Réflexions sur l'éloquence*, n. 35; & les *Observations sur Massillon & Bourdaloue*, dans le tom. 2 des Panégyriques de M. *Trublet*, p. 325 & suiv.

§. II.

Anecdotes diverses sur le **P.** Bourdaloue.

Le Maréchal de *Grammont* (écrit Madame de *Sévigné* à sa fille) étoit l'autre jour si transporté de la beauté d'un Sermon du Pere *Bourdaloue*, qu'il s'écria tout haut en un endroit qui le toucha : *Mordieu, il a raison. Madame* éclata de rire, & le Sermon en fut tellement interrompu, qu'on ne savoit ce qui en arriveroit.

Le Pere d'*Aruis*, Jésuite, disoit : *Lorsque le Pere* Bourdaloue *précha à Rouen, les*

Artifans quittoient leurs boutiques pour l'aller entendre ; les Marchands , leur négoce ; les Avocats , le Palais ; les Médecins , leurs malades. Pourmoi , lorfque je prêchai l'année d'après , je remis toutes chofes dans l'ordre ; perfonne n'abandonnoit plus fon emploi.

✤

Le Pere *Bourdaloue* avoit prêché devant *Louis* XIV. & enfuite devant *Jacques* II. Un Provincial qui vouloit faire le bel efprit , dit *qu'il étoit le Prédicateur des Rois , & le Roi des Prédicateurs.*

✤

On difoit du Pere *Bourdaloue* qu'il faifoit excellemment des portraits. Madame de *Termes* dit : *Il eft inimitable , & les Prédicateurs qui l'ont voulu imiter en cela , n'ont fait que des marmouzets.*

✤

Un Archidiacre d'Auxerre , qui crioit toujours en chaire , difoit du Pere *Bourdaloue : Il prêche fort bien , & moi bien fort.*

✤

Le Comte de *Grammont* fe fentant à l'extrêmité , envoya chercher le Pere *Bourdaloue.* Ce Jéfuite , après plufieurs difcours , lui dit qu'il falloit fonger à fe fauver. *Je le veux bien ,* dit le Comte ; *mais je voudrois me fauver galamment. Monfieur ,* lui répliqua le Pere *Bourdaloue , il faut retrancher la fin de votre période.*

✤

Le Pere *Bourdaloue* inftruifoit un Seigneur

mourant, dont la femme étoit extrêmement pieuse. *Monsieur*, lui disoit le Jésuite, *il faut croire ceci, il faut croire cela.* Le Seigneur se tournant vers sa femme, lui demanda : *Cela est-il vrai, Comtesse ? Oui, oui,* lui répondit-elle. *Eh bien,* ajouta le malade, dépêchons-nous de croire.

✦

Le Pere *Bourdaloue* prêchoit le Carême, à S. *Sulpice.* Un jour qu'il se fit attendre, tout le monde causoit dans l'Eglise en attendant qu'il vînt ; & comme la foule étoit grande, le bruit étoit aussi fort grand. Dès que le grand *Condé* apperçut le Pere *Bourdaloue,* il s'écria tout haut : *Voici les ennemis ! voici les ennemis !*

✦

Madame de *Montespan*, qui étoit difficile en Prédicateur, disoit du Pere *Bourdaloue*, *qu'il prêchoit assez bien pour la dégoûter de tous ceux qui prêchoient ; mais non pas assez bien pour remplir l'idée qu'elle avoit d'un Prédicateur.* N'étoit-ce pas la matiere qui la dégoûtoit, plutôt que l'Orateur ?

✦

Le Pere *Bourdaloue* disoit de l'Abbé *Boileau*, *qu'il avoit la moitié plus d'esprit qu'il n'en falloit pour bien prêcher.*

✦

Le Pere *Bourdaloue* confessoit une Dame de la Cour, qui lui demanda s'il *y avoit du mal à aller à la Comédie, & à lire des Romans. C'est à vous à me le dire, Madame,* répondit le judicieux Jésuite.

Despréaux & le Pere *Bourdaloue* difputoient un jour fur quelque matiere avec tant d'opiniâtreté, que le Jéfuite ne fachant plus que répondre au Satyrique, lui dit : *Il eft bien vrai que tous les Poëtes font fous. Vous vous trompez, mon Pere,* lui repartit *Despréaux; allez aux petites maifons, vous y trouverez dix Prédicateurs contre un Poëte.*

Un de ces Courtifans, qui, pour toute fcience, favent les nouvelles du jour, dit en préfence d'un vieux & fin Courtifan : *J'étois hier au coucher du Roi, qui me dit une telle nouvelle; & moi,* dit le vieux Courtifan, *j'étois hier au Sermon du Pere* Bourdaloue, *qui me dit de fort belles chofes.*

On difoit que plufieurs Prédicateurs Jéfuites afpiroient à avoir la furvivance de la la réputation du Pere *Bourdaloue;* mais il ne laiffa point d'héritiers.

On rapporte du Pere *Bourdaloue* qu'il relifoit tous les ans S. *Paul,* S. *Chryfoftome* & *Ciceron,* & que c'eft fur-tout dans ces trois fources qu'il puifoit fa mâle éloquence.

CHARLEMAGNE.

Conduite de ce Prince à l'égard des Saxons.
Ses divers mariages.

CHARLEMAGNE, Fils & Héritier de *Pepin*, porta sa gloire jusqu'aux extrêmités de la terre. L'Allemagne entiere passa sous ses loix. Le Royaume de Lombards détruit par ses armes, lui donna la moitié de l'Italie. L'Elbe, l'Océan, les Pyrenéens & la mer Baltique, devinrent les limites de ses Etats. Les Pontifes Romains le reconnurent pour leur Souverain. Les Rois d'Angleterre s'honorerent de l'avoir pour Protecteur. Les Empereurs de Constantinople se firent gloire de l'appeller leur ami ; & *Aaron Raschil*, ce sage Calife, lui envoya du fond de l'Asie des marques de son admiration. C'est ce grand homme, la gloire de son siecle, que M. de V. tâche de déprimer. *Charlemagne* vainquit les Saxons & les convertit ; c'en est assez pour le représenter comme un barbare qui leur fit embrasser la Croix le glaive à la main.

L'Auteur des *Erreurs de V.* a montré combien ces idées étoient fausses. Les mœurs des Saxons, dit-il, du temps de *Charlemagne* étoient les mêmes que du temps des Romains, c'est-à-dire, féroces & barbares. Ils pratiquoient la justice entr'eux, mais ils se croyoient dispensés d'en avoir à l'égard des étrangers. Toujours prêts à faire des irruptions chez leurs voisins, ils pilloient, brûloient & ravageoient dès qu'ils étoient les plus forts, & ne s'en retournoienr jamais dans leurs forêts, qu'après la dévaſtation des lieux qu'ils avoient parcourus & ruinés. Les Empereurs Romains, depuis *Auguſte* juſqu'à *Honorius*, furent toujours obligés d'entretenir de nombreuſes armées ſur ces frontieres. Les ſuccès furent toujours balancés ; ces Peuples ne furent jamais véritablement ſoumis.

Du temps de *Charlemagne*, ils faiſoient des courſes & des ravages continuels ſur les terres des François. Ils portoient partout le fer & le feu. Tout ce qu'ils pouvoient enlever d'hommes, de femmes & d'enfants, ils les emmenoient en eſclavage. *Charles* marcha contr'eux, les défit, prit leur meilleure place, qui étoit Eresbourg, en fit paſſer la Garniſon au fil de l'épée, pardonna au reſte de la Nation, & partit pour l'Italie.

A peine le Vainqueur fut-il éloigné, que les Saxons reprirent les armes & recommencerent les ravages. *Charles* fut obligé de retourner à eux : il les battit, & leur pardonna encore. Ce ne fut qu'après la cinquieme perfidie & la cinquieme expédition, que *Charlemagne* réſolut de ſévir contre ces brigands. Pour les punir des maſſacres qu'ils avoient faits dans tant de Villes, & pour les épouvanter par la terreur des châtiments, il fit couper la tête à 4500 de ceux qui, malgré leur ferment, avoient encore repris les armes. Ce châtiment étoit bien rigoureux, il est vrai; mais *Charles* le crut nécessaire pour contenir ces brigands, & pour assurer le salut de ses Peuples.

Cependant voyant ensuite que tant de sévérité étoit inutile, il témoigna aux Saxons que ce n'étoit qu'à regret qu'il répandoit leur sang; qu'il ne vouloit pas détruire leur Nation; qu'il leur accorderoit volontiers la paix, si leurs Chefs, qui s'étoient retirés, vouloient venir traiter avec lui. Il leur donna des ôtages pour la sûreté de leurs personnes; il les reçut avec bonté; il les gagna au Christianisme; il eut la meilleure part à la conversion du fameux *Vitikind*, Chef principal des Rebelles de Saxe. Il établit onze Evêques dans le pays des Saxons; il y fit fleurir la Religion; il les laissa vivre selon leurs Loix, & leur fit goûter les douceurs de la paix. Voilà ce que les Historiens contemporains de *Charlemagne* nous apprennent de ses expéditions & de l'établissement de sa Religion en Saxe. Ils étoient mieux instruits que M. de V.; ils sont plus dignes de foi que lui. Ce Christianisme prêché le sabre à la main, cimenté par le sang, suivi de la servitude, & tant d'autres expressions odieuses, si souvent employées dans l'*Histoire générale*, sont aussi contraires à la vérité, qu'elles sont indécentes dans la bouche d'un homme qui se dit encore Chrétien.

On ne trouve dans aucun de ces Histo-

riens contemporains cet horrible trait que
M. de V. raconte ; qu'en tranſportant des
Colonies de Saxons en Italie, *Charlemagne*
faiſoit égorger par des eſpions ceux qui
vouloient retourner à leur ancien culte.
Un peu de cette critique qu'on emploie
avec tant de zele , quand il s'agit de la
défenſe des Hérétiques , eût été ici mieux
placée. Mais *Charlemagne* étoit Catholique.

La plus grande rigueur que ce Prince ait
montrée contre les Idolâtres , parut dans
une Loi qui ſe trouve dans ſes *Capitulaires.*
Elle porte que ſi un Saxon veut demeurer
en Saxe , & qu'il diſſimule & cache ſa Religion ou refuſe de ſe faire Chrétien , il
ſera mis à mort. Cette Loi étoit donc une
eſpece d'Arrêt de banniſſement contre les
Saxons , s'ils refuſoient de ſe faire Chrétiens , ou un cas de mort ſi , ne voulant
pas ſe faire Chrétiens , ils vouloient néanmoins demeurer dans l'Empire. On ne voit
pas que cette Loi ait occaſionné aucune
exécution. Les Reines *Jeanne* de Navarre
& *Elizabeth* d'Angleterre , ont porté des
Loix bien autrement rigoureuſes contre les
Catholiques qui refuſeroient d'abjurer leur
Religion. Les priſons remplies de malheureux , & les échafauds inondés de ſang ,
furent d'affreux témoignages de l'eſprit
ſanguinaire qui dicta ces Loix , & de la
cruauté des exécutions qui les ſuivirent.
Nous voyons M. de V. taire , pallier , juſtifier ces Loix faites pour la deſtruction de
la Religion Catholique ; & ici il emploie la

fatyre, le fiel, le menfonge, la calomnie pour faire envifager avec horreur ce qu'a fait *Char-lemagne* pour la deftruction de l'Idolâtrie.

Quant à la multiplicité des femmes qu'on lui attribue, M. *Fleuri* fait voir (dans le tome fixieme de fon Hiftoire de l'Eglife) qu'il peut fe faire que *Charlemagne* n'ait eu qu'une femme à la fois. Or, ajoute ce judicieux Hiftorien, il eft jufte de fuppofer tout ce qui eft naturellement poffible, plu-tôt que de croire qu'un Prince fi admirable ait vécu & foit mort dans la débauche fans qu'on foit affuré de fa pénitence.

Ses qualités perfonnelles ne l'illuftrerent pas moins que fes conquêtes. Il fut, au milieu de toutes fes guerres, donner ordre à tout & par-tout, réglant fon Etat & l'Eglife, y faifant fleurir la piété par de fréquents Conciles, & les lettres par la protection conftante qu'il leur accordoit. Il aimoit & cultivoit lui-même les Arts & les fciences. Sage & ferme dans fes entre-prifes, il favoit les foutenir avec courage, & forcer la fortune à les couronner. On le voyoit paffer rapidement des rives de l'Elbe fur les bords de l'Erbe, & du fond de la Germanie à l'extrêmité de l'Italie. Un tendre amour pour fes Peuples, un caractere bienfaifant & généreux lui méri-terent, même auprès des Payens, le glo-rieux nom de *Pere de l'Univers*. Sa charité fans borne épuifa fes tréfors pour foulager les miferes des Chrétiens de Syrie, d'Egypte & d'Afrique ; & c'eft un tel homme qu'on nous peindra comme un *Dioclétien*.

CHETARDIE.

Impostures infames réfutées.

PENSERA-t-on jamais que M. de V. ait associé M. de la *Chetardie*, Curé de S. *Sulpice*, avec un nommé *Fantin*, & qu'il ait dit qu'ils étoient connus l'un & l'autre par les mêmes avantures ? Or, voici ce que c'étoit que ce *Fantin*. « Nous avons vu » (dit M. de V. dans ses Contes de *Guil-* » *laume Vadé*) un *Fantin* , Docteur & » Curé à Versailles, qui fut apperçu volant » un rouleau de cinquante louis à un ma- » lade qu'il confessoit ; il fut chassé, mais » il ne fut pas pendu. »

Supposé que l'avanture de ce *Fantin* soit vraie , comment peut-on le mettre sur la même ligne avec M. de la *Chetardie* , le modele des pasteurs , un des hommes les plus pieux de son temps , & sur lequel on pourroit réunir une foule de témoignages , si sa réputation n'étoit pas établie depuis long-temps ?

On connoit les excellents Ouvrages dont il a enrichi l'Eglise , & sa conduite ne les désavouoit pas. C'étoit un homme dont l'esprit étoit très-éclairé & l'ame très-simple. Inaccessible à l'orgueil , au faste ; il refusa plusieurs Evêchés. S'il étoit permis de cen- surer la conduite particuliere d'un homme , de dévoiler sa turpitude , de décrier ses

mœurs , c'eſt lorſque cet homme ne reſ-
pectant ni la Religion , ni le Public , ni lui-
même , s'eſt rendu coupable des plus grands
excès ; qu'il a inſulté Dieu ſur ſes autels ,
les Rois ſur leur trône , le Public dans ſa
foi , & qu'il ceſſe par-là d'avoir droit aux
égards réciproques. C'eſt alors le cas d'employer le ſtyle de *Juvenal* & de *Perſe* , de
ramener le coupable à ſon devoir par les
traits les plus ſanglants , & de le couvrir
de cette confuſion ſalutaire dont parle
l'Ecriture : *Imple facies eorum ignominiâ ,*
& quærent nomen tuum , Domine. Mais
lorſqu'un homme Apoſtolique ne s'eſt rendu
recommandable que par de bonnes œuvres
& d'excellents Ouvrages , il faut avoir perdu
toute honte pour oſer le calomnier auſſi
indignement , auſſi fauſſement & auſſi publiquement.

CLARKE.

Caractere des Ouvrages de ce célebre Docteur.

»IL ſemble , dit M. de V. (*Nouveaux*
» *Mélanges* , tom. 3 , pag. 130.) que *Locke*
» & *Clarke* aient eu les Clefs du Monde
» intelligible. *Locke* a ouvert tous les ap-
» partements où l'on peut entrer ; mais
» *Clarke* n'a-t-il pas voulu pénétrer un peu
» trop au-delà de l'édifice ?
» Comment un Philoſophe , tel que *Sa-*

» *muel Clarke*, après un si admirable Ou-
» vrage sur l'existence de Dieu, en a-t-il
» pu faire ensuite un si pitoyable sur des
» choses de fait ?... Je crois voir des aigles
» qui, s'étant élancés dans la nue, vont
» se reposer sur un fumier. »

Mais comment M. de V., qui a parlé avec
tant d'enthousiasme du Philosophe Anglois,
qu'il a peint comme le plus profond Méta-
physicien de son siecle, a-t-il pu en parler
ensuite d'une maniere si avilissante. Il est
vrai que, comme il ne se pique pas de louer,
il avoit déjà qualifié ce Docteur, dans ses
Lettres philosophiques de *vraie machine à
raisonnements*, en ajoutant : « C'est lui qui
» est l'auteur d'un Livre assez peu entendu
» & estimé, sur l'*existence de Dieu*, & d'un
» autre plus intelligible, mais assez méprisé,
» sur la *vérité de la Religion Chrétienne.*

Peut-on trouver des termes plus mal
assortis & des idées plus contradictoires que
machine & *raisonnements* ? Mais M. de V.
a cru apparemment être en droit de se servir du privilege qu'ont les Poëtes d'inven-
ter des fictions. Il est vrai qu'on y demande
ordinairement de la vraisemblance ; mais
l'Auteur de la *Henriade* croit sans doute être
au-dessus des regles.

Il dit que le Livre du Docteur *Clarke*
sur l'existence de Dieu, est assez peu entendu,
Il parle sans doute de quelques-uns de ces
frivoles petits-maîtres qui se mêlent d'impiété, & personne ne les contredira ; car
d'ailleurs les gens un peu faits à la médi-

tation & au raisonnement, entendent fort bien le Docteur *Clarke* ; & je m'imagine qu'on en croira plus volontiers tous les Journalistes François & Anglois qui vantent la solidité de raisonnements & la clarté d'expression du même Docteur que M. de V. décide hardiment n'*être point entendu*.

Ce qu'il dit sur la seconde Partie de l'Ouvrage de ce grand homme, n'étonnera personne que par la hardiesse qu'on y voit d'avancer sans preuve la plus insigne fausseté. *C'est lui ,* dit le Poëte , *qui est l'Auteur d'un autre Livre plus intelligible , mais assez méprisé , sur la vérité de la Religion Chretienne.* Ce n'est pas ainsi qu'on pense en Angleterre ; on a trouvé l'Ouvrage & le sujet également dignes de l'attention des gens qui pensent bien ; on l'a regardé comme un édifice régulier, appuyé sur des fondements inébranlables , & élevé avec autant de force que de dignité,

Son but est de prouver que , " comme
» on trouve dans le vieux Testament des
» promesses, qu'il viendroit un temps où la
» vérité & la vertu prévaudront sur l'erreur
» & la corruption , on y trouve aussi des
» prédictions positives , qui déclarent que
» les magnifiques promesses de Dieu s'ac-
» compliront par le moyen d'une personne
» ointe par Dieu pour l'exécution de ce
» grand dessein , & que comme Jesus a
» prouvé , par les œuvres qu'il faisoit au
» nom de son Pere , que Dieu l'avoit
» envoyé , & qu'il a paru qu'il ne lui
　　　　　　　　　　　　　» manquoit

» manquoit aucun trait , aucun caractere
» de ceux par lesquels les anciens Prophêtes
» ont désigné le Messie promis , il a été
» pleinement en droit de s'appliquer toutes
» les prophéties qui parlent du Messie , ou
» qui portent sur lui. „

Le Docteur *Sykes* , célebre Théolog¡en
Anglois , observe que cette méthode de
prouver la vérité de la Religion Chrétienne ,
est claire & raisonnable , & qu'on trouve rassemblés dans ce Livre tous les
passages de l'Ecriture sainte , dont on tire
les preuves de la vérité de la Religion Chrétienne. Tout se réduit donc à savoir si J.
C. a été en droit ou non de s'appliquer
certaines Prophéties de la maniere dont il
l'a fait , si l'on n'a pas de preuves suffisantes pour croire qu'il s'en est fait l'application justement ? Enfin si le rapport exact
à tant d'égards que le Docteur a exposé ,
ne montre pas avec toute l'évidence possible
que , ni le fanatisme , ni le hazard n'ont pu
produire une si exacte conformité : & c'est
sur quoi personne ne peut avoir le moindre
doute.

Les Incrédules ne reviendront-ils jamais
de la ridicule démangeaison d'affecter des
airs de mépris ? Ils en imposent par-là à des
esprits superficiels ; mais ils se font eux-
mêmes mépriser par les gens qui pensent ,
& qui ne se payent point d'une décision sans
preuves. M. de V. fait très-bien des vers ,
il écrit avec feu , il se fait lire avec plaisir :
ne devroit-il pas être content , & sentir

qu'il faut quelque chofe de plus pour affron-
ter des gens de la force de Clarke.

Cependant M. de V. l'a affronté plufieurs
fois. Il lui reproche de la mauvaife foi dans
fa difpute avec *Collins*, de la liberté. Il dit
que le *Prédicateur dans Clarke a étouffé le
Philofophe. (Philofophe ignorant , n. 15.)*
Ce reproche eft certainement bien peu mérité:
de tous les Philofophes qui ont écrit fur cette
matiere abftraite, celui qui fans contredit l'a
fait avec plus de méthode , de force & de
clarté , eft le Docteur *Clarke.*

XXXXXX*XXXXXXXXXXXXXXXXXXXXXXXXXXXXXXXXXXXX

C L E R C , (LE)

Raifons de croire qu'il n'étoit pas impie.

CEux qui ont intérêt d'étendre l'Empire
de l'incrédulité , augmentent toujours le
nombre des Incrédules. C'eft dans cette
vue que les Philofophes modernes ont mis
le célebre *Jean* le *Clerc* au nombre des
Déiftes. Ils le repréfentent comme ami intime de *Collins* , Auteur de *la liberté de
penfer.* Ils prétendent qu'il favorifa la traduction françoife de ce pernicieux Ouvrage.
Collins , difent-ils , après avoir donné au
Public fa liberté de penfer , fit un voyage
en Hollande auprès du fameux M. le *Clerc*
fon ami , dont il mit le crédit à profit pour
réimprimer fon Difcours avec une traduc-

tion françoife., propre à en mieux répandre
les principes.

Cette anecdote eft un vrai menfonge , &
on l'a réfutée invinciblement dans le tome
46 de la *Bibliotheque Germanique* , article
12. Cette réfutation y paroît fous le titre
de *Lettre d'un des Bibliothécaires de Geneve
à l'Auteur de la Bibliotheque Germanique.*

„ *Collins* , dit l'Auteur , vint en Hol-
„ lande en 1713. J'y étois auffi dans ce
„ temps-là , & le hazard me fit manger
„ affez fouvent avec lui dans fon Auberge
„ de la Haye. Je voyois auffi quelquefois
„ M. le *Clerc* à Amfterdam.... La relation
„ de Compatriote me donnoit un facile
„ accès chez lui , & j'ofe dire qu'il me par-
„ loit avec beaucoup de franchife fur la
„ plûpart des chofes qui le regardoient....
„ Je puis donc affurer , comme le fachant
„ bien , qu'il y avoit entre M. le *Clerc* &
„ *Collins* très-peu de liaifon. Déjà ils ne
„ réfidoient point dans la même Ville.

„ Il eft vrai que *Collins* alla voir un jour
„ M. le *Clerc* à Amfterdam. Il étoit accom-
„ pagné de quelques François de la con-
„ frairie de ceux qui penfent librement , &
„ entr'autres de celui qu'on appelloit *le*
„ *petit Samfon.* Ces Meffieurs les efprits
„ forts fe figuroient d'avoir bon marché
„ de ce Savant , & qu'ils entreroient faci-
„ lement en compofition avec lui. Mais ils
„ furent fort furpris de voir que M. le *Clerc*
„ faifoit ferme pour la révélation. Il leur
„ prouva avec force la divinité de la Re-

„ ligion Chrétienne. JESUS-CHRIST *est né*
„ *parmi les Juifs , difoit-il à Collins ; ce*
„ *n'eft pourtant pas la Religion Judaïque*
„ *qu'il enfeigne , ni la Payenne non plus ;*
„ *mais une Religion infiniment fupérieure*
„ *à l'une & à l'autre. On y apperçoit des*
„ *caracteres de divinité des plus frappants.*
„ *Les Chrétiens qui font venus après , étoient*
„ *incapables d'avoir jamais rien imaginé de*
„ *fi beau. D'ailleurs cette Religion eft fi*
„ *conforme au bien de la Société , que fi nous*
„ *ne tenions pas du Ciel un femblable pré-*
„ *fent , le bonheur & la sûreté des hommes*
„ *demanderoient abfolument qu'ils euffent*
„ *un équivalent.*

„ Dans le refte de la converfation , M.
„ le *Clerc* pouffa vivement ces Déiftes fur
„ la haine qu'ils marquent contre le Chrif-
„ tianifme. Il leur fit voir qu'ils renverfent
„ tout ce qu'il y a de faint & de refpecta-
„ ble parmi les hommes, qu'ils rompent
„ les plus fûrs liens de l'humanité , qu'ils
„ apprennent à fecouer le joug des loix ,
„ qu'ils ôtent les motifs les plus forts à la
„ vertu , & qu'ils enlevent aux hommes leur
„ confolation. *Que fubftituez-vous donc à la*
„ *place , ajouta-t-il ? Pouvez-vous vous*
„ *vanter d'établir quelque chofe de mieux ?*
„ *Vous vous figurez fans doute qu'on vous*
„ *érigera des ftatues pour les grands fervices*
„ *que vous rendez aux hommes , en tra-*
„ *vaillant à arracher la Religion de leur*
„ *cœur. Mais je dois vous déclarer que le*
„ *rôle que vous jouez vous rend odieux &*
„ *meprifable à tous les honnêtes gens.*

» M. le *Clerc* finit cette converſation en
» priant *Collins* , d'un ton aſſez ſec , de ne
» lui plus faire de ſemblables viſites. Le
» hazard fit , continue l'Auteur de la Lettre,
» que je me trouvai le lendemain chez lui
» à Amſterdam , & il voulut bien m'infor-
» mer de ce qui s'étoit paſſé la veille. Il
» parloit avec beaucoup de chaleur , &c. »

Si tous ceux qui reſpectent la Religion ,
& que leur devoir appelle à en maintenir
les droits , imitoient l'exemple de M. le
Clerc , on obligeroit les Ereſtrates modernes à garder du moins les meſures de bien-
ſéance & d'honnêteté , & à ne pas outrager
publiquement, & dans toutes les compagnies
où ils ſe trouvent , ce qui eſt l'objet de la
vénération des autres.

En juſtifiant M. le *Clerc* de l'accuſation
d'impiété , nous ne prétendons point le
laver des juſtes reproches que pluſieurs de
ſes opinions hardies lui ont mérités. Il ſuffit
pour notre objet de montrer qu'il n'étoit
pas incrédule dans le ſens qu'on l'entend
ordinairement , & qu'il regardoit la révélation & la vérité de la Religion Chrétienne
comme deux choſes démontrées.

CYRILLE, (St.)

Examen des objections de l'Empereur Julien *contre le Christianisme, & des réponses de S.* Cyrille.

M. de V., dans sa *Philosophie de l'His-toire*, parle avec dérision de S. *Cyrille*, & des réponses qu'il fit aux difficultés de l'Empereur *Julien*. Pour savoir s'il a raison, il faut voir les objections de cet Empereur controversiste, avec les solutions que S. *Cyrille* y donna.

Julien opposoit d'abord à la Religion Chrétienne, de n'avoir ni origine, ni fondement fixe dans l'antiquité ; de s'éloigner également de la Théologie des Juifs & de celle des Grecs ; de n'être enfin qu'un assemblage bizarre d'opinions empruntées, où l'on ne découvroit ni suite, ni système.

Parler ainsi, c'étoit demander au Christianisme ce qu'on exige d'une Secte de Philosophes, & placer notre doctrine au rang des inventions humaines, comme si la Religion dépendante de Dieu seul, avoit d'autres fondements que la vérité de sa parole, & qu'il fût besoin qu'à notre égard les articles en fussent liés par l'évidence. Il est vrai que nous renonçons à la sagesse des Grecs ; mais pourquoi ? C'est, dit S. *Cyrille*, que ces Grecs n'ont qu'une Théolo-

gie chancelante, incertaine, contradictoire,
& il le montre par l'expofition que fait
Plutarque de leurs fentiments ; c'eft qu'ils
font tous & de bien loin poftérieurs à
Moyfe , dont les écrits fubfiftoient avant
même que *Cadmus* eût tranfporté de la
Phénicie dans la Grece l'ufage des lettres ;
c'eft que *Pythagore* , *Thalés* , *Solon* &
tous les autres n'ont de raifonnable dans
leurs écrits que ce qu'ils ont enlevé des
nôtres ; que cela même ils l'ont dépravé
par de folles additions , tournant ainfi à
leur perte & à celle d'autrui , le plus pur
& le plus facré de tous les dons.

Venons au détail , pourfuivoit *Julien.* On
éleve les livres de *Moyfe.* Que renferment
donc ces livres , qui ne foit vifiblement
abfurde ? Qu'eft-ce que ce Jardin délicieux
dont ils parlent , & cette production de la
premiere Femme qui , contre l'ordre de la
nature, fort d'une côte du premier Homme,
dont elle fe trouve la fille , la fœur & l'é-
poufe.

Hé ! Qu'eft-ce que la naiffance de l'Océan
& de *Thetis* , qu'*Héfiode* fait naître du Ciel
& de la Terre , reprend S. *Cyrille ?* Qu'eft-
ce que *Cœus* & *Hyperion* , à qui le même
Poëte donne une origine femblable ? Vous
infultez à nos livres , parce qu'ils prêtent
la parole au Serpent qui féduit *Eve.* O
Julien ! oubliez-vous que vos cenfures im-
prudentes retombent fur vous-même ? Oubliez-vous le Chêne de Dodone , fi miraculeux dans vos Poëtes , qu'il prononce

des oracles ? Oubliez-vous qu'en mille endroits , *Homere* fait parler les chevaux d'*Achille* , & qu'il prête de l'intelligence à ceux d'*Hector* & d'*Antiloque ?* C'étoit une fiction , dites-vous. Mais *Porphire* n'étoit pas un Poëte ; c'étoit un Philofophe dont vous êtes l'admirateur , & ce Philofophe a donné du fentiment & de la voix au fleuve *Neffus* , qui , à l'entendre , falua *Pythagore* ; mais *Thefpefion* étoit un fage , & il dit que les arbres refpecterent *Apollone* dans les Indes , & l'appellerent de fon nom. Ce n'eft pas qu'en répondant ainfi nous voulions avilir nos hiftoires jufqu'à leur comparer vos fables , à Dieu ne plaife ; nous ne voulons que découvrir la témérité de l'objection qui reprend en nous ce que vous croyez vous-même.

Plutôt que de vous expofer aux reproches d'adorer un Dieu auteur des faits funeftes, que ne nous imitez-vous , continuoit *Julien ?* Nous reconnoiffons dans *Jupiter* un être fuprême & feul tout-puiffant ; mais nous n'abaiffons pas fa grandeur jufqu'au détail des foins de l'Univers , & nous l'en faifons repofer fur des divinités fubalternes. Nous difons *de Mars* , par exemple , qu'il préfide aux combats ; d'*Até* , qu'elle enfante la difcorde ; de *Mercure* , qu'il infpire l'artifice & les fraudes , &c. Quelle doctrine ! répond S. *Cyrille.* Eft-ce donc que votre *Jupiter* ne fuffit pas feul pour régir le monde ? En ce cas , quel aveuglement de le nommer & de le croire le Dieu suprême ! Tout au contraire, s'il peut tout, & si rien ne lui résiste, pourquoi, lui qui doit aimer les hommes, donne-t-il à *Mars* & aux autres un pouvoir dont ils abusent ?

Je ne dissimule point que ces réponses tranchantes & décisives contre un Idolâtre, ne pénetrent pas jusqu'à la racine de la difficulté. La chute du premier Homme & ses circonstances, sont des articles où la raison n'a de prise qu'autant qu'elle est soutenue par la certitude évidente de la révélation divine : & il y aura toujours dans ce mystere de grands prétextes pour l'Impie qui ne voudra pas entrer dans les préliminaires de la foi. S. *Cyrille* joint pourtant à ce que j'ai rapporté de lui, des éclaircissements plus théologiques & même philosophiques autant qu'ils pouvoient l'être, & par rapport au silence, & par rapport à la matiere.

L'Empereur passant à la Loi donnée aux Juifs, se joue plus qu'il ne raisonne dans un sujet toutefois si grave. Mais ce qu'il aimoit singuliérement à nous opposer, c'étoit les grands hommes du Paganisme, leur talent pour les Arts, leur éloquence inimitable, leurs découvertes & l'étendue de leurs connoissances. Il comparoit leurs Ouvrages avec nos Ecritures, & son imagination enchantée des uns, ne trouvoit dans celles-ci qu'un style aride, languissant, défectueux & triste.

Mais quoi ! dit S. *Cyrille*, s'agit-il pour le salut des hommes des ornements du difcours ? & la fcience qui regle les mœurs, a-t-elle befoin des fecours de l'art ? La vérité d'une Religion eft-elle dépendante de l'étude & des parures de ceux qui l'enfeignent ? Ne fauroit-on être vrai fans être éloquent ? Eft-il ici queftion de décider entre des Rhéteurs, & n'eft-ce pas du fond des chofes que nous difputons ? Qu'importe que les Parenefes d'*Ifocrate*, les Poëmes de *Phocilide* & de *Théognis* l'emportent, quant aux tours fur les Proverbes de *Salomon* ? Le point unique eft de favoir fi la morale de celui-ci n'eft point infiniment fupérieure à celle de ces Ecrivains profanes.

Or, qui peut faire entr'eux un parallele férieux ? Qui eft-ce qui peut fans rougir lire d'un bout à l'autre quelques Dialogues de *Platon* même, & entre les autres, celui qui porte le titre de *Banquet* ? Où eft la pudeur qui ne s'allarme des difcours effrontés, des maximes fcandaleufes qu'il y met dans la bouche d'*Ariftophane* & d'*Alcibiade* ? La honte qu'il avoit de les prononcer, ne devoit-elle pas lui défendre de les faire dire à fes interlocuteurs, & quelquefois aux plus graves ? O adorateurs des Idoles ! votre *Apollon* a dit lui-même que les Hébreux poffédoient feuls la vraie fageffe ; oferez-vous démentir la décifion de celui que vous adorez ?

Si vos écritures ont la force de vous élever à la plus haute fageffe, fi vous y trouvez les principes de la fcience univerfelle, comme *Eufebe* le foutient, pourquoi donc êtes-vous si versés dans la science des Grecs ! continue *Julien.* Et pourquoi , en effet ? C'est que pour mieux combattre vos superstitions , vos erreurs & vos impiétés , nous avons besoin de remonter aux Ouvrages qui en sont les sources. C'est qu'en lisant vos Théologies , vos fables & vos Philosophes , nous en connoissons mieux le prix des vérités inspirées de Dieu. En cet endroit, S. *Cyrille* étale toutes les richesses de nos Ecritures , la sublimité de leurs dogmes , la pureté de leurs leçons , la sainteté de leurs Auteurs. Sur-tout qu'il est beau d'entendre ce qu'il dit de *Moyse* , & le digne éloge qu'il fait de ses livres ! Loin que la Grece eût rien à lui comparer , il falloit que , malgré sa fierté , la Grece avouât qu'elle n'étoit opulente que des larcins faits à ce grand homme.

Il restoit à *Julien* de tourner ces insultes contre la personne même de J. C. *Celse* avoit déjà tenté de l'avilir ; & que n'en disoit-il pas ? A l'entendre , il étoit né d'une femme sans nom , réduite à vivre du travail de ses mains , & , ce qu'il y a d'affreux , (Chrétiens , pardonnez-moi si j'ose le redire) d'une femme chassée par l'époux qu'elle avoit déshonoré par son crime avec le soldat *Panthere.* L'Impie corrompant le récit de nos Evangiles , avoit ajouté que *Marie* , pour cacher le vice de la naissance de son fils , l'avoit transporté en Egypte ; que la misere avoit contraint à la servitude ce malheureux enfant ; qu'il

s'y étoit fait initier dans les mysteres en-
chanteurs dont l'Egypte étoit si curieuse ;
que ce funeste savoir l'avoit engagé dans
la suite aux entreprises de la séduction ; &
qu'enfin, rempli de ces secrets impurs, il
étoit revenu dans sa Patrie, où sa fausse
puissance l'avoit fait donner & recevoir
comme un Dieu. Mais ces noires circonstances, inventées par la seule passion de
nous nuire, avoient été trop bien détruites
par *Origene* ; & *Julien* n'étoit pas assez im-
prudent pour les reproduire. Il aima mieux
reprocher à J. C. ses souffrances & sa mort,
dire de sa divinité ; qu'elle étoit une chimere
de S. *Jean* qui l'avoit seul accréditée ; répandre ses invectives sur les autres disci-
ples, brouiller toutes nos histoires, chercher
contre nos dogmes, en les travestissant, des
prétextes de satyre ou de fades ironies,
n'épargner enfin de tout l'Evangile que les
miracles, si évidemment certains, qu'il
fallut pourtant en convenir, ainsi que *Celse*
y avoit lui-même été contraint. Aveugles,
qui ne voyoient pas que le fondement posé,
l'édifice de la foi s'élevoit tout seul & restoit
inébranlable.

Derniere ressource du Prince infidele. Il
imagina que pour nous détruire, il n'étoit
question que de nous opposer à nous-mêmes. Les *Galiléens*, disoit-il, (car il ne
nous désignoit que par ce nom de mépris)
reconnoissent la divinité des loix, des
cérémonies & de tout le culte Judaïque.
Cependant ils ont abrogé ces loix, changé

ces cérémonies & détruit tout ce culte. O étrange contradiction ! Mais plutôt , ô étrange difficulté ! répond S. *Cyrille*. *Julien* qui se vante de tout savoir , ignore-t-il donc que l'alliance passagere faite avec l'ancien Peuple , n'étoit que la figure , l'ombre , la préparation de l'alliance éternelle dont le Messie devoit être le médiateur & le gage ? Ce Messie tant promis & si désiré est venu ; il a établi le sacrement de la seconde alliance ; il a certifié sa mission par ses prodiges , & *Julien* les avoue de même que ceux de l'ancien Testament. De quel côté est la contradiction , du sien ou du nôtre.

C'est sans doute un bonheur pour la Religion , que cet Ouvrage de S. *Cyrille* soit arrivé jusqu'à nous. On auroit pu juger qu'un Empereur habile & nourri dans le sein de la foi , ne l'auroit abandonnée que sur d'invincibles preuves ; & pour certains esprits , ces vaines présomptions décident. Mais ces difficultés encore subsistantes , apprennent & apprendront à tous les siecles que l'impiété ne parle que pour trahir sa foiblesse , ou pour donner par sa défaite plus de gloire & de puissance à la vérité qu'elle combat. (*Houteville* , Disc. prélim. p. 145 & suivantes.)

DAVID.

Diverses difficultés des Incrédules sur l'histoire de ce saint Roi.

DAVID craignant les desseins que *Saül* formoit contre sa vie , se réfugia auprès d'*Achis* , Roi de Geth. Quand les Officiers de ce Prince l'eurent vu , ils le lui annoncerent comme ce Capitaine fameux qui avoit fait tant de mal aux Philistins. *David* effrayé contrefit le fou , & cette action a été blâmée par quelques Incrédules , mais sans raison à ce qu'il nous paroît.

La folie n'est point un crime ; c'est une maladie de cerveau , & l'on ne remarque pas que *David* , dans sa prétendue démence, ait rien dit de criminel. Il se contente de faire quelques gestes d'insensé. Et pourquoi ne lui auroit-il pas été permis de se tirer d'un extrême péril par cette prudente dissimulation ?

1°. Il s'agissoit de sauver sa vie ; & n'at-t-on pas droit d'entreprendre tout ce qui n'est point crime , pour se garantir de la mort ? Qu'on blâme des dissimulations qui tirent leur origine , ou de l'esprit de tyrannie , ou de l'envie de se dispenser de devoirs essentiels , ou d'un principe de superstition : rien de plus juste ; mais condamnera-t-on un *Solon* , qui ne contrefait le fou , qu'afin de pouvoir impunément détourner ſes Concitoyens d'Athenes de leur réſolution d'abandonner Salamine ſa Patrie aux habitants de Mégare ? un *Lucius Junius Brutus*, qui contrefait le ſtupide , de peur de devenir ſuſpect à *Tarquin* le Superbe, qui avoit déjà fait mourir ſon pere & ſon frere aîné ? Pourquoi condamneroit - on *David* , quand il auroit eu recours aux mêmes artifices ?

2°. Si la néceſſité de ſauver ſa vie ne ſuffit pas, lui ſaura-t-on mauvais gré d'avoir trompé les Philiſtins avec qui *Iſraël* étoit alors en guerre ? Depuis quand eſt-il défendu de ſe ſervir de ſtratagêmes avec les ennemis ?

Quant à quelques autres reproches qu'on fait à *David* au ſujet de ſes liaiſons avec *Achis* contre ſa Patrie , " Reconnoiſſons „ (dit *Saurin* dans le tome IV. de ſes *Diſ-* „ *cours ſur la Bible*) que *David* pécha dans „ les circonſtances que nous venons de „ rapporter ; mais évitons de le trop char- „ ger. N'avançons ni que *David* avoit ré- „ ſolu de tourner ſes armes contre ſon Roi „ & contre ſes Compatriotes , ni qu'il „ avoit réſolu de les tourner contre les „ Sujets de ſon Bienfaiteur. Diſons plutôt „ qu'il eſpéra que Dieu lui fourniroit des „ moyens pour ſe diſpenſer d'en combattre „ aucun : eſpérance qui , quoique très- „ téméraire , & digne par cela même du „ courroux de Dieu, fut pourtant couronnée „ par ſa miſéricorde. Ne doutons pas que

„ *David* , en commettant les fautes qui
„ peuvent lui être ici reprochées , ne péchât
„ en homme qui reſpecte la vertu dans le
„ temps même qu'il s'en éloigne ; ne dou-
„ tons pas qu'il n'éprouvât beaucoup de
„ combats , qu'il ne ſentît beaucoup de
„ regrets , qu'il n'adreſſât au Ciel beaucoup
„ de prieres pour lui demander la grace de
„ ne pas tomber dans des crimes dont il
„ n'évitoit pas aſſez les occaſions. Mettons-
„ nous en la place d'un fugitif pourſuivi
„ pár un ennemi redoutable , & toujours
„ en danger de ſuccomber ſous ſes coups.
„ Après tout , reſpectons une vie dont les
„ tâches ſervent moins à la décrier , qu'à
„ relever cette longue ſuite d'actions héroï-
„ ques qui l'ont rendue ſi digne de ſervir de
„ modele. „

Voilà avec quelle prudente circonſpection
un profond Théologien s'explique ſur *David* , tandis que M. de V. , qui a beaucoup
moins étudié l'hiſtoire de ce S. Roi, n'en
parle qu'avec outrage , & le condamne en
tout. Nous aurions pu le juſtifier avec pluſieurs graves perſonnages , mais nous aimons
mieux renvoyer le lecteur à l'excellente
Apologie de David , publiée à Paris en 1737,
in-12. Le ſavant Auteur de ce Livre a en
vue les reproches que *Bayle* avoit faits au
Prophête Royal : reproches répétés par M.
de V. , mais réfutés dans le Livre indiqué
de maniere à ne laiſſer aucun lieu à la
replique. Par exemple, M. de V. blâme l'ordre
que *David* donna à *Salomon* de faire punir

par

par le dernier supplice *Joab* son Général &
Semeï, auxquels il avoit pardonné. Mais
premiérement, ce double assassinat commis
par *Joab* des Généraux *Abner* & *Amasa*, ne
devoit pas demeurer impuni, & *David* en
regardoit la vengeance comme un devoir
attaché à sa qualité de Roi ; mais la grande
puissance du Coupable & d'*Abisaï* son
frere, l'avoit obligé d'user envers lui de
ménagement. D'ailleurs les services que
Joab avoit rendus à l'Etat, sa fidélité in-
violable envers la personne de *David*,
méritoient d'être considérés ; & c'étoit pour
ce Prince une espece de justice de le laisser
vivre du moins jusqu'à la vieillesse. Mais
après s'être ainsi acquitté lui-même envers
Joab, il charge son fils, en mourant, de
l'acquitter envers Dieu & envers le Public,
de ce qu'il leur devoit comme Ministre du
Seigneur, & chargé de l'exécution de ses
loix à l'égard des meurtriers. Ce que dit
Salomon en commandant qu'on tuât *Joab*,
fait voir qu'il étoit persuadé que Dieu auroit
vengé sur *David* & sur sa famille le sang
d'*Abner* & d'*Amasa*, si l'on eût accordé à
Joab l'impunité.

III. L'ordre que donne *David* touchant
Semeï, paroît surprenant, après la généro-
sité qu'il a eue de lui pardonner. Mais ce
Prince avoit deux devoirs à remplir, celui
de Pécheur pénitent, & celui de Roi. En
se regardant comme pécheur, il avoit souffert dans un esprit de pénitence les malédictions de *Semeï*. Mais il étoit chargé,

comme Roi, de maintenir le bon ordre, de prévenir la rébellion, & de mettre la Majesté Royale à couvert de l'insulte des séditieux. C'est ce qu'il fait ici par l'ordre qu'il donne à son fils. Il est vrai qu'au jour de son rétablissement sur le Trône, il avoit promis par serment à *Semeï* qu'il ne le feroit point mourir, & il avoit tenu religieusement sa parole. C'est encore par respect pour ce serment, qu'en recommandant à *Salomon* de faire porter à *Semeï* la juste peine de son crime, il en laisse la disposition à sa sagesse : comme s'il lui disoit : *Vous devez un exemple à l'Etat ; mais après la parole que je lui ai donnée, il ne convient pas de le punir de mort précisément pour ses malédictions.* Il suffira de l'observer de près, pour le châtier dès que vous le trouverez en faute.

M. de V. trouve fort mauvais que Dieu punît *David*, parce qu'il avoit fait le dénombrement de son Peuple ; mais il ne voit pas que ce dénombrement fut fait par un mouvement de vanité, plutôt que par la vue d'aucune utilité particuliere. Toutes les actions des Saints ne sont pas saintes. La seule regle infaillible est la loi de Dieu. C'est sur elle qu'il faut examiner la conduite des hommes, plutôt que sur les vaines raisons d'une politique humaine.

Puisque nous sommes sur l'histoire de *David*, nous nous arrêterons à une difficulté que les Incrédules ont beaucoup fait valoir. Il est question de déterminer le

poids des cheveux d'*Abfalon qui péfoient*,
dit l'Ecriture ; *deux cents ficles au poids du
Roi*. Bien des gens ont cru qu'il y avoit de
l'exagération au texte facré. Les Rabbins,
& quelques autres Ecrivains , qui prétendoient que ces deux cents ficles étoient le
prix que valoient les cheveux d'*Abfalon*, &
non ce qu'ils péfoient , prétendent que lui
ou fes ferviteurs vendoient ces cheveux aux
femmes de Jérufalem pour en faire des perruques Mais *Bochard* a fait voir combien
il eft abfurde de s'imaginer que le fils d'un
Roi ait vendu fes cheveux , ou que quelqu'un ait voulu les acheter , fur-tout à un
fi haut prix , puifque les perruques n'étoient
pas connues dans ce temps-là.

D'autres fe font imaginés qu'*Abfalon*
ayant coupé fes cheveux en divers temps ,
les avoit gardés jufqu'à ce qu'il y en eût le
poids de deux cents ficles. Mais cela rend
la remarque de l'Ecriture puérile , puifqu'il
n'y auroit rien d'extraordinaire en cela.

Bochard conjecture que les cheveux d'*Abfalon* ne péfoient deux cents ficles , que
parce qu'il les poudroit d'une poudre d'or ;
ce qui étoit fort ordinaire dans ce temps-
là , & devoit augmenter fort le poids des
cheveux ; & il démontre que ces deux cents
ficles ne faifoient pas plus de trois livres
& deux onces de notre poids. Mais l'Ecriture parle du poids réel des cheveux , &
non d'un poids purement accidentel. Les
Septante ont réduit ce poids de deux cents
ficles à la moitié ; ils ne parlent que de

cents ficles ; ce qui s'accorde avec le fentiment de ceux qui prétendent qu'il s'agit du
ficle d'or ou du ficle du Roi, qui ne péfoit
qu'environ 35 grains, & qui n'avoit que la
moitié du poids de ceux du fanctuaire. Ce
poids ne feroit point exhorbitant par rapport à tous les cheveux d'une perfonne,
puifque l'on trouve encore aujourd'hui des
femmes dont les cheveux péfent jufqu'à
quarante-deux onces. Mais ce poids feroit
extraordinaire par rapport aux cheveux
coupés, fi l'on fuppofoit qu'il n'en faifoit
couper qu'une partie, ou qu'il fe les faifoit
couper tous les huit mois, comme dit
Jofeph, ou de deux mois en deux mois,
felon l'Auteur des *Queftions hébraïques*, ou
même une fois l'an, comme il eft porté
dans la Vulgate. Mais le texte hébreu ne
marque point de temps précis, & n'exprime point, non plus que la Vulgate, que
ce fuffent les cheveux qu'il faifoit couper,
qui fuffent de ce poids ; mais feulement que
de temps en temps, il faifoit couper fes
cheveux quand fa tête étoit trop chargée,
& que leur poids étoit de deux cents ficles,
c'eft-à-dire, tant de ceux qui reftoient à
fa tête, que de ceux qui étoient coupés.

M. de V. trouve étrange que *David*, qui
étoit fort pauvre & qui parle fouvent de
fa pauvreté, laiffa le tréfor dont il eft fait
mention dans le Livre des Rois. Mais il ne
voit pas que *David* avoit amaffé des richeffes
immenfes pour la conftruction du Temple ;
ce qui ne l'empêchoit pas de fe regarder

perfonnellement comme pauvre, parce que ces richeſſes, comme il le dit lui-même avant que de mourir, n'étoient point à lui, mais à Dieu, & que tout ce qu'il avoit il le tenoit de ſa libéralité.

DIOCLÉTIEN.

Violence de la perſécution qu'il excita contre les Chrétiens.

DIOCLÉTIEN eſt un des Héros de M. de V. ; mais ſon ſuffrage n'empêchera pas que le nom de cet Empereur ne ſoit en horreur à tous les Peuples Chrétiens. Il ne voudroit pas qu'on ſe le repréſentât comme ſans ceſſe armé contre le Chriſtianiſme. Il prétend qu'il ne le perſécuta que la vingtieme année de ſon regne ; mais il eſt certain que l'Edit ſanglant donné contre la Religion Chrétienne, parut le 23 de Février de l'an 303 de J. C., & la dixieme année du regne de *Dioclétien.* Les Payens célébroient ce jour, qui étoit le dernier de l'ancienne année Romaine, la Fête des Termes, comme ſi ce jour eût dû être la fin du Chriſtianiſme : mais ce ne fut le terme que de la proſpérité de *Dioclétien.*

Dès le premier jour de la perſécution, *Dioclétien* ſe vit deux fois en danger d'être brûlé au milieu de ſon Palais à Nicomédie. Ces incendies furent cauſées par *Galere*,

qui vouloit faire retomber fur les Chrétiens
les foupçons de ces embrafements, & les
rendre de plus en plus odieux à *Dioclétien.*
La frayeur qu’il en conçut fit une telle
impreffion fur fon efprit, qu’il en demeura
toute fa vie dans une appréhenfion conti-
nuelle d’être brûlé vif. Cet avertiffement ne
le fit pas rentrer en lui-même. Il tomba peu
de temps après dans une maladie lente qui
le réduifit à l’extrêmité. Son efprit affoibli
ainfi que fon corps, ne lui laiffa que des
intervalles de raifon. Obligé de quitter
l’Empire par *Galere*, qu’il regardoit comme
fon appui, menant une vie languiffante,
agité de continuelles inquiétudes, fe voyant
méprifé, maltraité & réduit à haïr la vie,
il mourut d’épuifement la derniere année
de la perfécution, qui étoit toujours très-
violente. Comme M. de V. veut qu’elle ait
été très-douce, nous en mettrons ici le
précis d’après M. *Racine*, qui n’a fait que
copier *Eufebe* & *Sulpice-Sévere.*

Après la publication d’un Édit particulier,
qui ordonnoit de mettre en prifon les Chefs
& les Miniftres de toutes les Eglifes, ces
lieux deftinés pour les fcélérats furent tellement remplis d’Evêques, de Prêtres, de
Diacres, de Lecteurs & d’Exorciftes, qu’il
n’y reftoit plus de place pour y mettre les
criminels. L’ordre portoit expreffément de
tourmenter par tous les fupplices imagina-
bles ceux qui refuferoient de facrifier aux
Idoles. On vit donc une multitude d’Evêques & d’Eccléfiaftiques dans tout l’Empire,

souffrir avec courage les plus terribles tourments, & donner au Peuple fidele d'illuf-
tres exemples de la maniere dont il faut
combattre pour la vérité. Après cela, perfonne ne fut excepté, & le démon prit de
telles mefures pour rétablir l'Idolâtrie, qu'il
fembloit qu'aucun Chrétien ne pourroit
éviter d'y prendre part. Il fit mettre auprès
des fontaines, dans les marchés & même
dans toutes les rues, de petites Idoles &
des gens qui obligeoient tout le monde à
leur offrir de l'encens; de forte qu'on ne
pouvoit ni vendre, ni acheter quoi que ce
fût, ni même prendre de l'eau fans lui
facrifier. Tout l'Empire Romain, depuis
l'Orient jufqu'à l'Occident, fe trouva donc
alors expofé à la fureur de *Dioclétien*, de
Maximien & de *Galere*, qui, comme des
bêtes cruelles, déchiroient l'Eglife de toutes
parts, & par eux-mêmes & par leurs Officiers. Il feroit impoffible de marquer combien les Miniftres de la juftice employerent
de fortes de fupplices pour tourmenter les
innocents & les juftes, afin de les rendre
criminels, ou de compter combien de
Martyrs fouffrirent dans toutes les Provinces
de l'Empire.

Dans certains pays on donnoit des coups
de fouët innombrables aux Martyrs, enfuite
on les expofoit à des Léopards, des Ours
& des Sangliers que l'on excitoit avec le
fer & le feu. Ces bêtes venoient avec des
cris furieux, & les Martyrs les attendoient
patiemment. En d'autres lieux on leur faifoit

souffrir les dents de fer & les tortures , &
puis on les brûloit. Les uns étoient noyés
dans la mer , d'autres étoient crucifiés.
Ailleurs , au lieu d'ongles de fer , on se
servoit de têts de pots cassés pour déchirer
les Martyrs par tout le corps , jusqu'à ce
qu'ils expirassent. On attachoit les femmes
par un pied , & on les élevoit ainsi en l'air
avec des machines , ensorte qu'elles demeuroient pendues la tête en bas entiérement
nues , donnant un spectacle également
honteux & cruel. Il y avoit des hommes
que l'on lioit par les jambes à de grosses
branches de deux arbres que l'on avoit
approchées avec des machines , puis on les
lâchoit pour reprendre leur situation naturelle , & en se redressant elles démembroient
les Martyrs.

Eusebe dit avoir appris étant sur les lieux,
qu'en un jour on avoit coupé tant de têtes ,
que le fer en étoit émoussé , & que les
bourreaux étoient si las de tuer , qu'ils se
relayoient les uns les autres. A plusieurs
on coupoit le nez, les oreilles & les mains,
puis on mettoit le reste du corps en pieces.
En certaines villes on les faisoit rôtir, pour
les faire souffrir plus long-temps. Dans d'autres on leur enfonçoit sous les ongles des
roseaux pointus. On répandoit sur leur dos
du plond fondu , & on leur faisoit souffrir
des tourments si infames , qu'il n'est pas
même possible de les exprimer. On faisoit
crever un œil & couper le jarret gauche à
plusieurs.

La puissance de la grace paroissoit visiblement dans tous ceux qui rendoient témoignage à Jesus-Christ au milieu des plus affreux tourments ; mais il y en avoit certains que l'on pouvoit regarder comme ses chefs-d'œuvres ; des Chambellans & des Eunuques des Empereurs ; un Venustien, Gouverneur de Toscane , qui avoit fait rechercher les Chrétiens & les avoit fait cruellement tourmenter ; un Boniface qui avoit été livré à tous les désordres du grand monde ; un Afre qui avoit été une femme débauchée ; un Genès , Comédien , qui tournoit en ridicule sur le théâtre les mysteres des Chrétiens ; de misérables Magiciens qui étoient en commerce avec le démon pour commettre toutes sortes d'abominations ; de telles gens , qui sembloient être les colomnes de l'Idolâtrie , étoient subitement convertis & changés si parfaitement, qu'ils étoient en état de souffrir toutes sortes de tourments pour Jesus-Christ avec une humilité & un courage admirable.

On peut juger de la multitude des Martyrs par ce qui se passa à Nicomédie, où *Diocletien* & *Galere* faisoient leur séjour. Les plus puissants des Eunuques, qui avoient été jusqu'alors les maîtres du Palais, souffrirent pour Jesus-Christ jusqu'à la mort. L'Evêque Anthime eut la tête tranchée , & il fut accompagné dans son triomphe par les Prêtres & les Ministres de son Eglise. Les Fideles furent pris en si grand nombre , que l'on étoit obligé de les amasser en diverſes troupes , pour les enfermer chacune dans un bucher auquel enſuite on mettoit le feu. Les eſclaves étoient jettés dans la mer avec une pierre au col. Ceux qu'on ne faiſoit pas mourir ſur le champ , étoient enfermés dans les priſons , & on inventoit pour les tourmenter de nouveaux ſupplices. On compte en une ſeule fois plus de mille Martyrs en cette ville.

Preſque tout l'univers fut témoin , dit S. *Sulpice-Sévere* , du ſang ſacré des Martyrs , parce qu'on couroit en foule à ces glorieux combats , & qu'on recherchoit une mort ſi précieuſe avec plus d'avidité même que la cupidité ne fait paroître aujourd'hui d'ambition pour rechercher des Evêchés ; c'eſt l'expreſſion de S. *Sulpice-Sévere*. Il ſembloit , dit un ancien Auteur , que toute l'Egliſe ſe hâtât de quitter la terre pour aller au Ciel. On vit en un ſeul mois dix-ſept cents Martyrs dans les diverſes Provinces de l'Empire.

DODWELL.

Ce que les Anglois penſoient de ce Savant.

DODWELL eſt principalement connu des Incrédules par pluſieurs paradoxes qu'il a ſoutenus ſur le *petit nombre de Martyrs* , & ſur d'autres points importants. Ce que l'Angleterre avoit de ſavants Théologiens ,

le blâma sans ménagement. Voici ce que
lui écrit M. *Burnet*, Evêque de Salisburi,
sur ce sujet si intéressant pour la Religion
Chrétienne.

» Dans une de vos Dissertations sur S.
» *Cyprien*, vous avez entrepris de diminuer
» la gloire qui revient à la Religion Chré-
» tienne du grand nombre des Martyrs ; &
» dans la suivante, vous commencez ce que
» vous avez à dire de leur patience & de
» leur fermeté, par un Discours sur l'obs-
» tination des premiers Chrétiens, & sur
» la passion qu'ils avoient de faire parler
» d'eux & d'acquérir une vaine gloire. Il
» est vrai que dans la suite vous en donnez
» de meilleures raisons ; mais un *Vanini*,
» un *Hobbes*, un *Spinosa*, auroient-ils pu
» avancer des choses qui fissent plus de
» tort à notre sainte Religion que ce que
» vous dites dans ces deux pieces ? Ce-
» pendant vous n'avez point reconnu vos
» fautes, comme vous l'auriez dû faire
» publiquement. »

Le savant Prélat lui dit dans une autre
lettre : " Dans vos Dissertations sur S.
» *Irenée*, vous avez ébranlé l'autorité du
» Canon de l'Ecriture, pour faire valoir
» une pensée qui vous est particuliere.
» Vous ne vous êtes point justifié sur cet
» article, & vous n'avez point retracté ce
» que vous aviez avancé. J'ai de bonnes
» raisons de croire que le long passage que
» l'on a extrait de votre Livre, a plus
» contribué que toute autre chose à aug-

» menter l'incrédulité de notre siecle, par
» rapport au Canon de l'Ecriture. Dans
» votre Apologie latine, vous ne trouvez
» d'Episcopat dans l'Ecriture ; vous l'éta-
» blissez sur une imagination qui vous est
» venue dans l'esprit. Selon vous, l'Ordre
» Episcopal n'a commencé qu'environ vingt
» ans avant l'époque que *Blondel* lui a don-
» née : ce qui doit le faire passer pour une
» institution humaine, dans l'esprit de tous
» ceux qui ne reconnoissent point d'autres
» regles de foi que l'Ecriture.

Après quelques autres remarques sur les
écrits de M. *Dodwell*, M. l'Evêque de Salisburi ajoute : " Vous êtes savant, & vous
» avez mené une vie, non-seulement irré-
» prochable, mais même exemplaire. Mais
» il me semble que vous ne faites pas assez
» d'attention au malheur dont J. C. menace
» ceux qui causent du scandale, & je ne
» connois personne qui en ait plus causé
» que vous aux Chrétiens simples & foibles..
» Je puis vous assurer que j'aimerois mieux
» ne savoir ni lire, ni écrire, que d'étudier
» ou de faire des livres dans les vues que
» vous vous êtes proposées depuis plus de
» trente ans. Vous aimez les nouveautés &
» les paradoxes, & vous employez votre
» savoir pour les établir.... J'estime, com-
» me je le dois, plusieurs bonnes & belles
» qualités que vous possédez, mais je dé-
» plore votre malheur dans tout ce que
» vous avez fait de repréhensible.

M. *Chishull*, Bachelier en Théologie &

Membre de l'Université d'Oxford , met
Dodvvell " dans cette baffe claffe des Sa-
„ vants , qui font propres à la vérité à
„ compiler , mais qui ne font point capa-
„ bles de bien juger & de raifonner fur ce
„ qu'ils ont recueilli. Je ne veux nullement,
„ dit-il , diminuer la réputation à laquelle
„ il a droit de prétendre ; mais je veux
„ rabaiffer cette autorité , à la faveur de
„ laquelle il répand fes erreurs. Je crois que
„ le genre humain a plus de droit à la
„ connoiffance de la vérité , que l'Auteur
„ n'en a à la réputation dont il jouit par un
„ favoir faux & mal employé. » (Voyez le
Dict. de *Chauffepié* , art. *Dodvvell*.)

Voilà comme *Dodvvell* étoit traité dans
fon Pays par des Théologiens judicieux.
Voilà ce qu'on doit en penfer quand on a
les intérêts de la Religion à cœur.

E L I E.

Apologie de ce Prophete.

UNE des actions de ce grand homme
la plus fufceptible d'un tour odieux , eft
le maffacre des Prophetes du Dieu *Bahal*.
Auffi M. *Bayle* , toujours peu favorable à
la révélation & aux Saints dont elle rapporte l'hiftoire , a-t-il peint cette action
des plus noires couleurs. Selon lui , *Elie*
eft le Chef des perfécuteurs ; c'eft un homme

fans aveu, un féditieux qui attente fur les
droits de l'autorité fouveraine. M. de V.,
l'émule & le copifte du Philofophe de Rot-
terdam, n'a pas manqué de faire valoir fes
beaux raifonnements : ainfi en terraffant le
premier, les raifons de l'autre refteront
pulvérifées.

Pour épargner au lecteur la peine de
confulter le Dictionnaire de M. *Bayle*, je
rapporterai ici le paffage tout au long.

» Les Docteurs de l'intolérance ne font pas
» bien aifes qu'on les avertiffe que J. C. a
» aboli cet efprit. (de vengeance dont *Elie*
» fut animé) Un tel avertiffement eft une
» leçon importune. Je ne m'étonne point
» qu'ils foient fâchés qu'on les empêche
» de s'autorifer d'un tel exemple ; car que
» peut-on voir de plus fort en faveur des
» *Maffacreurs* par zele de Religion, que
» la conduite d'*Elie* ? Un homme qui
» n'avoit aucun caractere dans l'Etat, au-
» cune charge politique, aucune part au
» droit du glaive ; un homme, dis-je,
» dont la charge ne confiftoit qu'à prophé-
» tifer, affemble tous les Prophetes de
» *Bahal*, qui étoient 450 ; il y joint les
» Prophetes des Bocages, qui étoient au
» nombre de 400, & qui avoient l'honneur
» d'être Commenfaux de la Reine. Il les
» convainc par un miracle qu'ils adoroient
» un faux Dieu, & auffi-tôt il donne ordre
» qu'on les faififfe, & qu'on prenne bien
» garde qu'aucun n'échappe ; & il les fait
» tous égorger, fans avoir daigné de-

,, mander au Roi *Achab*, là préfent, s'il
,, l'avoit pour agréable, & fans les avoir
,, exhortés à fe convertir.

,, On ne peut dire qu'ils aient agi contre
,, leur confcience : car s'ils euffent cru que
,, *Bahal* étoit une fauffe divinité, ils ne
,, fe feroient pas expofés à l'examen ; &
,, par le crédit qu'ils avoient auprès de la
,, Reine, ils auroient éludé fans peine le
,, défir d'*Elie*. On voit de plus qu'ils in-
,, voquent leur divinité avec toute l'ardeur
,, poffible, & qu'ils fe donnent cent coups
,, de couteaux à fon honneur. Ils efpéroient
,, fans doute d'être exaucés. Les Théolo-
,, giens font obligés de reconnoître, afin
,, de pouvoir difculper *Elie*, qu'il reçut
,, invifiblement de Dieu une miffion ex-
,, traordinaire & fpéciale pour faire mourir
,, ces Prophetes, & que Dieu lui révéla
,, que c'étoient des reprouvés, qu'aucune
,, exhortation à la repentance ne toucheroit.
,, *Pierre Martyr*, à la vérité, allegue les
,, loix de *Moyfe* contre les Idolâtres, la
,, loi du Talion, &c. ; mais après tout il fe
,, réduit à l'infpiration particuliere, & c'eft-
,, là une raifon à quoi il n'y a nulle repli-
,, que parmi les Chrétiens.

Si l'on gardoit auffi peu de ménagement
avec M. *Bayle*, qu'il en garde avec les
perfonnes les plus refpectables, il y auroit
ici de quoi le peindre par des traits qui lui
feroient auffi peu d'honneur que ceux par
lefquels il a fauffement noirci *Elie*, en feroient à ce Prophete s'ils étoient fondés en

vérité. Je né fuis , grace à Dieu , ni *Maſſacreur* , ni partifan des Maſſacreurs ; j'abhorre toute violence déplacée pour cauſe de Religion ; mais je n'abhorre pas moins la mauvaiſe foi , & cet indigne caractere qui confiſte à donner le tour le plus odieux aux actions du prochain , en écartant ce qui peut les faire paroître dans un jour favorable. J'ai d'abord à faire quelques remarques ſur le paſſage de M. *Bayle* qu'on vient de lire , & je ferai enſuite l'apologie du Prophete *Elie*.

1°. M. *Bayle* ſe fait un malin plaiſir de groſſir le nombre de ceux qu'*Elie* fit tuer ; & ce n'eſt pas ſans doute dans le deſſein de faire honneur à ce Prophete. Où a-t-il trouvé que les Prophetes des Bocages furent égorgés avec ceux de *Bahal ?* Le texte ſacré ne parle que de ces derniers. Il eſt vrai qu'*Elie* avoit demandé que l'on appellât les autres , pour aſſiſter à l'Aſſemblée ; mais quelle qu'ait été la raiſon de leur abſence , il eſt évident (par le ℣. 22e. & par le 40e.) qu'ils ne s'y trouverent point. M. *Bayle* groſſit l'objet ; je laiſſe à décider à quelle intention.

2°. On ne peut dire *qu'ils aient agi contre leur conſcience* , dit le Critique ; il l'avoit cependant dit lui-même en termes bien exprès ; & de peur qu'on ne lui reprochât cette contradiction , il met dans une note marginale : *L'Auteur du* Commentaire Philoſophique, *ſemble ſuppoſer cela : ſavoir , que les faux Prophetes agiſſoient contre leur conſcience ,*

*conscience , pour se mieux tirer de l'objection
que les Docteurs intolerants font sur la
conduite d'Elie.* Mais il n'y a qu'à rapporter
ce que l'Auteur du *Commentaire Philosophique* a dit : " Ce qui me paroît plus vrai-
„ semblable , *Elie* eut révélation que ces
„ Prêtres étoient dans la mauvaise foi , &
„ qu'ils abusoient sciemment & malicieuse-
„ ment du Peuple. Or , en ces cas-là , nous
„ déclarons qu'aucun Hérétique n'est digne
„ de tolérance , & de bon cœur nous con-
„ sentons qu'on envoie les Ministres &
„ toutes leurs Ouailles au gibet. „ Ajoutons
ce qu'il dit un peu plus bas : „ La violence
„ que l'on faisoit sous l'ancienne loi, étoit ou
„ bornée à certains cas particuliers, où *Elie,*
„ par exemple , animé par l'esprit prophé-
„ tique , pouvoit agir par dispense & con-
„ noître même l'intérieur des faux Prophe-
„ tes , & leur malice opiniâtre & fraudu-
„ leuse , ou à certains dogmes qui boule-
„ versoient les loix fondamentales de la Ré-
„ publique. „ Cela s'appelle-t-il simplement
sembler supposer? Et n'y a-t-il pas une mauvaise
foi frappante dans tout cela ? Si M. *Bayle*
avoit changé d'idée , en examinant la conduite d'*Elie* , pourquoi ne pas déclarer tout
net que l'Auteur du *Commentaire Philosophique* avoit donné à gauche ?

3°. Si M. *Bayle* déguise ce qu'il a dit
lui-même, on ne doit pas être surpris qu'il
ait déguisé les sentiments des autres ; c'est ce
qu'il a fait à l'égard de *Pierre Martyr ,*
auquel il attribue de se réduire à l'inspira-

tion particuliere , après avoir allégué les
loix de *Moyse* contre les Idolâtres & la loi
du Talion. Or , cela eft faux , & *Martyr*
fait précifément le contraire. Après avoir
parlé de l'infpiration particuliere , ce judicieux Commentateur ajoute : *Verum iis
omiſſis excufationibus , ex lege dico eſſe
actum.* Il infifte fur les loix contre l'Idolâtrie , &c. Mais M. *Bayle* fentoit bien qu'il
n'y avoit point de replique à cette raifon.
Le moyen de fe difpenfer d'entrer en dif-
cuffion là-deffus, c'étoit de la faire envifager
comme abandonnée par celui-là même qui
l'alléguoit. Je laiffe au jugement du lecteur
ce qu'on doit penfer de la bonne foi du
Critique , après de pareils traits.

Je viens à l'apologie d'*Elie*. Je n'infifterai
point fur la mauvaife foi dont on peut juf-
tement foupçonner les faux Prophetes , finon lorfqu'ils accepterent le défi d'*Elie* , du
moins après le miracle que Dieu fit : miracle
qui arracha à tout le Peuple cet aveu fi
folemnel, c'eft l'*Eternel qui eſt Dieu , c'eſt
l'Eternel qui eſt Dieu* , & par lequel M.
Bayle lui-même avoue que le Prophete les
convainquit qu'ils adoroient un faux Dieu.
Cette raifon n'eft nullement auffi méprifable
que le Critique veut le faire croire. Les
Prophetes de *Bahal* ne pouvoient méconnoître la vérité après le miracle , & leur
filence étoit une preuve de leur malice
opiniâtre & frauduleufe. Des gens de ce
caractere , felon le Commentateur Philofophique, ne font point dignes de tolérance.

Mais fans infifter là-deffus , j'en appelle aux loix de *Moyfe* contre les Idolâtres & contre les faux Prophetes : loix formelles & expreffes. Au chap. 18 , ℣. 20 du Deutéronome , Dieu ordonne de faire mourir tout Prophete qui aura parlé fauffement en fon nom , ou qui aura parlé au nom d'autres Dieux. Au chap. 17 , ℣. 5 , la même loi eft donnée contre tout homme & femme qui aura idolâtré.

Dans le Chapitre 13 , ℣. 5 , 6 , 9 , on trouvera , non-feulement une fentence de mort contre tout faux Prophete , mais le Légiflateur ajoute : *Quand ton frere , fils de ta mere , ou ton fils ou ta fille , ou ta femme bien-aimée , ou ton intime ami , lequel te follicitera en fecret , difant : allons & fervons d'autres Dieux..... Que ton œil ne l'épargne point , n'ufe point de mifericorde , ne le cache point : tu ne manqueras point de le faire mourir.* En conféquence de ces loix , les Prophetes de *Bahal* étoient , non-feulement dignes de mort , mais leur arrêt étoit prononcé , il n'y manquoit que l'exécution. Dira-t-on qu'il n'appartenoit pas à un particulier de la faire exécuter ?

Je réponds deux chofes : 1°. Que tout particulier en Ifraël étoit en droit de demander l'exécution de la loi , quand le crime étoit avéré , comme il l'étoit ici ; qu'il étoit même obligé de folliciter fes concitoyens à obéir aux ordres du fuprême Légiflateur & du fouverain immédiat du Peuple Hébreu , fur-tout lorfqu'il voyoit

que le Roi ne fe mettoit pas en devoir de
le faire. On oublie un principe inconteſtable : c'eſt que les Rois du Peuple Hébreu
étoient foumis à la loi , & relevoient de
Dieu , comme le fouverain immédiat de la
Nation , tout comme le moindre de leurs
fujets.

2°. Si tout particulier étoit obligé de
demander l'exécution de la loi, un Prophete
en avoit à plus forte raifon le droit ; & il
devoit, en vertu de fon miniſtere , exhorter
non-feulement le Peuple , mais lui ordonner
d'obéir aux loix du fuprême Légiſlateur.
Les Prophetes étoient les Miniſtres extraordinaires du Souverain. Ils avoient un caractere très-refpectable dans un état théo-
cratique , qui les mettoit fort au-deſſus de
celui que le Roi auroit pu leur conférer.
Leur miſſion une fois prouvée , comme celle
d'*Elie* l'étoit , ils étoient pleinement auto-
rifés à des actions de la nature de celle
d'*Elie*.

Dans le fond , que fait ce Prophete ? Il
ordonne au Peuple de reparer le crime
qu'il avoit commis en n'exécutant point
l'Arrêt prononcé par fon Souverain contre
des gens coupables de léfe-Majeſté. Qu'y
a-t-il en cela de contraire à l'ordre ? M.
Bayle auroit - il trouvé repréhenfible la
conduite d'un Miniſtre , d'un grand Roi
qui ordonneroit aux citoyens d'une Ville
d'exécuter une Sentence prononcée par fon
Maître , connue de tout le monde , lorfqu'un Magiſtrat inférieur , à qui l'exécution

en étoit commise, négligeroit de faire son devoir ? C'est-là cependant le cas d'*Elie* : c'est-là le sujet des injurieuses déclamations de M. *Bayle :* que ceux qui considerent les choses sans prévention en décident.

É L I S É E.

Réflexion sur la punition des Enfants de Bethel.

M. de *Voltaire* regarde comme une cruauté atroce la punition que ce Prophete exerça contre les Enfants de Bethel qui l'appelloient *chauve*, & qu'il livra à deux Ourses qui les dévorerent. Mais il n'a accusé ce S. Prophete de barbarie, que parce qu'on n'a pas fait assez d'attention à la grandeur du crime des Enfants de Bethel. A ne juger de cette raillerie, *monte, chauve, monte, chauve,* que par l'impression qu'elle feroit aujourd'hui sur un homme sage, on ne croiroit pas qu'*Elisée* eût dû seulement en marquer le moindre ressentiment. Mais il s'en faut beaucoup que l'injure fût aussi légere qu'elle le semble d'abord.

Si l'on considere bien 1°. L'occasion de cette insulte, 2°. L'insulte elle-même, 3°. La personne qui la reçoit, 4°. Les personnes qui la font, & 5°. Les circonstances qui l'avoient précédée, on conviendra qu'il ne

se commit jamais d'outrage, ni plus san-
glant, ni plus criminel.

I. Il n'est pas décidé quelle fut l'occasion
de l'insulte faite à *Élisée*, & pourquoi les
Enfants le nommoient *chauve*. On pourroit
penser qu'ils lui donnoient ce nom à cause
du manteau d'*Elie* dont il s'étoit revêtu.
Les mêmes mots qui, en Hébreu & en
Chaldaïque, désignent une *tête chauve*,
marquent aussi un *vêtement usé*, qui par-là
semble être chauve, sur-tout quand on
porte un manteau avec son poil. L'habit
ordinaire des Prophetes, d'*Elie*, de *Jean-
Baptiste qui vint dans l'esprit d'Elie*, étoit
un tel manteau. Peut-être *Élisée*, pour exprimer la vive douleur d'être privé de son
Maître *Elie*, ne s'étoit-il pas contenté de
déchirer son vêtement en deux parts;
(comme l'Histoire sacrée le dit expressément) il avoit encore, selon la coutume
de ce temps-là, rasé ses cheveux.

Ces marques de tristesse étoient bien
défendues aux souverains Sacrificateurs;
mais il semble qu'elles fussent permises aux
Israélites. *Esdras* apprenant que plusieurs
Juifs s'étoient alliés par mariage avec des
Idolâtres, déchira ses vêtements, arracha
les cheveux de sa tête & les poils de sa
barbe, & s'assit tout abbatu de douleur.
Et quand les Prophetes menaçoient les
Israélites des jugements de Dieu, ils leur
déclaroient que l'Eternel les réduiroit à se
revêtir d'un sac, & à devenir chauve ou à
se raser les cheveux.

Il eſt donc plus naturel de reconnoître qu'*Éliſee* étoit effectivement chauve. La Judée étoit à la vérité proche de l'Egypte, où il eſt rare de voir des perſonnes chauves ; & ſi l'on en croit *Clément* d'Alexandrie, *Éliſee* n'étoit guere âgé que de quarante ans. Mais il pouvoit y avoir plus de chauves en Judée, où l'on ſe couvroit ordinairement la tête, qu'en Egypte, où l'on accoutumoit de bonne heure les enfants d'aller tête nue & raſée. A l'égard de l'âge d'*Eliſée*, ce n'eſt pas un fait certain, & il ſe trouve des jeunes gens naturellement chauves, ou qui le deviennent par quelque accident, ou par maladie. Quel que peut être le fondement de l'inſulte, les Enfants de la Ville de Bethel étoient très-coupables, ſoit de ſe moquer de l'habit de Prophete que portoit *Eliſée*, ſoit de ſe railler de ſon deuil & de ſa douleur, ſoit d'inſulter à quelque défaut corporel.

II. L'injure, conſidérée en elle-même, étoit des plus atroces. Il n'y en avoit guere à laquelle, dans ce temps-là, un homme d honneur fût plus ſenſible, qu'à celle d'être appellé chauve. Une des plus grandes licences de l'ancienne Comédie, ou des Satyriques effrénés, étoit de faire tomber leurs railleries ſur les perſonnes chauves. On avoit tant de honte de cette difformité, qu'on la cachoit avec un ſoin extrême. *Agathocle*, tyran de Sicile, portoit dans ce deſſein une couronne de myrthe, & il n'y avoit que la crainte qui empêchât les habitants de Syracufe de parler de cette imperfection du Prince. *Jules-Céfar* déroboit foigneufement ce défaut aux yeux du Public , en faifant venir fes cheveux au-devant du front ; & de tous les honneurs que le Sénat lui décerna , il n'y en eut point dont il fe prévalut, avec plus d'empreffement, & qui lui fit plus de plaifir , que le droit d'être toujours couronné de laurier.

Domitien étoit fi fâché d'être chauve , qu'il s'offenfoit extrêmement quand on donnoit devant lui ce nom à quelqu'un. Après fa mort , les Romains ne croyoient pas pouvoir mieux flétrir fa mémoire qu'en l'appellant le *chauve Néron*.

On attachoit à ce terme quatre idées des plus déshonorantes. 1°. L'idée d'efclave & de captif. Les cheveux étoient le fymbole de la liberté. On les coupoit à ceux qu'on réduifoit à l'état de fervitude , afin qu'ils n'en fuffent point embarraffés dans le fervice de leurs maîtres.

2°. L'idée de *gueux* & de *miférable*. On appelloit chauve un pauvre qui faifoit l'indigne métier de mendier & de furprendre la charité des riches , à la maniere des Miconiens, qui étoient prefque tous chauves. *Lucius* dit : *Myconi omnis , calva juventus*.

3°. L'idée d'homme vicieux & débauché , adonné à des plaifirs infames , parce qu'on attribuoit l'origine de ce défaut aux excès paffés. Les Auteurs du Talmud difent que le chauve eft vicieux. Et parmi les Payens , on adoroit une Venus chauve (qu'il n'étoit pas permis de nommer de la forte) dans un lieu couvert, & à laquelle les Dames Romaines confacrerent un Temple, après que, par le moyen de leurs cheveux, elles eurent contribué à repouffer les Gaulois qui affiégeoient le Capitole.

L'idée de fou & d'infenfé ; ce qui étoit même paffé en proverbe : *Gardez-vous du chauve infenfé* ; peut-être parce que fur le théâtre des Anciens, un vieillard chauve y foutenoit le perfonnage d'un infenfé, à qui chacun pouvoit infulter impunément. Cette derniere idée convient fort bien à celle que les Profanes fe formoient des Prophetes, à caufe des extafes, des mouvements extraordinaires & de la liberté de ces faints hommes. *Qu'eft-ce que cet infenfé t'eft venu dire ?* demandoient à *Jehu* les principaux Officiers de l'Armée. Celui qu'ils traitoient de *fou*, étoit un difciple d'*Elifée*, qui lui avoit donné commiffion d'aller oindre *Jehu* pour Roi d'Ifraël. En réuniffant toutes ces idées, renfermées autrefois fous le titre injurieux de *chauve*, on ne fauroit concevoir d'infulte plus outrageante que celle que les Enfants de Bethel faifoient à *Elifée*.

III. On penfera fur-tout ainfi, quand, à la nature de l'infulte, on ajoutera la qualité de la perfonne infultée. Qui eft cet *Elifée* qu'on traite fi indignement ? C'eft un homme de bien ; c'eft un Ifraélite zélé pour le vrai Dieu ; c'eft un Prophete de l'Eternel. Qu'un homme ait un défaut dans fon corps eu dans son esprit, est-il permis de l'insulter sur des imperfections qui n'ont pas dépendu de son choix ? Ne devroient-elles pas attirer notre compassion, plutôt que nos railleries ? Il n'y a qu'un esprit méchant & inhumain, qui soit capable de se moquer de la misere d'autrui. *Vous ne parlerez pas mal du sourd, & vous ne mettrez point devant l'aveugle rien qui puisse le faire tomber.* C'étoit une défense que Dieu faisoit à son Peuple, & qu'il accompagnoit de sa malédiction contre quiconque la violeroit. La vertu mérite par-tout notre vénération.

Les Enfants de Bethel insultoient dans *Elisée* un homme de bien, qui leur étoit apparemment fort connu, & qu'ils devoient supposer tel, s'ils n'avoient pas eu occasion de le connoître. *Elisée* étoit de plus un Israélite zélé pour la gloire du vrai Dieu, au service de qui il étoit demeuré fidele, malgré l'idolâtrie générale du Royaume d'Israël. Il étoit du nombre de ces sept mille hommes, que l'Eternel s'étoit réservés, & qui n'avoient pas fléchi le genou devant Bahal. Et l'on ne peut douter que Dieu ne s'intéresse à ceux qui le craignent & qui se dévouent à son service. Ce qui mérite d'être particuliérement pesé, c'est qu'*Elisée* étoit un Prophete du Dieu vivant. L'huile de l'onction prophétique lui avoit été conférée. Il venoit de succéder à *Elie* ; l'insulter, c'étoit attaquer Dieu en la personne de son Ministre. *Vous ne toucherez point à mes Oints, & vous ne ferez point de mal à mes Prophetes.*

Elisée étoit apparemment bien connu dans Bethel ; il y avoit été avec *Elie* , & il y avoit dans cette Ville une Ecole de Prophetes qu'il avoit souvent visitée. Mais quand on n'y auroit pas su qu'il y étoit, son habit le faisoit connoître ; & eût-il été entiérement inconnu , faut-il , par une téméraire malignité , s'exposer à maltraiter des personnes considérables sans les connoître.

IV. Il semble bien que l'âge encore tendre des Enfants de Bethel , les disculpe entiérement , ou diminue beaucoup la grandeur de leur faute. Mais on ne doit pas tout-à-fait se former d'eux l'idée qu'en donnent les versions ordinaires. Dans notre langue , de *petits enfants* marquent des enfants qui n'ont pas encore atteint l'âge de discernement , & qui par conséquent ne sont pas encore responsables de leurs actions. Mais dans la langue Hébraïque , comme on nommoit enfants de jeunes hommes mariés ou en état de l'être, (*Joseph* , par exemple , qui avoit trente ans) on appelloit petits enfants de jeunes garçons de dix à quinze ans , pour les distinguer des jeunes hommes.

Il y a dans l'histoire d'*Elisée* les mêmes mots que l'Auteur du premier livre des Rois emploie pour désigner le jeune garçon dont *Jonathas* se servit pour aller chercher ses fleches , dans son entrevue avec *David.* *Salomon* , dans sa priere à Dieu , dit aussi qu'il est *un petit garçon ou enfant.* Il y a dans l'original les mêmes termes que dans

le texte où il s’agit des Enfants de Bethel.
L’on fait néanmoins que *Salomon* étoit en
âge de gouverner par lui-même , & qu’il
étoit marié. Les jeunes garçons de Bethel
attendirent , à infulter *Elifée* , qu’ils euſſent
paſſé près de lui ; ce qui fut caufe que le
Prophete fut obligé , pour les regarder , de
tourner la tête en arriere.

Leur conduite montre bien qu’ils connoiſſoient que leur cri contre *Elifee* étoit
une raillerie des plus injurieufes. Ils font
paroître de l’infolence & de l’impiété dans
un âge où ils auroient eu pour le Prophete
la vénération la plus profonde , fi on ne
leur eut pas infpiré de bonne heure du mépris & de la haine pour les Miniftres de
l’Eternel. On ne peut guere douter qu’ils
s’attrouperent pour aller à la rencontre
d’*Elifée*, & qu’ils ne fe porterent à l’outrager que parce qu’ils y étoient pouſſés &
animés par leurs parents.

V. Ce qui aggrave la grandeur du crime
des habitants de Bethel , c’eſt la circonſtance
du temps où ils le commettent. Il n’étoit
pas poſſible qu’ils ignoraſſent l’enlévement
d’*Elie*. Ce miraculeux événement ne pouvoit
qu’avoir fait beaucoup de bruit dans ces
quartiers-là. Ils en avoient ouï parler , ou
à des fils de Prophetes qui demeuroient dans
leur Ville , ou à quelqu’un de ces cinquante
hommes qui , durant trois jours , cherche-
rent inutilement *Elie* aux environs de Jéricho , d’où Bethel n’étoit éloigné que de
quelques lieues. Il n’étoit pas poſſible que

dans cette proximité ils ignoraſſent le ſignalé ſervice qu'*Éliſée* venoit de rendre aux habitants de Jéricho, en diſſipant la mauvaiſe qualité de l'eau qu'ils buvoient. Quelle ne devoit point être leur obſtination dans l'Idolâtrie, puiſqu'ils ont tant d'acharnement contre un Prophete que des nouvelles ſi ſurprenantes avoient précédé, & à qui ils auroient dû faire la plus honorable réception ! En réuniſſant toutes ces conſidérations, il en réſulte que l'outrage fait à *Éliſée* étoit d'une nature à mériter un rigoureux châtiment.

Si l'on fait attention à préſent aux caracteres qui diſtinguent le châtiment infligé aux habitants de Bethel, il paroîtra une punition divine ; c'eſt Dieu qui la diſpenſe. D'où vient que M. de V. accuſe ici *Éliſée ?* Ce n'eſt point lui qui punit : il ſe contente de déclarer le jugement de Dieu à ces jeunes impies, & de les abandonner à ſa juſtice.

Blâmer la cruauté du Prophete, c'eſt s'en prendre à Dieu lui-même, puiſqu'il s'agit d'une punition toute miraculeuſe & toute divine. Ce n'eſt pas *Éliſee* qui a appellé les deux Ourſes, & qui les a fait ſortir de la forêt voiſine, préciſément dans le moment que les jeunes garçons marchent après lui en l'outrageant. Ce n'eſt pas *Éliſée* qui ordonne à ces deux animaux féroces de faire un auſſi terrible carnage. On apperçoit évidemment dans la fureur de ces deux Ourſes la vengeance d'un Dieu tout-puiſſant, à qui toute la nature obéit ; d'un Dieu juste, qui ne laisse jamais le crime impuni, & qui quelquefois surprend les pécheurs dans le temps même de leur désobéissance. Attaquera-t-on la conduite de Dieu lui-même, comme l'impie Marcionite & le Manichéen ? Mais, outre qu'on peut demander si les hommes connoissent assez les droits de l'Etre souverain, pour vouloir lui prescrire des regles dans la distribution des peines & des récompenses, nous remarquons que la punition qu'il exerce sur les habitants de Bethel est un châtiment modéré, bien au-dessous de leur crime.

La Loi de *Moyse* condamnoit à la mort quiconque d'entre le Peuple Hébreu abandonnoit le culte de l'Eternel & devenoit Idolâtre. La raison de cette sévérité, c'est que la République d'Israël étoit une véritable Théocratie, c'est-à-dire, un gouvernement où Dieu lui-même étoit le Chef & le Souverain.

Commettre un acte d'Idolâtrie, c'étoit se révolter contre le Roi du pays, & se rendre coupable du crime de lése-Majesté. Et où est l'Etat bien policé, où l'on ne se croie en droit de faire mourir les Sujets rébelles au Magistrat suprême ? Or, d'où étoient ces jeunes garçons qu'*Elisée* maudit, & que deux Ourses dévorent ? N'étoient-ils pas de Bethel, du siege même de l'Idolâtrie, introduite parmi les Israélites ? C'étoit dans Bethel que *Jéroboam* avoit fait ériger un de ces Veaux qui détournerent les dix Tribus du culte du vrai Dieu adoré dans Jérufalem. Les habitants de Bethel, intéreſſés à décrier le ſervice de l'Eternel & à maintenir l'Idolâtrie, ſe diſtinguoient parmi les Idolâtres, par leur abandon à la ſuperſtition & par leur fureur contre les Prophetes. C'eſt pourquoi les Prophetes, au lieu de nommer cette Ville *Bethel*, ou *Maiſon de Dieu*, l'appelloient *Beth-a-ven*, ou *Maiſon d'iniquité*. Doit-on être ſurpris ſi *Eliſée*, indigné de l'Idolâtrie de tout Iſraël, & des habitants de Bethel en particulier, maudit des Enfants qui n'avoient pas plutôt atteint l'âge de raiſon, qu'ils ſuivoient la rébellion de leurs peres, & s'il les maudît au nom de l'Eternel, dont ils ſe moquoient avec tant d'inſolence? Le Prophete ne les maudit que conformément aux loix établies, & à ſa fidélité pour l'Eternel, ſon Dieu & ſon Roi. Faut-il être ſurpris ſi Dieu, juſtement irrité de la révolte de ſon Peuple, frappe les Enfants de ceux qui faiſoient paroître le plus d'attachement pour les Idoles? Quand Dieu livre ſes Enfants idolâtres aux bêtes féroces, il ne fait qu'exécuter ſes propres menaces contre des rebelles. On a ſujet d'admirer plutôt le ſupport, la patience de Dieu & ſa modération dans la punition préſente. Non-ſeulement les Enfants déchirés par les Ourſes, mais tous les Enfants de cette Ville, mais tous ſes habitants idolâtres, étoient dignes de mort. Il ſe contente d'en punir quelques-uns qui inſultoient ſon Prophete à l'inſtigation de leurs peres.

Pourquoi s'élever contre cette marque de
fa jufte indignation & ne pas admirer fon
fupport & fa clémence qui laiffoit vivre
tant d'autres criminels.

FÉNÉLON.

*Ses fentiments fur la Cour ; les difputes
du temps & la Religion.*

CET homme fi refpectable & fi refpecté,
n'a pas été entiérement à l'abri des attaques
& des traits de M. de V. " Dans fa retraite
» philofophique & honorable, on voyoit
» (dit-il dans fon chapitre *Quiétifme* du
» Siecle de Louis XIV.) combien il eft diffi-
» cile de fe détacher de la Cour. Il en
» parloit toujours avec un goût & un in-
» térêt qui perçoient au travers de fa réfi-
» gnation. »
Ce n'eft point ce que difent ceux qui
l'avoient connu de plus près que M. de V.,
entr'autres M. *Ramfai*, auteur d'une vie
particuliere de M. de *Fénélon. Louis*
XIV, revenu des idées qu'on lui avoit inf-
pirées fur cet illuftre Prélat, » penfoit
» férieufement à le rappeller auprès de lui.
» il vouloit s'en fervir à terminer l'affaire
» qui agitoit l'Eglife de fon Royaume, &
» que ce grand Prince n'eut pas la fatis-
» faction de terminer avant fa mort. L'Ar-
» chevêque

„ chevêque de Cambrai voyoit les choses
„ se disposer à ce retour, avec des vues
„ bien différentes de celle des hommes or-
„ dinaires. Il n'avoit que des pensées de
„ retraite. Si on l'avoit obligé à aller à la
„ Cour, il n'y auroit paru que pour expo-
„ ser ses sentiments sur les moyens de pa-
„ cifier l'Eglise, & pour se retirer aussi-tôt
„ qu'il auroit vu les choses disposées à la
„ réunion des esprits. Cette paix & cette
„ réunion étoient tout ce qu'il envisageoit.
„ En même temps un projet de retraite le
„ faisoit penser même à se mettre dans une
„ entiere liberté, par la démission volon-
„ taire de son Archevêché. Il étoit dans ces
„ dispositions, quand une maladie aiguë
„ de peu de jours, l'enleva de ce monde. „
(Vie de *Fénélon* dans le *Moreri* de Hollande,
édition de 1740.)

Supposé que M. de *Fénélon* ait regretté
la Cour, ce n'étoit assurément pas par
ambition. Né avec un cœur sensible, il
auroit peut-être voulu jouir de la présence
de son illustre Eleve, de ce Duc de Bourgogne trop tôt enlevé à la France. Ce ne
seroit pas connoître l'homme, dit *Ramsai*,
que de s'imaginer que malgré la vertu la
plus pure, on pût n'être pas attaché à un
Prince formé de ses mains, dont l'esprit,
la sagesse, les talents pour régner & les
vertus pacifiques faisoient l'espérance d'une
Nation accablée par des guerres sanglantes.
Un tel Prince méritoit certainement d'être
regretté ; mais ces regrets n'étoient point

ceux d'un ambitieux qui veut dominer par celui qui régnera un jour.

D'ailleurs, quoique l'exil le séparât du Duc de Bourgogne, il réalisoit sa présence par la tendresse d'un cœur qui s'unit à ce qu'il a formé ; par une liaison intime , & par un commerce de lettres presque conti-nuel. Ce jeune Prince fut quelques années après la disgrace du Prélat sans pouvoir lui écrire. À la fin il en trouva l'occasion. Voici comme il lui écrivoit à l'âge de dix-neuf ans. (A Versailles , ce 22 Décembre 1705.)

» Enfin , mon cher Archevêque , je trouve » une occasion de rompre le silence où j'ai » demeuré pendant quatre ans. J'ai souffert » bien des maux depuis ; mais un des plus » grands a été celui de ne pouvoir pas vous » témoigner ce que je sentois pour vous » pendant ce temps, & combien mon ami- » tié augmentoit par vos malheurs , au » lieu d'en être refroidie. Je pense avec » grand plaisir au temps que je pourrai » vous revoir ; mais je crains que ce temps » ne soit encore bien éloigné. Je suis revolté » en moi-même de tout ce qu'on a fait à » votre égard ; mais il faut se soumettre à » la volonté divine , & croire que tout cela » est arrivé pour notre bien. »

Qu'on nous pardonne cette courte di-gression également honorable à la mémoire du Maître & du Disciple. Revenons au pré-tendu desir de vivre à la Cour , que M. de V. attribue à M. de *Fénélon.* S'il avoit été

animé de cette fureur , auroit-il demandé
au Roi, lorſqu'il fut nommé à l'Archevêché
de Cambrai, la grace de pouvoir paſſer neuf
mois dans ſon Dioceſe , & trois ſeulement
auprès des Princes. Ce ne fut qu'à cette
condition qu'il accepta ce Siege ; & cela
ſeul prouve que ce goût & cet intérêt qu'on
lui ſuppoſe pour la vie de Courtiſan , eſt
une idée chimérique.

» Après avoir été vaincu ſur des diſputes
» de l'Ecole, dit enſuite M. de V., il eût
» été peut-être plus convenable qu'il ne ſe
» mêlât point des querelles du Janſéniſme ;
» cependant il y entra. Le Cardinal de
» *Noailles* avoit pris contre lui autrefois le
» parti du plus fort ; l'Archevêque de Cam-
» brai en uſa de même. Il eſpéra qu'il re-
» viendroit à la Cour , & qu'il y ſeroit
» conſulté : tant l'eſprit humain a de peine
» à ſe détacher des affaires , quand une fois
» elles ont ſervi d'aliment à ſon inquiétude. »
M. de V. eſt ici l'écho des ennemis de M.
de *Fénélon*. Ceux qui ne connoiſſoient point
ſon caractere , ceux qui ne ſavoient pas qu'il
n'exerça jamais aucune tyrannie ſur les eſ-
prits dans ſon Dioceſe , & qu'en attaquant
les préjugés des hommes , il reſpecta toujours leurs vertus , ont cru qu'il ſe réjouiſſoit
des diſgraces de M. le Cardinal de *Noailles*.
Voici comme il s'en explique un an avant
ſa mort , dans une lettre à un de ſes amis.
(A Cambrai , ce 12 Mars 1714.)

» La plûpart des gens peuvent s'imaginer
» que j'ai une joie ſecrette & maligne de

„ tout ce qui se passe ; mais je me croirois
„ un démon si je goûtois une joie si em-
„ poisonnée , & si je n'avois pas une véri-
„ table douleur de ce qui nuit tant à l'Eglise.
„ Je vous dirai même , par une simplicité
„ de confiance , ce que d'autres que vous
„ ne croiroient pas facilement ; c'est que je
„ suis véritablement affligé pour la personne ·
„ de M. le Cardinal de *Noailles*. Je me
„ représente toutes ses peines. Je les ressens
„ pour lui. Je ne me souviens du passé
„ que pour rappeller toutes les bontés dont
„ il m'a honoré pendant tant d'années. Tout
„ le reste est effacé , Dieu merci, de mon
„ cœur. Rien n'y est altéré. Je ne regarde
„ que la seule main de Dieu , qui a voulu
„ m'humilier par miséricorde. Dieu lui-
„ même est témoin des sentiments de respect
„ & de zele qu'il met en moi pour ce Car-
„ dinal.

„ La piété que j'ai vue dans M. le Car-
„ dinal de *Noailles* , me fait espérer qu'il
„ se vaincra lui-même pour rendre le calme
„ à l'Eglise , & pour faire taire tous les
„ ennemis de la Religion. Son exemple
„ rameneroit d'abord les esprits les plus
„ indociles & les plus ardents. Ce seroit
„ pour lui une gloire singuliere dans tous
„ les siecles. Je prie tous les jours pour lui
„ à l'Autel , avec le même zele que j'avois
„ il y a vingt ans. „

Ce qui prouve que le zele de M. de
Fénélon contre le Jansénisme , n'étoit point
une suite de sa prétendue animosité pour

M. de *Noailles* , c'eſt qu'après avoir reçu l'Extrême-Onction , & prêt à paroître devant Dieu , il écrivit une lettre au Conſeſſeur du Roi , dans laquelle il diſoit : " Je » prendrai la liberté de demander à ſa » Majeſté deux graces , qui ne regardent » ni ma perſonne , ni à aucun des miens. », La premiere eſt que le Roi ait la bonté » de me donner un ſucceſſeur pieux & » régulier , bon & ferme contre le Jan- » féniſme , lequel eſt prodigieuſement » accrédité ſur cette frontiere. „ On voit par ce billet quels étoient les vrais motifs des ſentiments de M. de *Fénélon* au ſujet des diſputes du temps.

Venons à des accuſations plus graves. », Sur la fin de ſa vie , M. *Fénélon* mépriſa » toutes les diſputes : ſemblable en cela » ſeul à l'Evêque d'Avranches *Huet* , l'un » des plus ſavants hommes de l'Europe , » qui , ſur la fin de ſes jours , reconnut la » vanité de la plûpart des Sciences & celle » de l'eſprit humain. L'Archevêque de Cam- » brai (qui le croiroit ?) parodia ainſi un » air de Lulli.

> Jeune , j'étois trop ſage
> Et voulois trop ſavoir ;
> Je ne veux en partage
> Que badinage ,
> Et touche au dernier âge
> Sans rien prévoir.

„ Il fit ces vers en préfence de fon neveu M. le
„ Marquis de *Fenelon*, depuis Ambaſſadeur
„ à la Haye. C'eſt de lui que je les tiens.

„ Ces vers (ajoute M. de V. dans une
„ note) ſe trouvent dans les Poéſies de
„ Madame *Guion* ; mais le Neveu de M.
„ l'Archevêque de Cambrai m'ayant aſſuré
„ plus d'une fois qu'ils étoient de fon Oncle,
„ & qu'il les lui avoit entendu réciter
„ le jour même qu'il les avoit faits, on a dû
„ reſtituer ces Vers à leur véritable Auteur. „

On voit par ce paſſage l'embarras d'un
homme qui a avancé imprudemment un
fait qu'il veut accréditer, & dont il doute.
Si les Vers en queſtion font dans les Poéſies
de Madame *Guion*, pour marquer fon
détachement des créatures, comment peut-
on les attribuer à M. de *Fénelon* pour
prouver que dans ſa vieilleſſe il ne croyoit
plus à rien ? M. de V. foutient qu'il les a
compoſés ; mais ſuppoſons-le avec lui : M. de
Fénelon, dans ce cas, voulut fans doute
y attacher le même fens que leur donnoit
Madame *Guion*. M. de V. a beau dire,
pour confirmer fon anecdote romaneſque,
que *Ramfai*, Éleve de ce célebre Archevêque, lui a écrit ces mots : *S'il étoit né en
Angleterre, il auroit développé fon genie,
& donné l'eſſor fans crainte à ſes principes
que perfonne n'a connus.* Un tel fait paſſera
toujours pour apocriphe. Voici les raiſons
de rejetter cette nouvelle calomnie.

Ramfai convaincu du faux de la Religion
Anglicanne, qui étoit celle de ſes peres,

s'égara pendant quelque temps dans une incrédulité séduisante ; mais également éloigné des horreurs du Spinosisme & des excès du Déisme. Cependant comme il avoit le cœur droit , & qu'il cherchoit la vérité de bonne foi , il consulta , pour fixer ses doutes , les plus habiles Théologiens de son pays. Ne trouvant pas en eux ce qu'il cherchoit , il vint en France , & fut ramené à la vérité par M. de *Fénélon.* Ce grand homme lui fit comprendre , non-seulement la beauté de la morale Chrétienne , mais il lui démontra que quoique nos saints mysteres soient incompréhensibles , ils ne sont pourtant pas impossibles , & qu'ils ont un côté obscur qui humilie l'esprit humain , & un côté lumineux qui l'éclaire & le console. *Ramsai* convaincu , fit profession de la Religion Catholique en 1709 , & y fut aussi constamment attaché qu'à la mémoire de son illustre Maître.

Comment avec de tels sentiments auroit-il pu écrire une lettre qui, dans le sens que lui donne M. de V. , feroit un outrage déshonorant ? Une lettre qui prouveroit que *Fénélon* étoit un politique hypocrite , un homme qui sacrifioit sa façon de penser aux temps & aux lieux. Non ; jamais le Chevalier de *Ramsai* n'a écrit un tel billet , ou s'il a marqué à M. de V. quelque chose d'approchant , il vouloit sans doute parler des principes de l'Auteur de *Télémaque* sur l'autorité des Rois , & non de ses doutes sur la vérité de la Religion. Voyons le compte qu'il nous rend lui-même des sentiments de ce Prélat en matiere de foi ; & quelque long que soit ce détail , ne craignons pas d'y entrer pour effacer entiérement les ombres dont on veut obscurcir le portrait de ce grand homme.

Ramsai , après avoir exposé les objections qu'il fit à son savant Instructeur sur la loi naturelle & sur la tolérance , nous donne ces réponses. (p. 3 & suivantes de la *Vie de Fénelon.*) " Vous ne sauriez rester dans
„ votre indépendance philosophique , ni
„ dans votre tolérance vague de toutes les
„ Sectes , sans regarder le Christianisme
„ comme une imposture ; car il n'y a aucun
„ milieu raisonnable entre le Déisme & la
„ Catholicité.

„ Cette idée me parut un paradoxe. Je le
„ priai de me l'expliquer. Il continua ainsi.

„ Il faut se borner à la Religion naturelle ,
„ fondée sur l'idée de Dieu , en renonçant
„ à toute loi surnaturelle & révélée ; ou , si
„ l'on en admet une , il faut reconnoître
„ quelque autorité suprême , qui parle à
„ tout moment pour l'interpréter. Sans cette
„ autorité fixe & visible, l'Église Chrétienne
„ seroit comme une République à qui on
„ auroit donné des loix sages , mais sans
„ Magistrats pour les exécuter. Quelle source
„ de confusion ! Chacun viendroit , le livre
„ des loix à la main , disputer de son sens.
„ Les livres divins ne serviroient qu'à nour-
„ rir notre vaine curiosité , la jalousie des
„ opinions & la présomption orgueilleuse.

„ Il n'y auroit qu'un feul texte ; mais il y
„ auroit autant de manieres différentes de
„ l'interpréter que de têtes. Les divisions
„ & les fubdivifions fe multiplieroient fans
„ fin & fans reffources. Notre fouverain
„ Légiflateur n'a-t-il pas mieux pourvu à la
„ paix de fa République & à la confervation
„ de fa loi ?

„ De plus , s'il n'y a pas une autorité
„ infaillible qui nous dife à tous :… *Voilà*
„ *le vrai fens de l'Ecriture Sainte.…* com-
„ ment veut-on que le payfan le plus groffier
„ & l'artifan le plus fimple s'engagent dans
„ un examen où les favants mêmes ne peu-
„ vent s'accorder ? Dieu auroit manqué au
„ befoin de prefque tous les hommes , en
„ leur donnant une loi écrite , s'il ne leur
„ avoit pas donné en même temps un In-
„ terprête fûr , pour leur épargner une
„ recherche dont ils font incapables. Tout
„ homme fimple & fincere n'a befoin que
„ de fon ignorance bien fenfée , pour voir
„ l'abfurdité de toutes les Sectes, qui fon-
„ dent leur féparation de l'Eglife Catholi-
„ que fur l'offre de le rendre juge des ma-
„ tieres qui furpaffent la capacité naturelle
„ de fon efprit. Doit-on croire la nouvelle
„ reforme, qui demande l'impoffible , ou
„ l'ancienne Eglife , qui pourvoit à l'im-
„ puiffance humaine ?

„ Enfin , il faut rejetter la Bible comme
„ une fiction, ou fe foumettre à cette Eglife.
„ Confultez les livres facrés ; examinez
„ l'étendue des promeffes que J. C. a faites

„ à la Hiérarchie, dépositaire de sa loi. Il
„ dit que tout ce *qu'elle liera sur la terre ,*
„ *sera lié dans le Ciel ;* qu'il *sera avec elle*
„ *jusqu'à la consommation des siecles ;* que
„ *les portes de l'enfer ne prévaudront jamais*
„ *contr'elle ;* que *celui qui l'écoute , l'écoute*
„ *lui-même ;* que *celui qui la méprise le mé-*
„ *prise ;* & enfin qu'elle est la base & la
„ colonne de la vérité. Vous ne pouvez
„ éluder la force de ces termes par aucun
„ commentaire ; vous n'avez de ressource
„ qu'en rejettant tout ensemble l'autorité
„ du Légiflateur & celle de sa loi.

„ Quoi ! Monseigneur , lui dis-je avec
„ impétuosité , vous voulez que je regarde
„ quelque société sur la terre comme in-
„ faillible ? J'ai parcouru la plûpart des
„ Sectes. Souffrez que je vous le dise avec
„ tout le respect qui vous est dû ; les Prê-
„ tres de toutes les Religions sont souvent
„ plus corrompus ou plus ignorants que
„ les autres hommes. Ils me sont tous éga-
„ lement suspects.

„ Il me répondit d'un ton doux & mo-
„ déré : „ Si nous ne nous élevons point
„ au-dessus de ce qui est humain dans les
„ plus nombreuses Assemblées de l'Eglise ,
„ nous n'y trouverons que de quoi nous
„ choquer, nous révolter & nourrir notre
„ incrédulité : passions, préjugés , foiblesses
„ humaines , vues politiques , brigues &
„ cabales. Mais il faut d'autant plus admirer
„ la sagesse & la toute-puissance divine ,
„ qu'elle accomplit ses desseins par des

» moyens qui femblent devoir les détruire,
» &c. &c. &c.

Ramfai perfuadé de la néceffité de foumettre la loi révélée à un Interprête vivant,
tenoit cependant encore beaucoup au
Déifme & à la Religion naturelle. Il croyoit
que pour fentir la vérité de cette Religion,
on n'avoit befoin que de rentrer en foi-
même ; mais " combien y a-t-il peu d'hom-
» mes , lui répondit *Fenelon*, qui foient
» capables de rentrer ainfi en eux-mêmes,
» pour confulter la pure raifon ? Suppofé
» qu'il y eût quelques hommes ça & là qui
» puffent marcher par cette voie purement
» intellectuelle , cependant le commun des
» hommes en eft incapable , & a befoin
» d'un fecours extérieur. Les paffions fub-
» tiles de l'efprit n'aveuglent pas moins que
» les paffions groffieres. Les premieres vé-
» rités échappent quelquefois aux génies
» mêmes très-philofophiques. On ne trouve
» plus de principes fixes pour les arrêter
» dans le torrent des incertitudes qui les
» entraînent.

» Comme dans la fociété civile il a
» fallu mettre la raifon par écrit , ré-
» duire fes préceptes dans un corps de loi,
» établir des Magiftrats pour les faire exé-
» cuter, parce que tous les hommes ne font
» pas en état de confulter & de fuivre par
» eux-mêmes la loi naturelle ; de même
» dans la Religion, les hommes ne voulant
» pas écouter avec attention , ni fuivre par
» amour la voie intérieure de la fouveraine

„ fageffe, rien n'étoit plus digne de Dieu,
„ que de parler lui-même à fa créature
„ d'une maniere fenfible pour connoître
„ les Incrédules, pour fixer les vifionnaires,
„ pour inftruire les ignorants & pour les
„ réunir tous dans la croyance des mêmes
„ vérités dans la pratique du même culte,
„ dans la foumiffion à une Eglife. Pour-
„ quoi vous révoltez-vous contre un fecours
„ fi néceffaire pour la foibleffe humaine,
„ fans lequel les Nations les plus favantes
„ & les plus polies font tombées dans les
„ erreurs les plus groffieres fur la Divinité
„ & fur la Morale ?

Le plan que M. de *Fénélon* traça enfuite
de la Bible, fuffiroit feul pour écarter tous les
nuages que les Philofophes modernes ont
voulu répandre fur la Religion.

„ Les Anges & nos premiers Peres ayant
„ abufé de leur liberté dans un Paradis
„ d'immortalité & de délices, Dieu chan-
„ gea notre état d'épreuve dans un état
„ mortel, mêlé de bien & de maux, afin
„ que l'expérience du vuide & du néant
„ qu'on trouve dans les créatures, nous fît
„ défirer fans ceffe une meilleure vie. De-
„ puis ce temps nous naiffons tous avec
„ un penchant vers le mal. Nos ames font
„ condamnées à des prifons terreftres qui
„ obfcurciffent notre efprit & appéfantiffent
„ notre cœur ; mais par la grace du Libé-
„ rateur, cette concupifcence n'eft pas une
„ force invincible qui nous entraîne ; elle
„ n'eft qu'une occafion de combat, &

„ par-là une source de mérite. Aimer Dieu
„ dans les privations & les peines, est un
„ état plus méritoire que celui des Anges,
„ qui aiment dans la jouissance & les plai-
„ sirs. Voilà le mystere de la Croix, si
„ scandaleux pour l'imagination & pour
„ l'amour-propre des hommes profanes.

„ Nous naissons donc tous malades ;
„ mais le remede est toujours présent pour
„ nous guérir. La lumiere qui éclaire tout
„ homme venant au monde, ne manque
„ jamais à personne. Cette sagesse souve-
„ raine a parlé différemment, selon les
„ différents temps & les différents lieux :
„ aux uns par une loi surnaturelle & par
„ les miracles des Prophetes ; aux autres
„ par la loi naturelle & par les merveilles
„ de la Création. Chacun sera jugé selon
„ la loi qu'il a connue, & non selon celle
„ qu'il a ignorée. Nul ne sera condamné
„ que parce qu'il n'a point profité de ce
„ qu'il a su, pour mériter d'en connoître
„ davantage.

„ Enfin Dieu est venu lui-même sous une
„ chair semblable à la nôtre, pour expier
„ le péché, & pour nous donner un mo-
„ dele du culte qui lui est dû. Dieu ne peut
„ pardonner au criminel, sans montrer son
„ horreur pour le crime ; c'est ce qu'il doit
„ à sa justice, & c'est ce que J. C. seul a
„ pu faire....

„ La Religion de ce Pontife éternel ne
„ consiste que dans la charité. Les Sacre-
„ ments, les cérémonies, le sacerdoce, ne

„ font que des fecours pour foulager notre
„ foibleffe, des fignes fenfibles pour nourrir
„ en nous-mêmes & dans les autres la con-
„ noiffance & l'amour de notre Pere com-
„ mun, ou enfin des moyens néceffaires
„ pour nous retenir dans l'ordre, l'union &
„ l'obéiffance.

„ Bientôt ces moyens cefferont, les om-
„ bres difparoîtront, le vrai Temple s'ou-
„ vrira, nos corps reffufciteront glorieux,
„ & Dieu communiquera éternellement avec
„ fes créatures, non-feulement felon fa pure
„ divinité, mais fous une forme humaine,
„ pour nous montrer tout enfemble les
„ myfteres de fon effence & les merveilles
„ de fa création.

„ Voilà le plan général de la Providence;
„ voilà, pour ainfi dire, la philofophie de
„ la Bible : y a-t-il rien de plus digne de
„ Dieu, ni de plus confolant pour l'homme
„ que ces hautes & nobles idées ? Ne de-
„ vroit-on pas les fouhaiter vraies, fuppofé
„ qu'on ne pût en démontrer la vérité ? „

Voit-on dans cet entretien plein de can-
deur & de fublime, & que nous abrégeons
à regret, les principes que M. de V. veut
attribuer à M. de *Fénélon* ? N'eft-on pas
forcé en le lifant d'aimer, d'admirer ce
Héros de l'Epifcopat, qui a répandu tant
de charmes fur la vertu, tant de lumieres
fur la Religion, & qui a donné des graces
fi touchantes à la raifon. Convenons que
s'il prit les fleurs des belles lettres, il fut
auffi cueillir les fruits de la plus profonde
Théologie.

GROTIUS.

Cas qu'on doit faire de son Traité de la
Religion.

CET Auteur ayant défendu le Chrétia-
nifme, a dû être déchiré par les Philofophes anti-Chrétiens. » Grotius , dit M. de
» V. , dans fon affez mauvais livre fur la
» Religion Chrétienne , va jufqu'à citer la
» fable du Pigeon de *Mahomet*. „ (Défenfe
de mon Oncle , chap. 6.)

Il eft malheureux pour M. de V. que ce
mauvais livre ait été eftimé par nos plus
grands hommes ; par les *Pafcal* , les *Ar-
nauld* , &c. , qui, à ce que je crois , étoient
d'affez bons juges. Un livre peut être mauvais par la forme ou par le fond. Celui de
Grotius ne l'eft ni de l'une ni de l'autre maniere. Nos écrits de Religion , dit l'Abbé
Houteville , eurent part comme les autres
au changement univerfel que Defcartes
produifit dans les fciences. Ils devinrent
plus raifonnés , plus exacts & plus nerveux.
Déjà même *Grotius* avoit fait admirer dans
le fien tous ces grands caracteres. Il le fit
durant fa prifon. Trifte féjour ! propre
néanmoins à réveiller certains fentiments
de zele , qui peut-être ne fe feroient pas
offerts dans une profpérité fans traverfe !
Cet Ouvrage fut dédié à *Jérôme Bignon* ,
ce Magiftrat fi digne d'un tel hommage , &

dont le nom continue d'être dans ses Des-
cendants la protection du mérite & du
savoir.

Le dessein de *Grotius* n'étoit pas seulement de défendre la Religion Chrétienne
contre les Impies qui l'attaquent dans le sein
même du Christianisme ; il vouloit de plus
donner à la Hollande de quoi faciliter les
progrès de l'Evangile. On sait que le commerce de cette Nation, qui la met en société
avec toutes les autres, lui fait aussi connoître toutes les Religions. Elle voit des Idolâtres dans la Chine, dans les Indes & dans
les Isles reculées ; des Mahométans dans
l'Afrique , dans la Perse & dans le vaste
Empire des Turcs ; des Juifs de toutes parts,
& dispersés chez les différents Peuples de
l'Europe. Ce rapport perpétuel & inévitable
avec des Peuples d'un culte si opposé , pouvoit devenir contagieux aux Navigateurs
peu instruits , & il falloit leur mettre en
main de quoi se défendre de la contagion.
Il pouvoit aussi devenir une occasion de
conquête pour l'Eglise , & il falloit procurer
un secours à ceux qui auroient le zele de
la servir.

„ Ce secours est le livre que Grotius leur
„ présente à tous. Il y suit l'ordre que nous
„ venons d'exposer , en nommant les Reli-
„ gions différentes de la nôtre , & qui sub-
„ sistent actuellement dans l'Univers. Nous
„ ne donnerons pas cependant l'analyse de
„ cet écrit , quoiqu'il soit extrêmement
„ court ; mais nous louerons cette brié-
„ veté

„ veté même, où l'art a fu renfermer tant
„ de chofes fans les confondre, fans rien
„ diminuer de leur évidence, ni de leur
„ force. Ici tous les genres d'érudition font
„ employés, non pas, comme en bien
„ d'autres ouvrages, pour l'oftentation,
„ mais en moyens de preuves, d'éclaircifle-
„ ments & de réponfes néceffaires. On y
„ remarque un Savant qui évite de le pa-
„ roître, qui ne veut qu'être utile, & qui
„ s'accommode, autant qu'il fe peut, à des
„ hommes qui n'ont à donner qu'une cer-
„ taine mefure d'attention & d'étude. Il
„ n'eft donc pas furprenant que ce livre
„ ait été traduit en tant de langues ; toutes
„ les Nations avoient intérêt à fe l'appro-
„ prier. „ (Difcours préliminaire du Traité
de la Religion Chrétienne prouvée par les
faits, p. 215.)

Ce fut le feul amour de l'utilité publique,
& non l'ambition de paffer pour Poëte, qui
engagea, dit M. *Racine*, le célebre *Grotius*
à mettre à la portée du Vulgaire fon excellent *Traité de la Religion Chrétienne.* (Préface du Poëme de la Religion, p. 15.)

On peut voir à la tête de la traduction
françoife de l'Ouvrage de *Grotius*, donnée
par M. l'Abbé *Goujet*, quel cas on a fait &
on doit faire de ce livre eftimable.

HOUTEVILLE.

Examen de ce qu'on dit de lui dans le
Dictionnaire Philofophique.

Nous n'ignorons pas que l'Auteur du *Dictionnaire anti-Philofophique* a repouffé vivement les traits lancés à l'Abbé *Houteville* par M. de V. Mais cet Ecrivain n'ayant examiné que l'invective atroce dont le Philofophe de Ferney a fali l'*Apologie de Milord Bolinckroke*, il nous refte à analyfer une tirade non moins maligne, qu'on trouve dans le *Dictionnaire Philofophique*. (article *Secte*, fur l'Auteur de l'excellent *Traité de la vérité de la Religion Chretienne prouvée par les faits.*)

 „ Que dirions-nous, dit M. de V., d'un
„ Secretaire de Sejan (le Cardinal *Dubois*)
„ qui dédia à *Pétronne* (le Cardinal d'Au-
„ *vergne*) un livre en ftyle ampoulé, inti-
„ tulé : *La vérité des Oracles Sibyllins*
„ *prouvee par les faits ?*

 „ Ce Secretaire vous prouve d'abord
„ qu'il étoit néceffaire que Dieu envoyât
„ fur la terre plufieurs Sibylles l'une après
„ l'autre ; car il n'avoit pas d'autres
„ moyens d'inftruire les hommes. Il eft
„ démontré que Dieu parloit à ces Sibylles ;
„ car le mot de Sibylle fignifie *Confeil de*
„ *Dieu.* Elles devoient vivre long-temps ;
„ car c'eft bien le moins que des perfonnes

,, à qui Dieu parle , aient ce privilege. Elles
,, furent au nombre de douze ; car ce
,, nombre est sacré. Elles avoient certai-
,, nement prédit tous les événements du
,, monde ; car *Tarquin* le Superbe acheta
,, trois de leurs livres d'une ieille. Quel
,, incrédule , ajoute le Secretaire , osera nier
,, tous ces faits évidents qui se sont passés
,, dans un coin à la face de toute la terre ?
,, Qui pourra nier l'accomplissement de leurs
,, Prophéties ? *Virgile* lui-même n'a-t-il pas
,, cité les prédictions des Sibylles ? Si nous
,, n'avons pas les premiers exemplaires des
,, Livres Sibyllins , écrits dans un temps où
,, l'on ne savoit ni lire ni écrire , n'en avons-
,, nous pas des copies authentiques ? Il faut
,, que l'impiété se taise devant ses preuves.
,, Ainsi parloit *Houteville* à *Séjan.* Il espéroit
,, avoir une place d'augure , qui lui vau-
,, droit cinquante mille livres de rente , &
,, il n'eut rien. ,,

On peut bien dire que M. de V. se bat ici
contre un fantóme , & cela lui arrive aussi
souvent qu'au Héros de la Manche , l'illustre
Don *Quichote* ; c'est apparemment pour être
plus sûr de la victoire. Il est malheureux
pour lui que ses allusions soient entiérement
fausses. Les Vers Sibyllins & les Prophéties
qu'il veut désigner par ces Vers , n'ont pas
plus de rapport que le jour n'en a avec la
nuit , & la vérité avec le mensonge. M.
l'Abbé *Houteville* l'a démontré dans son
Traité , & c'est sans doute ce qui a mis M.
de V. en colère.

La mauvaife humeur du Critique paroît d'abord dans le reproche qu'il fait à fon Adverfaire d'avoir dédié fon livre à un illuftre Cardinal. L'Abbé *Desfontaines*, qui critiqua *la Religion Chrétienne prouvée par les faits* avec beaucoup d'amertume, ne fut pas pourtant affez injufte pour défapprouver cette dédicace. Il applaudit au contraire au choix du Mecene & à la maniere dont il eft loué.

„ Quoique dans la plûpart des livres, „ (dit-il en parlant à l'Abbé *Houteville*) & „ fur-tout dans ceux de la nature du vôtre, „ on s'arrête peu aux Epîtres dédicatoires, „ il faut avouer néanmoins que celle qui „ eft à la tête de votre Ouvrage mérite „ d'être lue. On y voit des penfées délica- „ tes & vraies, revêtues de tous les agré- „ ments du langage. Comme la clarté eft „ fouvent l'écueil du fublime, on ne doit „ point être furpris de la difficulté qu'on a „ quelquefois à vous comprendre. On ne „ fauroit, au refte, trop louer votre pru- „ dence, d'avoir confacré & offert votre „ travail à un Prélat d'un rang diftingué, „ recommandable par fa doctrine & par fa „ vertu, qui a des yeux pour le mérite. „ (*Lettres à l'Abbé Houteville*, p. 18.)

M. de V. protégé par M. le Duc de *Bouillon*, Neveu du Cardinal d'Auvergne, n'auroit-il pas dû refpecter les hommages rendus à l'Oncle ; & cependant il l'a ou- tragé cruellement. Il a ofé lui reprocher des vices infames d'après des bruits calomnieux ; & quels ont été ses motifs pour déshonorer ainsi un Prélat respectable, un Prince de l'Eglise ? C'est que ce Prélat avoit accepté la dédicace d'un bon livre sur la vérité de la Religion.

Si M. de V. avoit bien médité ce livre, perfectionné dans une seconde édition, il ne se feroit pas permis de tels excès ; il auroit respecté l'Auteur, loin de le censurer. Mais le Traité de la Religion Chrétienne étoit trop beau pour n'être pas critiqué par M. de V. Les injures sont presque toujours son partage, & la mauvaise foi son caractere. Il sent le plus souvent sa foiblesse ; mais l'esprit chez lui est la dupe du cœur. C'est son cœur qui juge, qui raisonne, qui attaque, qui prend parti contre une Religion qui le tyrannise. Que peut-on attendre d'un tel homme, de cet homme qui ne fut jamais Philosophe méditatif, qui préféra toujours une foible lueur à la lumiere de l'Evangile, qui a toujours été flottant dans son incrédulité même, qui, traversé par les reproches de la raison, n'est parvenu qu'avec effort à ne plus croire ; d'un homme enfin qui profite de tout ce qui peut flatter le libertinage de son esprit, & qui se laisse charmer par les plus méprisables raisonnements, dès qu'ils favorisent son penchant à l'incrédulité.

Pour juger sainement du livre de l'Abbé *Houteville*, il ne falloit pas certes un Critique tel que celui que nous venons de peindre. Ecoutons un Philosophe qui, quoiqu'accusé de liberté de penser , jugeoit cependant avec beaucoup plus de droiture que les Incrédules modernes. Nous voulons parler de M. de *Marivaux*, qui s'expliqua ainsi sur l'Abbé *Houteville* , en lui succédant à l'Académie. „ Son livre de la *Religion* „ *prouvée par les faits* , est l'ouvrage de la „ plus grande capacité d'esprit & de la piété „ la plus persuasive qui ait jamais paru en „ ce genre. Ce n'étoit qu'avec ces deux „ forces réunies ensemble , qu'il pouvoit „ remplir son projet. Il a confondu l'incrédu- „ lité des esprits ; il ne reste plus que l'in- „ crédulité du cœur , qu'il n'appartient „ qu'à Dieu seul de vaincre.

„ Il seroit difficile d'imaginer un com- „ merce plus doux qu'étoit le sien : natu- „ rellement né modeste , il sembloit dans la „ conversation qu'il voulût vous dérober la „ supériorité de son esprit. La modération „ de ses desirs égaloit sa modestie ; & il faut „ bien avoir envie de calomnier , pour „ l'accuser de n'avoir écrit sur la Religion „ que pour satisfaire son ambition. Si „ l'Abbé *Houteville* avoit assez de mérite „ pour être Evêque , il savoit qu'il n'avoit „ pas assez de naissance pour aspirer à des „ places éminentes , & jamais il ne fit la „ moindre démarche pour en obtenir. Il est „ bien étrange qu'un Membre de l'Acadé- „ mie Françoise décrie si malignement un „ des Secretaires de cette Académie , uni- „ quement pour prouver que ses mœurs „ démentoient ses Ouvrages. Mais si le

» livre qui a été en bute aux traits de M. de
» V. , eſt ſi mauvais , il ne prendroit pas
» tant de détours pour le faire mépriſer.
» Mais il y a grande apparence que ce mé-
» pris n'eſt point réel , & que le détracteur
» ſent dans le fond de l'ame la force des
» raiſons qu'il a voulu ridiculiſer , & le
» mérite de l'Auteur qu'il a tâché d'avilir.

✳✳✳✳✳✳✳✳✳✳✳✳✳✳✳✳✳✳✳✳✳✳✳✳✳✳

H U E T.

Ses idées ſur la foibleſſe de l'eſprit humain
ne ſont point impies.

» **S**ON Traité de *la foibleſſe de l'eſprit*
» *humain* , dit M. de V. dans ſon Cata-
» logue des Ecrivains du *Siecle de Louis*
» *XIV*, a paru démentir ſa *Démonſtration*
» *Evangélique.* » Pour ſavoir ſi cette propoſition eſt vraie , voyons ce que M. *Huet*
enſeigne dans cet Ouvrage poſthume.

I. *Que la foi , pur don de Dieu , eſt ſeule*
infaillible.

II. *Que la raiſon humaine n'a d'elle-même*
nul moyen de parvenir à la connoiſſance
d'aucune vérité.

III. *Que par conſéquent , dans les points*
où la foi paroît oppoſée à la raiſon , il eſt
juſte de ne pas deſerer aux prétendues lu-
mieres de la raiſon , & néceſſaire de s'atta-
cher uniquement à l'infaillibilité de la foi.

Pour la premiere de ces trois propoſitions, l'illuſtre Auteur ne la touche que ſuperficiellement, parce qu'il la ſuppoſe établie dans ſa *Demonſtration Evangélique*. La troiſieme eſt une ſuite inconteſtable des deux autres. Ainſi la ſeconde étoit la ſeule qui demandoit d'être prouvée ; & c'eſt à quoi il emploie ce dernier Traité, où il n'y a proprement de lui que la méthode & le ſtyle, car les Anciens lui en ont fourni le fond.

„ Quelque vénération que je conſerve
„ pour la mémoire de ce grand homme,
„ (dit M. l'Abbé d'*Olivet* en le défendant
„ contre un Journaliſte qui l'avoit attaqué)
„ j'avoue que ſa deuxieme propoſition,
„ priſe dans un ſens relatif à la foi, ſouffre
„ de grandes difficultés, parce qu'en nous
„ ôtant tout droit de nous appuyer ſur
„ notre raiſon & ſur le témoignage de nos
„ ſens, on affoiblit, ce me ſemble, l'im-
„ preſſion que les motifs de crédibilité
„ peuvent & doivent faire ſur nous. Je
„ m'en étois aſſez expliqué long-temps
„ avant que ſon Ouvrage donnât lieu à
„ cette queſtion. Mais enfin, de ce que le
„ Journaliſte & moi nous ne goûtons pas
„ une doctrine, il ne s'enſuit pas qu'elle
„ ſoit digne d'anathême, ſur-tout quand
„ d'autres gens que le Journaliſte & moi,
„ mais gens d'une toute autre autorité dans
„ les matieres théologiques, ſont les Au-
„ teurs & les Apologiſtes de cette doctrine.
„ Or, l'Auteur, qui eſt-il ? Un ſaint &
„ ſavant Evêque.

„ Mais l'idée qu'il a eue , n'est-elle
„ point de ces idées passageres dont quel-
„ quefois l'homme le plus sage peut se
„ laisser éblouir pour un moment , & qu'on
„ rejette ensuite avec horreur ? Point du
„ tout : il avance cette opinion dans sa Dé-
„ monstration Evangélique , dans le début
„ même du livre , & sans la moindre am-
„ biguité ; il la répete dans ses *Quæstiones*
„ *Alnetanæ* ; il en fait enfin un traité parti-
„ culier ; & près de quarante ans avant
„ sa mort, ce traité étoit annoncé, souhaité,
„ prêt à paroître.

„ Mais depuis qu'il paroît , a-t-il été
„ approuvé par quelque Théologien ortho-
„ doxe ? Par plusieurs , & nommément par
„ le Pere *Baltus* , dont les veilles sont depuis
„ long-temps consacrées à la défense de sa
„ Religion , & qui a été choisi entre tous
„ les Jésuites de France pour exercer à Rome
„ l'emploi de Censeur général des livres
„ composés par les Auteurs de sa Com-
„ pagnie. Il a lu , il a examiné le Traité
„ Philosophique de M. *Huet* ; il déclare n'y
„ avoir trouvé que ce qu'enseignent com-
„ munément les Peres & les Docteurs de
„ l'Eglise.

„ Quand le Journaliste & moi nous
„ voyons des hommes d'un rare savoir &
„ d'une vertu non suspecte, penser autrement
„ que nous , le sens commun nous dicte
„ d'être fort retenus à les condamner, princi-
„ palement s'il s'agit d'une opinion qui se pré-
„ sente à différents esprits sous des faces tou-

” tes différentes Permis à nous, en pareil cas,
” de nous en tenir à notre sentiment, parce
” qu'il est bon, & que même nous le croyons
” le plus sûr. Permis à nous par conséquent
” de combattre le sentiment contraire,
” pourvu que ce soit avec cette considéra-
” tion qui est toujours amie de la raison &
” de la vérité.

” Mais que l'on en soit venu, comme a
” fait le Journaliste, aux invectives les plus
” violentes, & que l'on ait traité un hom-
” me tel que M. *Huet*, comme on traiteroit
” un *Bodin* & un *Spinosa*, je doute si c'est
” assez d'en demander pardon à Dieu, &
” s'il n'est pas d'une nécessité absolue d'en
” demander pardon aux hommes, pour
” effacer, autant qu'on le peut, le scandale
” qu'on a causé.

” Quel scandale, en effet, qu'un soupçon
” d'irréligion jetté sur l'Auteur de la *Dé-*
” *monstration Evangelique !* Mais non,
” l'impiété n'en jouira pas. Graces au Ciel,
” j'écris dans un temps où Paris est plein
” encore de gens qui ont connu le savant
” & le pieux Evêque d'Avranches; qui savent
” que toute sa vie a été l'innocence même,
” la vie d'un homme à qui le monde n'est
” rien, & que ses livres occupent tout en-
” tier; qui savent que ses immenses travaux
” ont eu pour objet la Religion, & que les
” saintes Ecritures ont toujours été sa prin-
” cipale étude; qui savent que depuis qu'il
” fut Prêtre, tous les Dimanches, après s'y
” être disposé par le Sacrement de Pénitence,

„ il approchoit des saints Autels ; qui savent
„ que tous les jours depuis qu'il fut Évêque, il
„ avoit ses heures marquées avec son Aumo-
„ nier, pour réciter ensemble l'Office divin. Et
„ comme en matiere de Religion, les plus pe-
„ tites choses nous conduisent à imaginer
„ du grand, lorsqu'elles se trouvent dans un
„ génie supérieur , j'ajoute , pour faire
„ mieux connoître encore M. *Huet* , que
„ tous les jours il récitoit le Chapelet en
„ trois fois , un tiers le matin, un tiers à
„ midi & un tiers le soir aux coups de
„ l'*Angelus*. Or , il y a loin d'un savant
„ qui dit son Chapelet , à un homme qui
„ étend le Pyrrhonisme sur les points essen-
„ tiels de la foi.

„ Au reste , ce n'est point là le langage
„ officieux d'un ami ; c'est la déposition
„ toute simple d'un témoin oculaire. Je ne
„ cherche point à louer M. *Huet* , car je le
„ crois fort au-dessus des louanges qu'on
„ peut lui donner ; je ne veux que le mon-
„ trer ici précisément tel que je l'ai connu.
„ Mais ne m'est-il pas bien doux de n'avoir
„ qu'à me renfermer dans les bornés de la
„ vérité la plus scrupuleuse, pour satisfaire
„ en même temps aux devoirs de la recon-
„ noissance & de l'amitié ?

Voilà ce que dit M. l'Abbé d'*Olivet* ;
(*Histoire de l'Académie* , p. 170) & je crois
qu'on ne peut rien ajouter à cette apologie.

HYLAIRE, (St.)

Ce Pere croyoit-il à l'immatérialité de l'Ame.

M. de V. met ce Pere au rang des Docteurs des Matérialistes, dans son *Traité de la tolérance.* Cependant personne n'a enseigné plus clairement & plus formellement l'immatérialité de l'ame, que S. *Hylaire ;* ce n'est point chez ce Pere une opinion, c'est un principe auquel il revient toutes les fois qu'il parle de l'ame.

Lorsqu'il explique ces paroles du Pseaume 118 : *Ce sont vos mains, Seigneur, qui m'ont formé*, il décrit la formation *de l'homme*, & il dit que les éléments de tous les autres êtres ont été produits tels qu'ils sont dans l'instant même, auquel Dieu a voulu qu'ils existassent ; qu'on ne voit en leur formation, ni commencement, ni progrès, ni perfectionnement ; qu'un seul acte de sa volonté divine, les a faits ce qu'ils sont ; mais qu'il n'en est pas ainsi de l'homme. Il falloit, selon S. *Hylaire*, pour le former, que Dieu unît deux natures opposées, & cette union demandoit deux opérations différentes.

Dieu a dit d'abord : Formons l'homme à notre image & à notre ressemblance ; ensuite il a pris de la poussiere & il a formé l'homme.

Dans la premiere opération , Dieu a produit la nature intérieure de l'homme ; c'eſt ſon ame , & elle n'a point été produite en façonnant une nature étrangere. Tout ce que le conſeil de la Divinité a produit dans cet inſtant , étoit incorporel , puiſqu'elle produiſoit un Etre à l'image de Dieu ; c'eſt dans la ſubſtance raiſonnable & incorporelle , que réſide notre reſſemblance avec la Divinité.

Quelle différence entre cette premiere production de la Divinité , & la ſeconde ! Dieu prend de la pouſſiere , & il forme l'homme , en façonnant la terre & la matiere ; il n'a pris nulle part la premiere production , il l'a faite , il l'a créée. Pour le corps , il ne le fait pas , il ne le crée pas ; il le forme , & en prend la matiere dans la maſſe de la terre. (Lettre 10 , n. 6.)

Si ce Pere parle de l'immenſité divine & de la préſence de Dieu dans tous les lieux , il dit que l'Etre ſuprême eſt tout entier partout , comme l'ame unie à un corps eſt dans toutes les parties du corps. L'ame , quoique répandue dans toutes les parties du corps humain , & préſente à toutes ſes parties , n'eſt pas pour cela diviſible comme le corps. Les membres pourris , coupés ou paralytiqués , n'altérent point l'intégrité de l'ame. (Lettre 19 , n. 8.)

Dieu n'eſt , ſelon ce Pere , ni corporel , ni uni à un corps ; & ce n'eſt point en formant le corps de l'homme , que Dieu l'a fait à ſa reſſemblance , mais en lui don-

nant une ame. C'eſt pour cela que la Ge-
neſe ne décrit la formation du corps humain
que long - temps après nous avoir dit
que Dieu avoit *fait l'homme à ſon image.*
C'eſt par cette reſſemblance de l'ame
avec la nature divine, qu'elle eſt raiſonnable, qu'elle eſt incorporelle & éternelle.
Elle n'a rien de terreſtre, rien de corporel.
C'eſt toujours ſur ces principes que S.
Hylaire parle de l'ame. (*in Pſalm.* 1 2 9.)

Un Pere qui s'eſt expliqué ſi expreſſément
& ſi clairement ſur l'immatérialité de l'ame,
ne pouvoit être mis au nombre des Matérialiſtes, qu'en oppoſant à ces paſſages
d'autres endroits de ce Pere, contraires à
l'immatérialité de l'ame. Il falloit tirer des
Ouvrages de ce Pere, des doutes raiſonnés,
ou des difficultés conſidérables contre l'immatérialité de l'ame.

Cependant M. de V., pour prouver que
S. *Hylaire* croyoit l'ame matérielle, ne nous
cite qu'un paſſage de ce Pere, dans lequel
il dit qu'*il n'y a rien qui ne ſoit corporel
dans ſa ſubſtance & dans ſa création, &
que les ames unies à leur corps, ou dégagées
de ce corps, ont une ſubſtance corporelle,
conforme à leur nature.* (*Corpoream naturæ
ſuæ ſubſtantiam*)

Si M. de V., & ceux qu'il a copiés,
avoient lu avec attention tout le paſſage de
S. *Hylaire*, ils auroient vu que le mot
corporel n'a point ici un ſens favorable au
Matérialiſme.

S. *Hylaire* examine dans ce paſſage les

difficultés de quelques hommes groſſiers qui ſembloient douter de la réſurrection , parce qu'ils ne concevoient pas comment on pourroit ſe nourrir dans le Ciel. S. *Hylaire* leur dit d'abord que les promeſſes de Dieu doivent diſſiper toutes les inquié‑ tudes à cet égard. Il tâche enſuite de leur faire comprendre comment ils pourroient vivre dans le Ciel. Pour cela , il leur dit qu'il n'y a rien qui ne ſoit corporel dans ſa ſubſtance & dans ſa création ; ce qui veut dire que Dieu n'a rien créé ſans lui donner une exiſtence ſolide , & toutes les qualités néceſſaires pour qu'elles aient la durée qu'il leur aura promiſe.

Cette explication eſt conforme au but que S. *Hylaire* ſe propoſoit , & le mot *corporel* a quelquefois ce ſens dans S. *Hy‑ laire* même , qui dit que tout ce qui eſt compoſé , a un commencement, par lequel il eſt corporifié afin qu'il ſubſiſte ; & c'eſt dans ce ſens qu'il faut entendre ce que ce Pere dit dans le même paſſage ſur les ames qui , ſéparées du corps, ont cependant une ſubſ‑ tance corporelle , conforme à leur nature.

Si S. *Hylaire* avoit voulu dire dans ce paſſage qu'il n'y a rien qui ne ſoit matériel, voici à quoi ſe réduiroit ſa réponſe : *Vous êtes inquiets comment vous vivrez après la réſurrection ; vous avez tort , car il n'y a rien qui ne ſoit matériel.*

Pour que S. *Hylaire* abandonnât dans cette occaſion les principes ſur l'immaté‑ rialité de l'ame , il falloit que le Matéria‑

lifme répondît aux difficultés qu'il fe propofoit d'éclaircir, & qu'il ne fût pas poffible de répondre autrement. Or, il eft
certain que le matérialifme de l'ame ne
réfoud point ces difficultés, & qu'au contraire il les fortifie. Si l'ame eft matérielle,
on doit être beaucoup plus embarraffé de
vivre dans le Ciel que fi elle eft immatérielle comme les Anges. [Nous avons tiré
ce développement de la Penfée de S. *Hylaire*
du Dict. des Héréf. art. *Materialifme.*]

I R E N É E , (St.)

*Ce Pere n'eft point favorable au fentiment
qui fuppofe que la matiere peut penfer.*

M. de V. prétend que S. *Irenée* a cru que
l'ame étoit corporelle, parce qu'il a dit que
l'ame étoit un fouffle, qu'elle n'étoit incorporelle que par comparaifon avec les corps
groffiers, & qu'elle reffembloit à un corps
humain.

Cette conféquence eft abfolument contraire
à l'efprit de S. *Irenée.* Ce Pere, dans l'endroit cité, combat la Métempficofe, &
prétend prouver par la Parabole de *Lazare,*
que les ames après la mort n'ont pas befoin
de s'unir aux corps pour fubfifter, parce
qu'elles ont une figure humaine, & qu'elles
ne font incorporelles que par comparaifon
aux corps groffiers.

Les

Les partifans de la Métempfycofe prétendoient que l'ame humaine ne pouvoit
fubfifter fans être unie à un corps , parce
qu'elle étoit un fouffle qui fe diffipoit , s'il
n'étoit retenu dans des organes.

S. *Irenée* répond à cette difficulté , que
l'ame après la mort a une exiftence réelle
& folide , fi je peux parler ainfi , parce
qu'elle a une figure humaine , & qu'après
la mort , elle n'eft incorporelle que par
rapport aux corps groffiers ; ce qui fuppofe
feulement que S. *Irenée* croyoit que les
ames étoient unies à un corps fubtil dont
elles ne fe féparoient point après la mort :
réponfe qui n'eft rien moins que favorable
au Matérialifme.

Le paffage même de S. *Irenée* fait voir
que ce Pere reconnoiffoit des fubftances
immatérielles. Il dit que l'ame n'eft incorporelle que par rapport aux corps groffiers ;
ce qui fuppofe qu'elle eft corporelle par
rapport à d'autres fubftances qui ne font
point unies à des corps. S. *Irenée* n'eft
donc point favorable au Matérialifme.

JACQUES II.

La Religion de ce Prince étoit-elle aveugle ?

PRESQUE tous les Historiens Anglois, &
M. de V. après eux , ont représenté ce
Prince comme l'esclave de la prévention la
plus aveugle. Nous croyons devoir donner
quelques éclaircissements à ce sujet , &
prouver que sa conversion à la foi Catholique fut l'effet des plus mûres réflexions.
Ce qu'on va en rapporter ne paroît pas
suspect , puisqu'on le tire de *Burnet*. » La
» Princesse d'Orange ayant demandé un
» jour à l'Ambassadeur d'Angleterre , quels
» motifs le Roi son pere avoit eus pour
» changer de Religion , ce Ministre , qui
» vint faire un tour en Angleterre , ne
» manqua pas de faire confidence au Roi
» de la question de sa fille. *Jacques* répon-
» dit par une longue lettre , datée du 4
» Novembre 1687 , que l'Ambassadeur ,
» après son retour en Hollande , rendit le
» 24 Décembre à la Princesse. J'ai lu cette
» lettre dans l'original. Le Prince d'Orange
» me fit l'honneur de me la faire commu-
» niquer , à condition néanmoins que je
» ne tirerois copie ni de l'un , ni de l'autre ;
» mais avec permission de les lire & relire
» autant de fois qu'il me plairoit. Je pro-
» fitai si bien de la permission , que je les
» savois presque par cœur , & qu'après les

» avoir rendues, j'en écrivis des extraits, à
» l'exactitude defquels la Princeffe même
» trouva qu'il ne manquoit rien, quand je
» les lui montrai dans la fuite. Voici le
» précis de celle du Roi. »

Elevé dans la foi Anglicanne par le Théologien *Stevvart*, il y fut d'abord fi attaché,
que s'appercevant des efforts que faifoit fa
Mere pour convertir le Duc de Glocefter,
il s'y étoit oppofé autant que le refpect le
lui avoit pu permettre. Pendant tout le
temps de l'exil, il n'y eut aucun Catholique,
à la réferve d'une Religieufe, qui le folli-
citât au changement. Ces follicitations
avoient eu peu d'effet ; car, outre qu'il
étoit tout rempli des préjugés de l'éducation,
il ne s'embarraffoit encore que très-peu des
différentes Religions, & de même que tous
les jeunes gens, il fe faifoit un point d'honneur de demeurer ferme. La premiere chofe
qui l'ébranla, fut la grande dévotion qu'il
remarqua parmi les Catholiques. Il lui parut
qu'ils avoient de grands fecours pour le falut. Leurs Eglifes font mieux ornées, & l'on
y fait plus d'aumônes que parmi les Proteftants. Au milieu même du monde, on y
voit des gens qui fe retirent du vice, &
qui afpirent à la perfection chrétienne. Cela
le mit fur les voies d'examiner les deux
Religions. Dans l'établiffement de la Réfor-
mation, il n'y trouva rien qui lui donnât
lieu de penfer que les trois Princes qui y
travaillerent fucceffivement, euffent été
pouffés par le S. Efprit. Il avoit lu leur

hiſtoire dans la Chronique publiée ſous le nom de *Hollinghead.*

A cette lecture , il avoit joint celle de l'hiſtoire de *Heglin* & de la Préface que *Hooker* a placée à la tête de ſon Traité du gouvernement Eccléſiaſtique ; tout cela le confirma dans ſa penſée au préjudice des Réformateurs. Il lui paroiſſoit indubitable que J. C. a laiſſé l'infaillibilité en partage à ſon Egliſe , puiſqu'il a dit que *les portes de l'enfer ne prévaudront point contr'elle.* Ce privilege fut clairement reſtreint à S. *Pierre.* (Math. 16 , 18.) C'eſt de-là que dépend toute la certitude que nous avons de l'Ecriture Sainte & du Chriſtianiſme même. Le College des Apôtres reconnut ces droits de S. *Pierre* , lorſqu'il dit : (Act. 15.) *Il a ſemblé bon au S. Eſprit & à nous.*

La Canonicité des livres ſacrés eſt toute fondée ſur l'autorité de l'Egliſe. Cette Egliſe qui les déclare Canoniques , eſt donc la ſeule qui ait droit de les interpréter , & cette infaillibilité doit être néceſſairement attachée à la ſucceſſion. Si l'on accorde que l'Egliſe eſt infaillible , tous les autres points controverſés ſe réduiſent à rien , parce que l'Egliſe de Rome eſt la ſeule qui jouiſſe du droit d'infaillibilité , ou qui y prétende. En ſecouant ce joug , on ouvre la porte à l'incrédulité & à l'athéiſme ; on ſappe la piété par les fondements ; on laiſſe l'Evangile à la merci des Déiſtes ou des Sociniens , qui rendent tout douteux. Les Théologiens Anglicans auxquels il avoit

propofé ces difficultés , n'avoient pu y
répondre.

La Religion Chrétienne ne s'établit autrefois qu'à la faveur des miracles que firent
les Apôtres, à la faveur des grands exemples
& de la conftance des Martyrs dont le fang
fut la pépiniere de l'Eglife. Mais qu'ont fait
Luther & *Calvin*, ou les Princes qui refor-
merent la Grande-Bretagne ? Ne parut-il
pas dans ces derniers plus d'intérêt mon-
dain que de vrai zele de Religion ? Et que
dira-t-on du défordre, de la licence effre-
née que leur exemple autorifa dans toute
l'Europe ? La paix ne peut fubfifter dans
l'Eglife que par l'humble foumiffion des
Fideles. Dès que chacun fe mêle d'interpréter l'Ecriture à fa tête, les Sectes fe mul-
tiplient à l'infini. Quoique l'Eglife Anglicane renonce au privilege de l'infaillibilité,
elle ne laiffe pas d'agir comme fi elle en
étoit revêtue ; car elle a toujours perfécuté
ceux qui fe féparent d'elle, fans diftinction
de Proteftants ou de Papiftes, & fon efprit
de perfécution avoit été porté plus loin
qu'on ne le favoit dans le monde. Les non-
Conformiftes n'avoient-ils pas autant de
droit de fe détacher de fa communion,
qu'elle en avoit eu de faire fchifme avec
l'Eglife Romaine ? Difons mieux : l'Eglife
Anglicane avoit-elle plus de droit elle-
même de fe féparer de l'Eglife Catholique ?
qu'une Province du Royaume n'en auroit
de fe cantonner ? *Jacques* finiffoit par dire
que c'étoit-là tout ce que fon peu de loifir

lui avoit permis de coucher par écrit ; qu'il lui sembloit néanmoins que cela , joint aux pieces laissées par son frere & par sa premiere femme , suffisoit , sinon pour ramener à l'Eglise des personnes non prévenues , au moins pour leur en donner bonne opinion.

Burnet ajoute que la lettre du Roi étoit écrite avec autant de gravité que de modération , & qu'elle lui parut venir de lui-même , parce qu'il y reconnut les mêmes expressions qu'il avoit entendues de sa bouche , & le même tour que ce Prince donnoit aux choses , lorsqu'il l'en avoit entretenu familiérement. (*Mémoires de Burnet* , tome 3 , livre 3 , p. 227 & suivantes.)

A ce témoignage du Docteur *Burnet* , nous joindrons le portrait que trace M. *Hume* de *Jacques* II , dans son histoire de la Maison de *Stuart*. (tome 4 , p. 320) „ Si „ l'on considere , dit-il , plutôt son carac- „ tere personnel que sa conduite publique , „ ce Prince fut sans contredit plus malheu- „ reux que coupable. Il avoit plusieurs des „ qualités qui forment un excellent citoyen, „ & quelques-unes même de celles qui, lors- „ qu'elles ne font point éclipsées par les prin- „ cipes arbitraires & le zele de Religion , „ servent à former un bon Souverain. Dans „ la vie privée , sa conduite fut irrépro- „ chable , & mérite notre approbation : „ ardent , mais ouvert dans ses inimitiés , „ ferme dans ses vues & ses résolutions , „ exact dans ses plans , brave dans ses

,, entreprifes, fincere, fidele & plein d'hon-
,, neur dans les affaires ; tel étoit le caractere
,, avec lequel le Duc d'Yorck étoit monté
,, fur le trône Anglois. Dans ce haut dégré
,, fon économie fut remarquable , fon in-
,, duftrie exemplaire , fon application heu-
,, reufe aux affaires maritimes , fes encou-
,, ragements judicieux pour le commerce ,
,, & fa jaloufie louable pour l'honneur de
,, la Nation. Que lui manqua-t-il donc
,, pour faire un excellent Roi d'Angleterre ?
,, De l'affection & du refpect pour la Reli-
,, gion de fon Peuple. ,,

Nous avons vu les raifons qui l'empê-
cherent d'aimer & refpecter cette Religion ;
mais en fuppofant que *Jacques* II eût les
qualités que lui attribue M. *Hume* , peut-
on croire que ce Prince fe laifflât entiérement
conduire par le préjugé ?

XxXxXxXxXxXxXxXxXxXxXxXxXxXxXxXxXxXxXxXxXxXxXxXxXxXxXx

J O S E P H E.

Apologie de cet Hiftorien.

M. de Voltaire dit qu'*on voit à tous
moments dans les livres de Jofephe qu'il
eft honteux d'être Juif , lors même qu'il
s'efforce de rendre fa Nation recommandable
à fes vainqueurs. Il diminue autant qu'il peut
la foi qu'on doit aux miracles. Il dit en plufieurs endroits : le lecteur en jugera comme
il voudra. (Philofophie de l'Hiftoire , chap*

de *Josephe.*) M. *Warburton* a répondu à M. de V. , à la fin de *son excellente Démonstration de la divinité de la mission de Moyse.* Il observe que dans les endroits mêmes où *Josephe* semble laisser à ses lecteurs cette liberté de penser , l'Historien témoigne le plus vif attachement à la loi de *Moyse* , & la plus intime conviction de la divinité de sa mission. Il ne faut point , selon lui , perdre le but & le génie de l'Ecrivain Juif , non plus que le temps où il écrivoit , ni le caractere de ceux à qui il adressoit ses écrits.

Son pays exposé aux plus grands dangers , étoit menacé d'une dévastation générale. La Religion de ses Peres , à cause de son caractere inalliable avec les autres Religions , étoit détestée des Payens. Cette disposition d'esprit n'étoit par peu fortifiée par l'aversion qu'ils avoient conçu pour le Christianisme , qu'ils regardoient comme une Secte du Judaïsme qui vouloit tout soumettre à son empire , s'élevant sur les débris de toute autre Religion. Les Payens avoient donc en horreur la croyance des Juifs , sur la fausse supposition que , comme celle des Chrétiens , elle exigeoit que tout l'univers l'adoptât & s'y soumît. Or , c'est cette odieuse imputation que *Josephe* s'efforce de détruire toutes les fois que l'occasion s'en présente.

Voilà pourquoi , quand il parle de certains effets d'une providence extraordinaire du Seigneur dans la conduite de son Peuple , il ajoute à son récit qu'on peut croire

de ces merveilles ce qu'on jugera à propos.
Ces paroles ne s'adreſſent qu'aux Gentils,
& reviennent à ceci ; *Dieu n'a donné que*
pour l'uſage de ſon Peuple choiſi, la Religion
que Moyſe *lui a enſeignée ; ainſi le Payen*
peut en penſer ce qu'il lui plaira. Les Juifs
n'impoſent point au Payen l'obligation de
renoncer à ſa Religion pour embraſſer la
leur. Bien différents en cela des Chretiens,
ils reçoivent à bras ouverts quiconque adore
un ſeul Dieu, créateur de l'Univers.

La violente ſortie contre *Joſephe* eſt donc
très-déplacée. Cet Hiſtorien aura toujours,
malgré M. de *Voltaire*, la réputation d'un
Auteur exact & fidele, qui fut eſtimé des
Grecs & des Romains, & dont les Ouvrages traduits dans toutes les langues, ſe
liront toujours avec plaiſir. *Joſeph Scaliger*
lui donne le glorieux titre du *plus diligent*
Ecrivain & du plus grand amateur de la
vérité que l'on connoiſſe. Il ajoute qu'il mérite plus de créance, non-ſeulement dans ce
qui regarde l'hiſtoire des Juifs, mais encore
dans ce qui regarde l'hiſtoire étrangere,
qu'aucun Auteur grec, ni latin. *Euſebe &*
Photius, qui étoient de très-bons juges
dans ce qui regarde l'hiſtoire, lui rendent
la même juſtice. Si ces Ouvrages contien-
nent quelques faits qui nous paroiſſent
extraordinaires, c'eſt que les uſages des
Anciens n'étoient pas les nôtres.

Malgré la réputation de ſincérité dont il
jouit depuis long-temps, l'Auteur de la
Philoſophie de l'Hiſtoire prétend qu'il a

menti , parce qu'il a rapporté une vision qu'eut *Alexandre* , dans laquelle le Grand-Prêtre des Juifs lui apparut en songe , & l'excita de la part de Dieu à entreprendre la conquête de l'Empire des Perses. *Alexandre* , nous dit *Josephe* , vint à Jérusalem, y adora le vrai Dieu dans son Temple , & y fit offrir des sacrifices. *Josephe* ajoute que dès qu'il apperçut le Grand-Prêtre , il se prosterna , & assura que c'étoit le même qui lui avoit apparu. Ce qui aide à faire croire ce fait , c'est qu'aucun Historien ne l'a jamais contredit , c'est qu'il n'y a nulle apparence qu'il eût osé l'avancer , si tout le monde avoit su le contraire ; peut-on imaginer qu'un homme aussi judicieux que *Josephe* , eût voulu conter une fable dont tout le monde eût connu la fausseté. Ce qui peut encore confirmer ce fait , c'est qu'*Alexandre* accorda de plus grands privileges aux Juifs qu'à toute autre Nation ; qu'il en fit venir un grand nombre dans sa nouvelle Ville d'Alexandrie , & qu'il les combla de bienfaits.

JOSUÉ.

Du châtiment des Cananéens.

LE traitement rigoureux fait aux Cananéens par *Josué* & par les Juges qui lui succéderent, a été une source de déclamations pour M. de V. Il avoit été précédé par l'Auteur du *Chrifiianifme auffi ancien que le Monde*, qui blâme fortement les Juifs qui *attaquerent une Nation libre & indépendante, & qui, fous prétexte qu'elle étoit idolâtre, exterminerent, non-feulement les hommes & les femmes, mais encore les enfants incapables d'idolâtrie.* Il repréfente cette conduite *comme le comble de l'injuftice & de la cruauté, & il défie les Théologiens de montrer qu'elle n'eft pas contraire à la loi naturelle.*

Un favant Théologien Anglois (*Jackfon*) qui a répondu à cet Auteur téméraire, remarque avec raifon que, quoiqu'un Prince temporel n'ait pas le droit de punir & de faire mourir fes Sujets, uniquement parce qu'ils font idolâtres, le Roi fpirituel & invifible poffede ce droit inconteftablement. L'Idolâtrie eft une rébellion formelle & d recte contre Dieu, qui peut, felon toutes les loix de la juftice & de l'équité, détruire une Nation coupable de cette impiété, & incorrigible. Et dans ce cas-là, il eft parfaitement égal , selon la raison & l'équité naturelle , que Dieu extermine les Nations (dont les iniquités sont à leur comble & crient vengeance) par le feu , par l'eau , par la peste & la famine , ou par l'épée d'un autre Peuple , suscité par lui-même , & chargé directement de la commission d'exécuter ses arrêts. L'Auteur du *Christianisme aussi ancien que le monde* , allegue trois raisons pour éluder la force de cette réponse à ses objections.

1°. *Les Juifs se disoient chargés immédiatement de la part de Dieu même de la commission d'exterminer les Cananéens ; or , aucun homme ne peut être aussi sûr d'avoir reçu un pareil ordre de Dieu , qu'il est sûr , par les lumieres naturelles , que l'Etre souverain lui a défendu une action de cette nature.*

On répond à cette difficulté , qu'il est absurde de dire que Dieu ne puisse par sa puissance infinie donner une aussi pleine certitude de sa volonté , lorsqu'il veut la révéler , que celle qui naît des raisons les plus convaincantes que la lumiere naturelle fournit. Or , s'il peut donner une telle certitude , il s'enfuit que la vie des hommes , dépendant en propriété de Dieu , il peut en disposer comme il le trouve à propos , selon que la raison le dicte à chacun. La même raison apprend encore que lorsque Dieu commande d'ôter la vie à quelqu'un , cet ordre n'est pas plus contraire à la loi de la nature , ou à la révé

lation , qui défendent aux hommes de se
tuer les uns les autres sans cause, (ce qui
seul doit porter le nom de meurtre) que
ne l'est l'ordre du Magistrat Civil, lorsqu'il
fait exécuter à mort un criminel coupable
des plus grands crimes contre les loix du
pays. On ne peut supposer raisonnablement
que Dieu ordonne à un homme ou à un corps
de Nation , par voie de révélation , de
détruire un autre homme ou un autre corps
de Nation, sans cause. Mais de supposer
qu'il ne peut donner de certitude qu'un
pareil ordre vient de lui, c'est ce qui est
souverainement déraisonnable & absurde.

On peut même défier l'Auteur de l'objection , de produire quelque raison qui
justifie la conduite d'un Juge temporel ,
lorsqu'il fait exécuter des coupables à mort,
que cette même raison ne justifie aussi clairement & aussi fortement la Providence
divine , lorsqu'elle ordonne par une révélation expresse d'exterminer des hommes
coupables de la violation des loix de Dieu.
Il est donc contraire à la raison , de ravir à
l'Etre infini un droit que l'on accorde aux
hommes. A l'égard des enfants qui souffrent
avec leurs parents idolâtres , il faut en revenir à la sage & bonne dispensation de
Dieu, qui fait qu'il vaut mieux pour eux
mourir , quoiqu'innocents , que de vivre
plus long-temps.

3°. On objecte que *Dieu a mille moyens*
de punir de mort les Nations coupables
sans commander aux hommes de faire des

choſes qu'il leur a défendues par la loi natu-
relle.... Si Dieu ſe propoſoit d'inſpirer par
ce châtiment de la terreur aux autres , n'a-
giroit-il pas d'une maniere ſi ſignalée & ſi
ſurnaturelle , que tout le monde y recon-
noîtroit ſon doigt ?

On répond , quel Dieu a voulu faire ſervir ce qu'il exécuta par les Juifs , à leur
faire connoître ſa haine pour l'Idolâtrie ,
& qu'en les employant à la punir dans une
autre Nation, il a eu deſſein de leur inſpirer
plus efficacement , & à leur poſtérité , de
l'éloignement pour ce crime , par un châtiment auſſi mémorable que miraculeux,
infligé par leur moyen aux ennemis de la
vraie Religion , & aux adorateurs des faux
Dieux.

Ainſi la raiſon de la deſtruction des Cananéens eſt claire , & l'exécution de l'arrêt
par les armes des Hébreux alloit au but auquel Dieu le deſtinoit. Plus les Juifs avoient
de penchant à l'Idolâtrie , plus la voie que
Dieu employoit en les faiſant ſervir d'inſtru-
ment pour punir l'Idolâtrie , étoit propre à
corriger ce malheureux penchant, puiſqu'ils
voyoient d'un côté la vengeance divine
tomber par leur miniſtere ſur les Idolâtres ,
& que , d'un autre côté , Dieu leur déclaroit
en même temps qu'il ne ſe vengeroit pas
moins ſévérement d'eux & de leurs enfants ,
s'il leur arrivoit d'abandonner le culte du
vrai Dieu , & de ſe livrer au culte des Idoles.

Le troiſieme argument que l'Auteur du
Chriſtianiſme , &c. produit pour appuyer

fon objection, eft : *Si les Ifraélites eurent une commiffion divine d'exterminer les Cananéens , ceux-ci auroient dû en être inftruits , pour ne pas réfifter à des gens qui agiffoient par les ordres du Ciel ; fans cela , il y auroit eu deux droits oppofés en même temps , chez les Ifraelites , le droit de détruire les Cananéens , & chez les Cananéens , le droit que la loi naturelle donne , de défendre leur vie.*

On répond que cet argument eft précifément le même que celui-ci : » Si Dieu fe
» propofoit de détruire quelqu'un par un
» jugement immédiat , foit par l'eau ,
» foit par le feu ou par la pefte , &c. il
» doit le lui faire connoître , pour qu'il
» ne réfifte point , en travaillant à échap-
» per au feu, à l'eau, ou en prenant des
» remedes contre la pefte. Autrement il
» y auroit en même temps deux droits op-
» pofés ; en Dieu, le droit d'ôter la vie à
» l'homme , (qui eft fa créature) quand &
» de quelle maniere il lui plaît ; & dans
» l'homme , le droit que la loi naturelle lui
» donne, d'employer tous les moyens légi-
» times qu'il a en main pour conferver fa
» vie. »

Le cas eft le même , & il eft déraifonnable de preffer la raifon prife de ces deux droits oppofés que l'on voit ordinairement dans les penfées & dans les actions des hommes. N'ai-je pas le droit de penfer pour moi-même , & d'agir conformément au jugement que je porte ? Et un autre n'a-

t-il pas le même droit de penfer pour lui-
même , & d'agir d'une maniere oppofée ,
en fuivant auffi le jugement qu'il porte ?

XXXXXXXXXXXXXXXXXXXXXXXXXXXXXXXXX

J U L I E N.

Ce qu'on a dit pour & contre ce Prince.

Qu'est-ce que *Julien* , felon M. de
Voltaire ? C'eft le premier des hommes , ou
du moins le fecond. » Toujours fobre , tou-
» jours tempérant , n'ayant jamais eu de
» maîtreffes , couchant fur une peau d'ours ,
» & y donnant , à regret encore , peu d'heu-
» res au fommeil , partageant fon temps
» entre l'étude & les affaires , généreux ,
» capable d'amitié , ennemi du fafte ; on
» l'eût admiré , s'il n'eût été que particulier.
» Si on regarde en lui le héros , on le voit
» toujours à la tête des troupes , rétabliffant
» la difcipline militaire fans rigueur ; aimé
» des foldats , & les contenant ; conduifant
» prefque toujours à pied fes armées , &
» leur donnant l'exemple de toutes les
» fatigues ; toujours victorieux dans toutes
» fes expéditions jufqu'au dernier moment
» de fa vie , & mourant enfin en faifant
» fuir les Perfes.
» Si on le confidere comme Empereur ,
» on le voit refufer le titre de *Dominus*
» qu'affectoit *Conftantin* , foulager les
» Peuples , diminuer les impôts , encourager
» les

„ les arts, réduire à soixante & dix onces
„ ces préfents de couronnes d'or de trois à
„ quatre cents marcs, que fes Prédéceffeurs
„ exigeoient des villes, faire obferver les
„ loix, contenir fes Officiers & fes miniftres,
„ & prévenir toute corruption.

„ Dix foldats Chrétiens complotoient de
„ l'affaffiner ; ils font découverts, & *Julien*
„ leur pardonne. Le Peuple d'Antioche,
„ qui joignoit l'infolence à la volupté,
„ l'infulte ; il ne s'en venge qu'en homme
„ d'efprit, & pouvant lui faire fentir la
„ puiffance impériale, il ne fait fentir à ce
„ Peuple que la fupériorité de fon génie. „
Voilà un portrait fans ombres ; voilà ce
qu'étoit *Julien*, fuivant M. de V. Mais
quelle idée nous en donnent les autres Hiftoriens ? Confultons M. le *Beau*, qui n'a
porté, dans la maniere de le peindre, ni
partialité, ni humeur ; qui a interrogé tous
les Contemporains ; qui a balancé le mérite
& apprécié les lumieres de chacun. De fes
recherches & de fon témoignage, il réfulte
un portrait très-fidele, avantageux à certains égards, & très-odieux à beaucoup
d'autres. M. le *Beau* eft d'accord avec M.
de V. fur les bonnes qualités de *Julien* ; &
c'eft une nouvelle preuve de fon impartialité.

Dès fa jeuneffe il montra beaucoup plus
d'efprit, de modération, de fageffe que
fon frere *Gallus* ; mais fon indifcrette curio-
fité, & les Sophiftes qui prirent foin de fon
éducation, le jetterent dans les excès que
tout le monde fait. Il devint pédant avec

Libanius, magicien avec *Maxime* d'Ephese, déiste avec *Oribase*. Il étoit sans cesse entouré de Philosophes, de Rhéteurs, d'Astrologues, de Nécromanciens. Quand il fut à la tête des armées, sa Cour bigarrée de manteaux de Philosophes & de casaques militaires, offroit un spectacle aussi bizarre que le Prince même. C'étoit à la fois un camp, une Académie, une école de Sophistes.

La révolution qui l'éleva à l'Empire du vivant même de *Constance*, répand sur sa vertu un violent soupçon d'hypocrisie. S'il ne fit rien pour se procurer le Diadême, il ne fit pas tout ce qu'il auroit pu pour se défendre de l'accepter. Un esprit tel que le sien, étoit bien capable de trouver des moyens plus efficaces. De plus, les manifestes qu'il répandit ensuite contre *Constance*, décelent une haine invétérée qu'il avoit su déguiser, jusqu'à composer en l'honneur de ce Prince les panégyriques les plus outrés. Cette fausseté de caractere le rend légitimement suspect : le flateur déjà perfide n'a qu'un pas à faire pour devenir rebelle.

Ce fut à Paris que les Légions Gauloises le proclamerent *Auguste*. Il donna quelques marques d'opposition à l'empressement de leurs désirs ; mais sa résistance ne fut pas aussi efficace que l'avoit été celle du généreux *Germanicus*, dont la fermeté inébranlable dans son devoir, avoit bien su repousser les efforts d'une armée qui s'obstinoit à lui faire accepter le titre d'Auguste.

Julien fut donc revêtu de la puiffance fouveraine. *Conftance* fit de vains efforts pour le réduire à la condition de Sujet. Le nouvel Empereur avoit foin de communiquer aux Troupes les ordres & les menaces de l'ancien, & ces militaires, auteurs de la révolution, n'avoient garde d'abandonner le maître qu'ils s'étoient donnés. On ne fongea plus qu'à la guerre. *Julien* mit dans fes intérêts l'Italie, la Grece, la Panonnie, l'Illyrie ; marcha vers la Thrace ; apprit dans fa route la mort de *Conftance*, & demeura poffeffeur de l'Empire, fans être obligé de combattre fon rival.

Julien ne régna qu'environ vingt mois depuis la mort de *Conftance* ; mais il donna des fcenes bien finguliéres pendant ce court efpace. Sa grande occupation fut le deffein d'abolir le Chriftianifme & de rétablir l'Idolâtrie ; ce fut fon fyftême favori. Mais qui auroit pu croire qu'un Prince philofophe, élevé dans le Chriftianifme, paffionné pour la réputation de fage, rétabliroit les folies du Paganifme, & rouvriroit la porte aux fcandales de la Mythologie ? Qu'auroit-on dit de *Socrate*, s'il avoit toujours été entouré d'Augures, de Devins, d'Aftrologues, de Sacrificateurs, de Fanatiques voués aux myfteres de *Cybele*, d'hommes diffolus & de femmes perdues, tels qu'on les demandoit pour certaines cérémonies de la Gentilité.

Julien fentoit lui-même la honte du culte qu'il vouloit rétablir, & la fupériorité de celui qu'il avoit abandonné. Il imagina de recommander aux Prêtres des faux Dieux plusieurs pratiques reçues & observées dans l'Eglise Catholique. Cette fantaisie acheva de le rendre parfaitement ridicule , & lui attira l'épithete de *singe du Christianisme* , dont il étoit d'ailleurs le persécuteur implacable ?

Un des coups les plus réfléchis qu'il auroit pu lui porter , auroit été de réduire les Chrétiens à l'ignorance ; & il n'oublia rien en effet pour leur fermer les sources du savoir. Il voyoit que les défenseurs les plus formidables du Christianisme étoient les hommes les plus lettrés de l'Empire. C'étoit les *Athanase* , les *Grégoire de Nazianze* , les *Basile de Césarée* , les *Hylaire de Poitiers* , les *Diodore de Tarse* , &c. &c. &c. Voulant donc enlever aux Chrétiens la puissante ressource de l'esprit & des connoissances , il les déclara incapables , par un Edit , d'enseigner les sciences humaines.

La haine du Christianisme mit dans sa conduite autant de bizarrerie que de méchanceté. Il crut effacer le caractere de son baptême , en se baignant dans le sang des victimes. S. *Grégoire de Nazianze* ajoute qu'il prétendit en même temps purifier ses mains qui avoient reçu la victime non-sanglante par laquelle les Chrétiens participent aux souffrances & à la divinité de J. C. Ces mots désignent la sainte Eucharistie , qu'on recevoit alors dans la main , & qu'on emportoit même dans les maisons.

Les altercations des Chrétiens lui parurent très-propres à détruire le Christianisme, & il les fomenta de tout son pouvoir. Il accueillit toutes les Sectes hérétiques; il rappella même les Catholiques, mais ce ne fut que pour les persécuter chez eux, ou pour les mettre aux prises avec leurs ennemis. Il permit aux Juifs de rebâtir le Temple de Jérusalem; mais on sait quels prodiges traversèrent cette entreprise. L'incrédulité la plus opiniâtre ne put rien opposer à la certitude de ces faits, attestés par tous les Historiens même Payens.

La singularité du caractere de *Julien* parut encore dans ses querelles avec les habitants d'Antioche. Je ne sais comment on a pu louer la maniere dont il s'en vengea. Un Souverain doit pardonner sans restriction, & il ne doit jamais se mesurer & se battre, pour ainsi dire, corps à corps avec ses Sujets. C'est ce que ne fit point *Julien*. Il écrivit contre les habitants d'Antioche, une satyre dont les traits sont outrés & les couleurs rudes & chargées.

Tel est le portrait fidele de *Julien*, suivant M. le *Beau*. C'étoit le problême de son siecle, & il le sera de la postérité.

MATHIEU.

Si les Apôtres étoient des gens de néant.

M. de V. a beaucoup infifté fur l'imbé-
cillité & la prétendue baffeffe de la famille
& de la profeffion des premiers Propaga-
teurs du Chriftianifme, qu'il traite fouvent
du terme noble de *canaille.* Mais quoique
les Apôtres euffent la fimplicité d'efprit
attachée à la vertu, il ne faut pourtant pas
s'imaginer qu'ils n'euffent ni lumieres, ni
prudence, & qu'ils manquaffent abfolument
des qualités requifes pour fe bien acquitter
de leurs glorieux emplois. Si leurs difcours
font ordinairement fimples & populaires,
on y remarque de temps en temps une
élévation que n'ont point des gens fans
éducation & fans connoiffances. Si quelquefois ils ont fait paroître des foibleffes,
de l'incrédulité, de la pufillanimité, comme
S. Thomas & S. Pierre, c'étoit moins leur
propre caractere que celui de leurs compatriotes.

On peut juger d'ailleurs par l'exemple de
S. *Jofeph,* qui, étant de la famille de *David,* étoit en même temps Charpentier, &
par celui de S. *Paul,* qui, tout Docteur
& Citoyen Romain qu'il étoit, ne laiffoit
pas d'avoir appris à faire des tentes pour
gagner fa vie, que les profeffions mécha-
niques n'étoient point incompatibles avec

l'étude & la naissance. Croit-on qu'il en étoit chez les Juifs comme chez nous, où le travail avilit, tandis que le vice oiseux honore ? Quoique S. *Jean* fût pêcheur, il y a des endroits dans son Evangile qui ne permettent pas de douter qu'il ne fût versé dans la lecture des livres mystiques des Juifs, & qu'il n'eût même quelque teinture de la Philosophie grecque. Ce qui est d'autant plus aisé à comprendre, que cet Apôt : fit un très-long séjour en Asie

S. *Mathieu* étoit d'une profession odieuse, à la vérité, parmi les Juifs, extrêmement jaloux de leur liberté, mais si considérée parmi les Romains, que *Ciceron* disoit que dans l'ordre des Publicains ou Péagers, étoit *la fleur des Chevaliers, l'ornement de la Ville, l'appui de la République.* On voit par-là que bien que S. *Mathieu*, selon toute apparence, fût Juif, il falloit pourtant qu'il ne fût pas de la lie du Peuple, puisqu'il avoit été admis à cet emploi. Ces réflexions & ces exemples peuvent suffire pour répondre aux objections que faisoient les Payens, & que font aujourd'hui les Incrédules après eux, sur le caractere des Apôtres, comme s'ils eussent été absolument idiots, & un ramas de gens de néant. Mais d'un autre côté, il paroît par-là qu'ils n'avoient ni assez de savoir, ni assez de réputation & d'autorité pour qu'on pût attribuer le succès de l'Evangile à leur crédit & à leur éloquence.

MOYSE.

§. I.

*Moyse confidéré comme Poëte. Réflexion fur
le ftyle des Livres faints.*

UN favant connu, travaillant à une *Hiftoire critique de Moyfe*, où il répondra à
toutes les objections de M. de V. ; nous
nous contenterons d'examiner ce divin
Légiflateur comme Poëte. „ *Moyfe* (dit
„ M. de V., tome 3 de fes Nouveaux Mê-
„ langes, p. 116.) eft le premier Poëte que
„ nous connoiffions. Il eft à croire que,
„ long-temps avant lui, les Egyptiehs, les
„ Caldéens, les Syriens, les Indiens con-
„ noiffoient la Poéfie, puifqu'ils avoient
„ de la mufique. Mais enfin, fon beau
„ Cantique qu'il chanta avec fa fœur Ma-
„ ria, en fortant du fond de la mer rouge,
„ eft le premier monument poétique en
„ vers hexametres que nous ayons. „
Pour favoir à quoi s'en tenir fur l'épithete de *beau* que M. de V. donne au Cantique de *Moyfe*, il faut voir ce qu'il dit
plus bas fur *David*. „ Nous avons encore
„ un excellent Poëte Juif très-réellement
„ antérieur à *Horace* ; c'eft le Roi *David* :
„ & nous favons bien que le *Miferere* eft
„ infiniment au-deffus du *Juftum ac tena-
„ cem propofiti virum.*

On voit dans ces paroles une ironie aussi injuste que déplacée. Il ne seroit peut-être pas difficile de prouver qu'il y a dans l'Ecriture un grand nombre d'endroits qui surpassent infiniment tout ce qu'il y a de plus sublime dans les Poëtes profanes. „ L'excel-
„ lent Cantique de *Moyse* (dit le savant &
„ judicieux *Rollin*, dans le tome 2 de son
„ Traité des Etudes) peut passer à bon droit
„ pour une des plus éloquentes pieces de
„ l'antiquité. Le tour en est grand, les pen-
„ sées nobles, le style sublime & magnifique,
„ les expressions fortes, les figures hardies ;
„ tout y est plein de choses & d'idées, qui
„ frappent l'esprit & saisissent l'imagination.
„ Cette piece qui, selon les sentiments
„ de quelques personnes, a été composée
„ par *Moyse* en vers hébreux, surpasse tout
„ ce que les Profanes ont de plus beau dans
„ ce genre. *Virgile & Horace*, les plus par-
„ faits modeles de l'éloquence poétique,
„ n'ont rien qui en approche. Personne n'a
„ plus d'estime que moi pour ces deux grands
„ hommes, & je les ai étudiés avec une
„ grande application & un grand plaisir
„ pendant plusieurs années.
„ Cependant quand je lis ce que *Virgile*
„ dit à la louange d'*Auguste* au commen-
„ cement du troisieme livre des *Géorgiques*,
„ & à la fin du huitieme de l'*Enéide*, &
„ ce qu'il fait chanter aux Prêtres d'*Evandre*
„ en l'honneur d'*Hercule* dans le même
„ livre ; quoique ces endroits soient très-
„ beaux, je les trouve rampants auprès de

„ notre Cantique. *Virgile* me paroît tout
„ de glace, & *Moyse* tout de feu. Il en eſt
„ de même d'*Horace* dans les Odes XIV &
„ XV du quatrieme livre, & dans la derniere
„ des Epodes. Ce qui ſemble favoriſer ces
„ deux Poëtes & les autres Profanes, c'eſt
„ qu'ils ont le nombre, l'harmonie & l'élé-
„ gance du ſtyle, qu'on ne trouve point
„ dans l'Ecriture Sainte.

„ Mais auſſi l'Ecriture Sainte que nous
„ avons n'eſt qu'une traduction; &
„ l'on ſait combien les meilleures tra-
„ ductions françoiſes de *Ciceron*, de *Vir-*
„ *gile* & d'*Horace*, défigurent ces Auteurs.
„ Car il faut qu'il y ait bien de l'éloquence
„ dans la langue originale de l'Ecriture,
„ puiſqu'il nous en reſte encore plus dans
„ ſes copies, que dans tout le latin de
„ l'ancienne Rome, & dans tous les Grecs
„ d'*A*thenes. Elle eſt ſerrée, conciſe, dé-
„ gagée d'ornements étrangers, qui ne
„ ſerviroient qu'à rallentir ſon impétuoſité
„ & ſon feu. Ennemie des longs circuits,
„ elle va à ſon but par le plus court che-
„ min. Elle aime à renfermer beaucoup de
„ penſées en peu de mots, pour les faire
„ entrer comme des traits, & à rendre
„ ſenſibles les objets les plus éloignés des
„ ſens, par les images vives & naturelles
„ qu'elle en fait. En un mot, elle a de la
„ grandeur, de la force, de l'énergie, avec
„ une majeſtueuſe ſimplicité, qui la mettent
„ au-deſſus de toute éloquence payenne.
„ Que l'on prenne ſeulement la peine

„ de comparer les endroits que je viens de
„ citer de *Virgile* & d'*Horace* , avec le
„ Cantique de *Moyse* , & l'on fera con-
„ vaincu de ce que je dis. „

Un autre Auteur parle de la maniere la plus noble du ftyle & du langage de l'Ecriture Sainte. „ Nous n'avons , dit-il , aucun
„ Ecrivain à produire , qui fe foit élevé
„ jufqu'à la majefté & à la grandeur des
„ attributs de Dieu comme les Auteurs fa-
„ crés. Il n'y a qu'une infpiration du Ciel
„ qui puiffe rendre les hommes capables
„ de parler fi dignement de Dieu ; & il n'y
„ a que l'efprit de Dieu qui puiffe exprimer
„ ainfi fa grandeur & dépeindre fa gloire.
„ Les plus grands génies & les efprits les
„ plus élevés du Paganifme , font bas &
„ rampants en comparaifon de ces hommes
„ divins. La fublime majefté & la magni-
„ ficence royale des Poëtes de l'Ecriture ,
„ furpaffent la portée d'un efprit mortel.
„ Prenez les plus excellents Poëtes de l'an-
„ tiquité , & ceux où il regne le plus de
„ feu , & lifez-les , comme nous faifons
„ l'Ecriture , dans une traduction en profe ,
„ ils paroîtront froids & plats. „ On voit par ces citations combien M. de V. a tort de dire dans fon *Pot pourri* , §. VI : „ Ce
„ qui me déplaît feulement , c'eft que les
„ Métamorphofes d'*Ovide* font , par la
„ malice du démon , bien mieux écrites &
„ plus agréables que les Cantiques Juifs ;
„ car il faut avouer que cette montagne de
„ Sion , & ces gueules de bafilic , & ces

„ collines qui sautent comme des béliers,
„ & toutes ces répétitions fastidieuses ne
„ valent ni la Poésie grecque, ni la latine,
„ ni la françoise. Le froid petit *Racine* a
„ beau faire, cet enfant dénaturé n'empê-
„ chera pas (profanément parlant) que
„ son pere ne soit un meilleur Poëte que
„ *David.* »

Nous répondrons à M. de V. que, pour juger pertinemment du style des livres sacrés, il faudroit être en état de lire le texte original. La plûpart de ceux qui le décrient si témérairement, ne consultent que les traductions. Or, c'est le moyen de mal juger. Dans tous les écrits d'une grande antiquité, tels que sont les livres du vieux Testament, il y a de fréquentes allusions à des usages & à des coutumes qui ne sont plus ; & ces allusions qui par-là nous paroissent insipides & fades, étoient pleines de sel & d'esprit. D'ailleurs la langue hébraïque a son génie propre, soit par rapport à la construction des termes, soit par rapport à la cadence des phrases. Elle renferme une grande quantité de mots d'un sublime, qu'il est aussi impossible de rendre dans une autre langue, que de peindre un diamant sans lui faire rien perdre de son état. Il est de toute notoriété que les meilleures versions de la Bible n'ont pas peu contribué à faire perdre à l'original de son prix, tantôt parce que les Traducteurs ont donné à gauche, & tantôt aussi parce qu'ils ont voulu traduire d'une façon trop littérale.

Au lieu que dans les traductions modernes
des Auteurs profanes , on tâche de faire
parler les Anciens avec toute l'élégance de
la langue , dans laquelle on les rend. Les
interpretes de l'Ecriture , se croyant obligés
de suivre mot à mot le texte sacré , ont
conservé dans leurs versions je ne sais combien d'hébraïsmes & de façons de parler
qui paroissent tout-à-fait grossieres & cho-
quantes , & qui donnent par cela même
l'idée la plus défavorable des originaux aux
personnes incapables de pénétrer au-delà
de cette écorce. En traduisant de la sorte
les plus belles pieces d'éloquence de l'antiquité , on les rendroit ridicules , & on leur
feroit perdre tout leur prix.

Une seconde cause du faux jugement que
l'on porte sur le style de l'Ecriture Sainte,
c'est qu'on borne imprudemment l'éloquence
au goût d'un certain Pays , d'une certaine
Nation , & qu'on rejette ensuite tout ce
qui ne se rapporte pas à ce goût-là. Comme
les différents langages qu'on parle en Europe , dérivent en grande partie du Grec
& du Latin , nous avons fait de ces deux
langues le modele des nôtres. Mais pourquoi les Peuples de l'Orient , dont les
langues n'ont aucun rapport avec la
grecque & la latine , se feroient-ils con-
formés à ce goût ? Quelle raison y a-t-il
sur-tout de prétendre qu'ils auroient dû
s'y conformer , avant même que l'éloquence
fût née à Athenes & à Rome ? Pourvu que
nos Auteurs sacrés aient écrit dans le style

le plus approuvé de leur temps , cela fuffit.
Il y a de l'extravagance à vouloir que le S.
Efprit leur eût infpiré un langage & des
façons d'écrire formées fur le goût moderne ,
dans un goût qui étoit entiérement inconnu
au temps & aux lieux dans lefquels ils
écrivoient. *Moyfe* avoit été élevé dans la
Philofophie & dans la belle littérature des
Egyptiens ; *Salomon* étoit l'oracle de fon
fiecle dans tout l'Orient ; *Daniel* avoit été
perfectionné à l'école des Sages de la
Chaldée ; par conféquent , on ne fauroit douter raifonnablement qu'ils n'aient poffédé
toutes les fineffes de la langue dont ils fe
fervirent , & que leur ftyle n'ait eu toute
la perfection qui pouvoit donner alors du
relief à l'éloquence : éloquence , à la vérité ,
d'un autre genre que la nôtre , mais excellente en fon genre. Ce n'eft pas leur faute
fi nous ne goûtons pas leurs hardies méta-
phores , leurs figures perpétuelles , leurs
fentences énigmatiques , leur étonnante
briéveté dans certaines rencontres , leurs
tranfitions brufques , & , en un mot , tout
ce qui faifoit de leur temps la richeffe du
ftyle fublime.

On ne prouvera jamais qu'une attention
fcrupuleufe à obferver les regles de l'éloquence & tous les rafinements de l'art , fût
convenable dans des écrits d·vins. Quel étoit
le deffein de Dieu , en nous faifant tranf-
mettre fes loix dans nos faints livres ? Son
deffein étoit d'éclairer nos entendements ,
de foumettre nos paffions & de fanctifier

notre volonté. Pourvu donc que les Auteurs de ces livres ſacrés aient rempli cette
fin , qu'importe en quels termes ils l'ont
fait ? A-t-on jamais entendu dire qu'un
Medecin doive , pour être habile , écrire
toutes ſes ordonnances dans le ſtyle de *Ciceron* ? Pourvu que , par la force de ſes
raiſonnements & par une profonde connoiſſance des loix , un Avocat gagne la
Cauſe qu'on lui a confiée , s'embarraſſe-t-
on beaucoup s'il a plaidé avec élégance ,
ou s'il a négligé les ornements du diſcours ?
Pourquoi donc voudroit-on que Dieu ſe fût
abaiſſé à de pareilles minuties , dans des
livres où il nous révele les choſes du monde
les plus importantes , les conditions de
notre ſalut & les regles de notre devoir ?
Falloit-il quelque choſe de plus pour réveiller notre attention , que l'alternative
terrible d'un bonheur ou d'un malheur
éternel ?

Si l'on y prend garde, ce que les hommes
appellent les regles de l'art, n'a point été
obſervé dans les grandes productions de
l'Auteur de la nature. Les étoiles ont-elles
des formes régulieres ? Les lacs & les fleuves
ſont-ils bornés par des lignes droites ? Les
collines & les montagnes ont-elles exactement la figure d'un cône ou d'une pyramide ?
Quand un grand Prince déclare ſa volonté
à ſes Sujets dans ſes Loix & dans ſes Edits ,
ſe pique-t-il d'élégance dans ſon ſtyle ?
Court-il après les graces d'une belle diction ?
Ne parle-t-il pas toujours bien , quand il

se fait bien entendre ? Et s'il vouloit faire
le Puriste en pareil cas, cette fausse délicatesse, cette exactitude déplacée ne seroit-
elle pas affectation & pédanterie toute pure ?
Pourquoi donc demander dans les oracles
de Dieu une exactitude qui seroit au-dessous
d'un Monarque temporel, & qui n'auroit
ni proportion, ni ressemblance avec cette
noble simplicité qu'on remarque dans les
œuvres de la création ? J'avoue qu'une obser-
vation scrupuleuse des regles de la Gram-
maire, des préceptes de la Réthorique, des
définitions & des divisions de la Logique,
seroit plus du goût de certaines gens, &
que les oreilles de nos beaux esprits seroient
plus agréablement flattées par un style
élégant, par des expressions délicates & des
périodes arrondies ; mais, n'en déplaise à
ces Messieurs, tout cela sent furieusement
l'art, & leur goût pourroit bien être celui
de l'école, plutôt que celui de la nature.
Il y a plus de force & de majesté dans le
style simple, inégal, négligé, hardi, méta-
phorique des saintes Ecritures ; il y a quelque chose qui s'assortit mille fois mieux à
l'inspiration divine, que dans les périodes
cadencées des Ecrivains les plus polis.

§. II.

§. II.

Digreſſion ſur la punition de Coré *,* Dathan
& Abiron.

Les Incrédules qui voudroient faire paſſer
Moyſe pour impoſteur , l'ont attaqué en
particulier ſur cette circonſtance. Voici ce
que débite à ce ſujet l'Auteur de la dange-
reuſe *Hiſtoire des Sevarambes.* (tome 2 , p.
144.)

» Cet impoſteur fit creuſer une grande
» foſſe dans ſon bocage, qu'il fit remplir
» de matieres combuſtibles ; & puis la fit
» couvrir ſi adroitement, qu'il ne paroiſſoit
» pas qu'on eût remué la terre dans cet en-
» droit. Enſuite il fit faire un cabinet de
» verdure deſſus , qui couvroit , non-ſeu-
» lement cette foſſe , mais auſſi une bonne
» portion de terre ferme tout auprès. Il y
» fit mettre des ſieges pour faire aſſeoir
» toutes les perſonnes qui devoient être de
» l'Aſſemblée , & en fit poſer la moitié ſur la
» foſſe , & l'autre moitié ſur la terre ferme ,
» laiſſant une eſpace entre deux. Il avoit
» ſi bien ajuſté toutes choſes , que l'on
» pouvoit , par un chemin pratiqué du
» dehors juſqu'à la foſſe , allumer les ma-
» tieres combuſtiblés qu'il y avoit fait
» mettre , & , en tirant une cheville , faire
» abimer la machine qui ſupportoit la
» terre dont elle étoit couverte. Quand le
» jour dont on étoit convenu fut arrivé ,

„ les perſonnes qui devoient compoſer
„ l'Aſſemblée , ne manquerent pas de ſe
„ trouver au bocage ; & *Stroukaras* les fit
„ mener ſous la verdure qu'il avoit fait
„ faire pour les recevoir , & fit aſſeoir ceux
„ de ſon parti ſur les ſieges qui étoient
„ poſés ſur la terre ferme , & ſes Adver-
„ ſaires ſur ceux qu'on avoit arrangés ſur
„ la foſſe.... Il alla trouver l'Aſſemblée ,
„ & commença la conférence avec ceux qui
„ s'oppoſoient à ſa doctrine...... Mais
„ voyant que le parti contraire perſiſtoit
„ dans ſon incrédulité , & qu'il demandoit
„ des témoignages aſſurés de l'autorité
„ dont il ſe vantoit , alors il ſe leva ſur ſes
„ pieds , & hauſſant ſes bras vers le Ciel ,
„ il pria le Soleil ſon pere de faire un
„ miracle qui prouvât la vérité de ſes pa-
„ roles , & qui fît ouvrir la terre pour
„ l'engloutir , s'il avoit rien avancé de
„ faux , ou qu'il punît de la même maniere
„ ceux qui s'oppoſoient à la doctrine cé-
„ leſte..... Il n'eut pas plutôt achevé de
„ prononcer cette imprécation , que ceux
„ qui avoient le ſignal , firent abîmer dans
„ la foſſe profonde les innocents infortunés
„ qui étoient deſſus ; & l'on en vit ſortir
„ incontinent après une épaiſſe fumée , qui
„ fut ſuivie de flamme.... Ainſi par cette
„ ruſe déteſtable , *Stroukaras* fit périr les
„ principaux de ſes ennemis , & s'établit
„ plus que jamais dans l'eſprit du Peuple
„ par ce miracle prétendu. „
Il regne dans tout ce morceau autant de

malignité que de mauvaife foi. *Dathan* &
Abiron étoient-ils raffemblés dans un petit
efpace de terrein ? Leurs tentes & tous leurs
biens ne furent-ils pas engloutis avec eux ?
Et quelle prodigieufe foffe que celle où
tout cela auroit pu entrer. Comment *Moyfe*
put-il exécuter affez fécrettement un tel
projet, fans que des gens intéreffés, & que
l'envie & la jaloufie rendoient vigilants,
n'en euffent aucune connoiffance ? Le feu
célefte qui confuma les 250 hommes, ne
parut pas dans le même endroit où la terre
s'étoit ouverte, & Dieu ne fcella-t-il pas
ces deux premiers miracles par un troifieme,
en faifant périr par un genre de mortalité
dont l'hiftoire ne détermine pas la nature,
14700 Ifraélites ? Défigurer de cette maniere
les faits pour les rendre fufpects d'impofture,
n'eft-ce pas fe rendre coupable de malignité
& de mauvaife foi ?

NONOTTE.

Ses difputes avec M. de V.

CET Auteur publia à Avignon en 1762,
en deux vol. *in-12*, les *Erreurs de V.* Ce
célebre Ecrivain qui avoit prefque toujours
dédaigné fes Cenfeurs, lui répondit à la
fin de fon Hiftoire univerfelle de l'édition
de 1763. Pour faire connoître de quel côté a
été le bon droit & la douceur dans cette

difpute , nous choifirons quelques points controverfés entre les deux Ecrivains.

§. I.

Des Martyrs de la Légion Thébaine.

La critique de M. de V. fur le martyre de S. *Maurice* & de toute fa Légion , n'eft pas plus heureufe que celle qu'il fait fur les Actes de S. *Romain* (*). Il ne préfente le martyre de ces généreux foldats , que comme une fable mal conçue & mal imaginée.

» Cette hiftoire , dit-il , ne fut écrite que » près 200 ans après fur des ouï-dire. Mais » comment *Maximien Hercule* auroit - il » appellé d'Orient cette Légion , pour aller » appaifer une fédition dans les Gaules ? » Pourquoi fe feroit-il défait de 6600 bons » foldats ? Comment tous étoient-ils Chré- » tiens fans exception ? Qui les auroit maf- » facrés ? Si ce fait incroyable pouvoit être » vrai , comment *Eufèbe* l'eût-il paflé fous » filence ? &c. »

Voilà bien des *pourquoi* & des *comment* qui ne fignifient pas grand'chofe ; & ce n'étoit pas la peine d'employer tant de paroles , pour ne donner que de fi foibles raifons.

L'Auteur de l'hiftoire de ces Martyrs eft S. *Eucher* , qui étoit un riche Sénateur , &

_____

(*) Ce texte eft du P. *Nonotte* , *Erreurs de V.*; feconde édition , chapitre troifieme , vers la fin.

qui fut enfuite Archevêque de Lyon. Il
recueillit les monuments qu’on avoit con-
fervés à Agaune du martyre de fes foldats.
Il en apprit plufieurs circonftances par
Ifaac, Evêque de Géneve, qui les avoit
apprifes du vieux Evêque *Théodore*, lequel
vivoit encore en 381. Ainfi cette hiftoire
eft bien plus ancienne & bien plus authen-
tique que ne le prétend M. de V.

La marche de plufieurs Légions dans les
Gaules, fur la fin du troifieme fiecle, s’accorde avec tous les monuments de l’hiftoire.
Les Bagaudes s’étant révoltés, *Dioclétien* envoya contr’eux *Maximien Hercule*, qui les fit
rentrer dans le devoir. C’eft à cette occafion
que la Légion Thébaine paffa de l’Orient
dans les Gaules. Au refte , il n’eft point
étonnant que *Maximien* eût fait maffacrer
tous les foldats d’une Légion. Cela n’eft
point contraire aux mœurs des Romains.
Sylla fit égorger de fang froid , & prefque
fous fes yeux fept mille hommes , dont il
n’étoit pas affez content. *Caligula* étant
fur le Rhin , fe divertiffoit à envoyer des
Légions maffacrer d’autres Légions. *Dion
Caffius* écrit que *Galba* fit tuer inhumainement fept mille foldats prétoriens. *Maximien* pour l’humeur cruelle & fanguinaire
ne cédoit guere aux *Syllas*, aux *Caligulas*,
aux *Galbas. Eutrope* & *Aurelius Victor*
en conviennent. Les *pourquoi* & les *comment* de M. de V. font donc bien mal fondés. On ne peut rien conclure du filence
d’*Eufebe*. Cet Hiftorien qui étoit d’Afie ,

ne parle que de la perfécution qui fut en
Orient , & qu'il avoit vue lui-même ; il ne
touche aucunement en cette occafion les
affaires d'Occident. Jugez de la créance
que méritent les autres chofes qu'avance
M. de V. fur les perfécutions de l'Eglife
Chrétienne.

Réponfe de *M. de V.*

» L'Auteur du libelle fait des efforts
» affez plaifants pour accréditer la fable
» de la Légion Thébaine , toute compofée
» de Chrétiens , toute environnée dans une
» gorge de montagnes , où l'on ne peut
» pas mettre 500 hommes en bataille , au
» pied du Mont S. Bernard , ou 200 hom-
» mes arrêterent une armée ; & voici les
» preuves que notre Critique judicieux
» donne de cette avanture.

» *Eucher* , dit-il , (qui rapporte cette
» hiftoire 200 ans après l'événement) étoit
» riche ; donc il difoit vrai. *Eucher* l'avoit
» entendu conter à *Ifaac* , Evêque de Ge-
» neve , qui fans doute étoit riche auffi.
» *Ifaac* difoit tenir le tout d'un Evêque
» nommé *Théodore* , qut vivoit cent ans
» après ce maffacre. Voilà en vérité des
» preuves mathématiques. Je prie le Libel-
» lifte de venir faire un tour au grand S.
» *Bernard*. Il verra de fes yeux s'il eft aifé
» d'y maffacrer une légion toute entiere.
» Ajoutons qu'il eft dit que cette légion ve-
» noit d'Orient , & que le Mont S. *Bernard*
» n'eft pas abfolument le chemin en droi-
» ture , &c. »

Réponse du Pere Nonotte.

M. de V. fait des efforts affez plaifants pour fe défendre. Il veut que nous croyons les anecdotes qu'il débite , & qu'il tient de M. le Duc, M. le Comte , &c. ; & il ne cite jamais que des morts ; & il né veut pas que nous croyons ce qu'un riche & puiffant Sénateur , que fon mérite & fa fainteté placerent fur le premier Siege Epifcopal des Gaules , a écrit d'après les recherches les plus éclairées. Ce Sénateur Archevêque , en recueillant fur les lieux les monuments de cet événement , y joint les circonftances qu'il a apprifes de l'Evêque du lieu. V. défapprouve cette maniere de s'inftruire pour écrire l'hiftoire. On fait bien que ce n'eft pas la fienne. Le refte de fa défenfe fur l'efpace refferré où il fuppofe qu'étoit la Légion, & fur la direction de la marche , ne vaut pas la peine d'être relevé. Elle tombe d'elle-même.

Réplique de M. de V.

„ Petit Nonotte , rabacheras-tu toujours
„ les contes de la Légion Thébaine , & du
„ petit Romanus né bégue , dont on ne
„ put arrêter le caquet, dès qu'on lui eut
„ coupé la langue ? Faut-il encore t'appren-
„ dre qu'il n'y a jamais eu de Légion Thé-
„ baine ; que les Empereurs Romains
„ n'avoient pas plus de Légions Egyp-
„ tiennes que de Légions Juives ; que
„ nous avons les noms de toutes les Lé-

„ gions dans la Notice de l'Empire, & qu'il
„ n'y eſt nullement queſtion de Thébains ?
„ Faut-il te redire que les faits , les
„ dates & les lieux dépoſent contre cette
„ hiſtoire , digne de *Rabelais* ? Faut-il te
„ répéter qu'on ne martyriſe point 6000
„ hommes armés dans une gorge de mon-
„ tagnes où il n'en peut tenir 300. Crois-
„ moi, *Nonotte* , marions les 6000 ſoldats
„ Thébains aux onze mille Vierges ; ce ſera
„ à-peu-près deux filles pour chacun , ils
„ ſeront bien pourvus ; & à l'égard de la
„ langue du petit *Romanus* , je te conſeille
„ de retenir la tienne , & pour cauſe.

§. II.

Autre diſcuſſion de M. de V.

„ Il s'agit (dit M. de V. dans ſa défenſe
„ d'un Chrétien qui déchira & qui mit en
„ pieces publiquement un Edit Impérial.
„ L'Auteur de l'*Hiſtoire générale* appelle
„ ce Chrétien indiſcret. Le Libelliſte le
„ juſtifie & dit : *Un ſemblable Edit n'étoit-
„ il pas évidemment injuſte ?* On peut ré-
„ pondre que c'eſt trop ſoutenir les ma-
„ ximes tant condamnées par tous nos
„ Parlements. L'Auteur du libelle devroit
„ ſavoir qu'il faut reſpecter les Rois & les
„ loix.

Après cela , M. de V. , avec ce ton de
politeſſe & de décence qu'on voit dans
quelques-uns de ſes écrits, dit à l'Auteur :

" Monſieur, vous êtes un ignorant ou un
" fripon.... Si vous avez lu *Euſebe*, dont
" *Fleury* a tiré ce fait, vous êtes un fripon
" de falſifier ce paſſage pour me calomnier.
" Si vous ne l'avez pas lu, vous êtes un
" ignorant ; à quoi j'ajoute que vous êtes
" un impudent de parler de ce que vous
" ignorez.... Mais je ne puis m'empêcher de
" dire à ce Monſieur, qu'il me fait perdre
" un temps précieux à lire ſon libelle qui
" m'ennuie.

Réponſe du Pere Nonotte.

Pour moi, je ne puis m'empêcher de dire
à M. de V. que je ſuis faché qu'il ſe montre
ſi ſenſible, & qu'il ſe défende ſi mal. Les
grandes ames ont plus de modération, &
ne ſe répandent point en expreſſions pareilles à celles qu'il emploie ici. Si mon
livre l'ennuie ſi fort, comme il le dit, &
comme je crois, il peut le laiſſer. Les goûts
& les intérêts ſont différents. D'autres le
liſent avec plaiſir ; & c'eſt pour cela que le
Public en a demandé une ſeconde édition.

Pour venir maintenant au détail de ſes
déclamations, il cite *Fleury* ; il renvoie à
Fleury ; il tâche de donner le change. Mais
non, on ne le prendra pas, M. de Voltaire.
Il ne s'agit point ici de *Fleury*, mais d'*Euſebe*, de *Céſarée*, duquel je me ſuis auto-
riſé, pour vous convaincre de vos erreurs.

Vous dites que l'Edit de *Dioclétien* de
303 ne décernoit aucune peine de mort
contre les Chrétiens. Et moi je vous dis que

vous avez ignoré la vérité , ou que vous l'avez trahie. Vous outragez le Martyr qui arrache cet Edit ; & moi je vous dis que le Panégyriste de *Dioclétien* exhale sa bile contre les Chrétiens. Vous traitez votre Adversaire de falsificateur , de fripon , de calomniateur , d'impudent , d'ignorant ; & moi je puis démontrer que toutes ces accusations retombent sur l'Accusateur.

Il falloit profiter de la citation marquée dans le livre des *Erreurs* , & du renvoi au livre huitieme d'*Eusebe* , vous auriez vu au Chapitre sixieme le détail des deux Edits donnés , presque en même temps , contre les Chrétiens , & au Chap. VIII le martyre de celui qui arrache un de ces Edits , & auquel *Eusebe* donne le titre de *Vir illustris*. Mais puisque vous avez ignoré ces choses , je vais opposer l'Historien Grec , témoin oculaire , à votre infidelle narration. Voici comment il s'exprime. » La dix-neuvieme » année de l'Empire de *Dioclétien* , au » mois Distros , qui est le mois de Mars » chez les Romains , lorsqu'on étoit près » de la Fête de la Passion du Seigneur , il » y eut un Edit public qui ordonnoit que » toutes les Eglises fussent par-tout démo-» lies & rasées , que les Ecritures fussent » brûlées , que ceux qui étoient revêtus de » quelque dignité en fussent dépouillés , » que ceux qui étoient dans un état privé , » s'ils continuoient à professer le Christia-» nisme , perdissent leur liberté. Tel fut le » premier Edit contre les Chrétiens. Peu de

» temps après il fut ordonné par un second
» Edit que tous les Chefs des Eglifes, dans
» toute l'étendue de l'Empire, fuffent mis
» aux fers, & qu'on employât toute forte
» de moyens pour les forcer à facrifier aux
» Dieux. Ce fut dans ces jours funeftes que
» la plûpart des Chefs de l'Eglife furent
» horriblement déchirés par les verges,
» foutinrent courageufement les fupplices,
» combattirent généreufement dans le
» champ du Chrift, & donnerent, par
» leur glorieux combat, les plus frappants
» fpectacles à l'Univers. Mais il y eut un
» grand nombre d'autres Chrétiens que la
» frayeur & la crainte des tourments fit
» fuccomber. Cependant les autres étoient
» fucceffivement éprouvés par divers fup-
» plices. L'un avoit le corps affreufement
» déchiré & tout couvert de plaies. On
» difloquoit tous les membres à un autre.
» On faifoit fouffrir à quelques-uns les
» douleurs les plus aiguës, en leur diffé-
» quant avec des rafoirs toutes les parties
» du corps. » Après cela, *Eufebe* continuant ces détails, préfente une multitude
immenfe de Chrétiens expirants fous le
glaive, dans les flammes, fur les roues,
& par tous les plus horribles fupplices qu'on
puiffe imaginer. Ainfi parle *Eufebe*.

L'Auteur du livre des Erreurs n'eft donc
ni ignorant, ni impudent, comme le
dit le poli & modéré M. de V. Il n'eft
pas ignorant, puifqu'il confirme fi bien
maintenant, par *Eufebe* même, ce qu'il avoit

auparavant avancé fur l'autorité de cet Hiftorien. Il n'eft pas fripon, il ne falfifie pas les paffages pour calomnier, puifqu'il les rapporte en entier, & cite les livres & les chapitres d'où ils font tirés. Il n'eft pas impudent, puifqu'il prouve fi bien qu'il a parlé avec connoiffance de caufe. Mais quels titres mérite M. de V.? Et fi on lui parloit fur le même ton, fur lequel il parle à fon Adverfaire, qu'auroit-il à dire pour fa défenfe?

Il dit qu'il a appellé *indifcret* le Chrétien qui déchira l'Edit de *Dioclétien*. Mais s'en eft-il tenu là? Ne l'a-t-il pas traité d'emporté & de revolté? Ne dit-il pas que ce n'étoit pas là un acte de Religion, mais un emportement de revolté?

Il ajoute que l'Auteur du livre des *Erreurs* juftifie encore ce Chrétien, & il dit : *Un femblable Edit n'etoit-il pas évidemment injufte?*

Oui, il l'a dit, & il le dit encore; mais il s'eft en même temps exprimé d'une manière bien plus fage & bien plus jufte que ne fait V. *Il eft certain*, dit-il, *que l'action de ce Chrétien fut repréhenfible, parce qu'il n'eft jamais permis aux Sujets de manquer de refpect aux Puiffances, quand même les Puiffances manqueroient à ce qu'elles doivent aux Sujets.* (*Erreurs de V.*, tom. 1, p. 20, premiere édition.)

Il fait un procès à fon Adverfaire, pour avoir dit : *Un femblable Edit n'étoit-il pas évidemment injufte?* Et l'on demande à V. s'il le regarde comme jufte? Etoit-il jufte

de torturer, brûler, hâcher en pieces, faire
expirer par des supplices d'une cruauté
inouie, des Chrétiens, parce qu'ils ne vouloient pas renoncer à J. C. ? Etoit-il juste,
pour la faute d'un seul, d'inonder de sang
tout l'Univers ? Etoit-il juste de faire passer
au fil de l'épée, les villes entieres, hommes, femmes & enfants, parce qu'ils
n'adoroient pas les Dieux de l'Empire,
comme le rapporte *Eusebe* ?

Comment V., ce zélateur ardent de la
tolérance, qui a répandu tant de fiel sur
ceux qui ont sévi contre les infâmes Albi-
geois, ou qui ont poursuivi les rebelles
Sectateurs de *Calvin*, comment change-t-
il ici de ton, en se déchaînant avec tant
de fureur contre les persécutés, & en faisant
de si brillants Panégyriques des persécuteurs ?

L'Auteur du libelle, ajoute-t-il, *devroit
savoir qu'il faut respecter les Rois & les
loix.*

Et vous, M. de V., qui vous donnez ici
pour le vengeur des Rois, souffrez qu'on
vous le demande : parlez-vous en vengeur
des Rois, lorsque vous dites que la *Nation
Angloise est la seule de la terre qui soit par-
venue à régler le pouvoir des Rois en leur
résistant ?* Parlez-vous en vengeur des Rois ?
lorsque vous donnez à nos Rois de la
premiere Race, le beau titre de *Chefs sau-
vages ?* Parlez-vous en vengeur des Rois,
en disant de *Louis* XI, *qu'il y a peu de
tyrans qui aient fait périr plus de citoyens
par la main des bourreaux, par des sup-*

*plices plus recherchés, & qu'il augmenta
son pouvoir sur ses peuples par ses rigueurs ?*
Parlez-vous en vengeur des Rois, lorsque
vous dites que *Louis le Juste étoit cruel* ;
qu'il avoit commencé à seize ans par faire
assassiner son premier Ministre ; qu'il souf-
frit que le Cardinal de *Richelieu* , plus
cruel que lui , fît couler le sang sur les
échafauds ; que *Louis* XI voulut être absolu ;
que *Louis* XIV l'étoit ; & que vous faites
entendre en divers endroits de vos Œuvres ,
qu'*absolu* & *despote* sont à-peu-près la même
chose ? Parliez-vous en vengeur des Rois ,
lorsque vous disiez , il y a quatre ans , dans
une assemblée nombreuse dans votre maison ,
(un des premiers Magistrats de Lyon étoit
présent) qu'il seroit à souhaiter qu'il *y eût
dans les Monarchies un Cromvvel* de cinquante en cinquante ans ? Ne pourroit-on pas vous
dire à vous-même que vous êtes l'ennemi
le plus envenimé des Monarchies & des
Monarques , & que vous vous efforcez toujours de les rendre odieux.

Réplique de M. de V.

„ Tu loues encore le bon Chrétien qui
„ déchira l'Edit de l'Empereur ; *Nonotte* ,
„ cela est fort. Prends garde à toi, te dis-
„ je ; le Roi n'aime pas qu'on déchire les
„ Edits ; il le trouveroit mauvais. Sais-tu
„ bien que c'est un crime de lése-Majesté au
„ second chef ? Tu apportes pour raison
„ que cet Edit étoit injuste. Etoit-ce donc
„ à ce Chrétien à décider de la légitimité

„ d'un Arrêt du Conseil ? Où en serions-
„ nous, si chaque Jésuite ou chaque Jan-
„ séniste prenoit cette liberté ? (*Honnêtetés*
„ *littéraires* , p. 81.)

Conclusion du Pere Nonotte.

M. de V. finit sa glorieuse défense par
les adieux gracieux qu'il fait à son Adversaire , & auxquels on répondra en peu de
mots.

On peut juger , dit-il , *du reste du libelle,
par les articles qu'on vient de réfuter.*

On peut dire en effet que cette réfutation
fait l'éloge le plus complet du livre des
Erreurs. Elle s'étend sur trente-six articles,
tandis qu'il y a encore plus d'un millier
d'erreurs présentées & démontrées , & sur
lesquelles on n'ose pas dire un mot. Et de
ces trente-six articles , il n'y en a pas un
qui ne fasse mieux connoître avec quelle
certitude l'Auteur du livre a prononcé ; pas
un qui ne fasse mieux connoître la vive
sensibilité de M. de V. , & l'inutilité de ses
efforts pour se justifier ; pas un qui ne démontre que les détours , les adresses , les
ressources de l'homme le plus ingénieux sont
vaines , quand il n'a pas pour lui la vérité.

*Il ne méritoit pas qu'on prît la peine de le
réfuter ; mais il étoit bon de prouver que
les erreurs attribuees dans ce libelle à M.
de V. , ne sont que les fourberies d'un calomniateur.*

Il eût été de la gloire de M. de V. d'ap-
porter des raisons , & de ne point dire

d'injures. Ces termes d'*impudent* , de *fripon* , d'*insolent* , de *calomniateur* , d'*ignorant* , de *fanatique* , de *téméraire* , d'*audacieux* , de *libelliste* , d'*oison* , de *falsificateur* , de *malheureux* , &c. ces termes ne font point du goût des honnêtes gens. L'Auteur croiroit se déshonorer d'y répondre. Il reconnoît d'ailleurs volontiers que c'est un genre de combat dans lequel M. de V. aura toujours le dessus. Les emportements & les détours qu'on voit ici d'une part , & la modération & le ton assuré qu'on reconnoît de l'autre , font un contraste que le Public ne manquera pas de sentir.

Les applaudissements que lui prodigue son illustre Apologiste , ne font que l'éloge du crime , du mensonge & de l'ignorance , fait par un complice.

Je ne connois ni l'apologie , ni l'Apologiste , & je ne sais pas si j'en suis connu. L'amour de la vérité & le respect pour la Religion m'ont déterminé à écrire. Je crois que les mêmes motifs l'ont animé.

Le Pere *Nonotte* avoit dit à la tête de sa réponse, que les termes de *libelliste* , de *calomniateur*, de *fanatique*, du *plus vil des hommes* , supposent évidemment que la lecture du livre des *Erreurs* a fait sur M. de V. d'autres impressions que celle de l'ennui & de l'humeur occasionné par la perte d'un temps précieux. Il y a ici de la colere & de l'emportement. M. de V. est hors de son assiette ; il a perdu cette égalité d'ame , qui est le fruit le plus doux de la Philosophie. Ceux mêmes qui

font

font fes plus extafiés admirateurs, & qui lui donnent dans l'empire des lettres la même place que *Jupiter* a dans les Cieux, fentent qu'on eft en droit de lui appliquer le bon mot de Lucien : *O Jupiter, tu te fâches ; tu as donc tort.*

Ne nous arrêtons pas à ces petites obfervations amufantes ; examinons de plus près les raifonnements de M. de V. Quoiqu'ils foient comme noyés dans un déluge d'injures, s'ils ont quelque force, je m'efforcerai d'y répondre. Je le confidérerai luimême comme une autre *Lucilius*, & je lui rendrai la juftice qu'on rendit autrefois à ce dernier. *Cum flueret Luculentus, erat quod tollere velles.* Je me conformerai aux fages maximes qu'il donne dans fa Préface fur la Tragédie d'*Alzire*. „ Il eft bien hon
„ teux, dit-il, pour l'efprit humain, que la
„ littérature foit infectée de haines perfon
„ nelles. Que gagnent les Auteurs en fe
„ déchirant mutuellement ? Ils aviliffent une
„ profeffion qu'il ne tient qu'à eux de ren
„ dre refpectable. Faut-il que l'art de penfer,
„ le plus beau partage des hommes, de
„ vienne une fource de ridicules ; que les
„ gens d'efprit, rendus fouvent par leurs
„ querelles le jouet des fots, foient les
„ bouffons d'un Public dont ils devroient
„ être les maîtres ?..... Il eft fûr qu'un
„ homme qui n'eft attaqué que dans fes
„ écrits, ne doit jamais répondre aux cri
„ tiques ; car fi elles font bonnes, il n'a
„ autre chofe à faire qu'à fe corriger ; &

Tome II. Q

„ ſi elles ſont mauvaiſes, elles meurent en
„ naiſſant. „

Il eſt des hommes dont on peut ſuivre
hardiment les belles maximes, mais dont
il faudroit bien ſe garder de ſuivre les exemples. Ces beaux raiſonneurs peuvent dire
comme *Polypheme* : *Video meliora, probo-
que, deteriora ſequor.*

XXXXXXXXXXXXXXXXXXXXXXXXXXXXXXXXXXXXXXXXXXXX

ORIGENE.

*Ce Pere a-t-il douté de l'immatérialité de
l'ame ?*

ORIGENE réfute expreſſément ceux qui
croient que Dieu étoit corporel. Il dit que
Dieu n'eſt, ni un corps, ni dans un corps;
qu'il eſt une ſubſtance ſimple, intelligente,
exempte de toute compoſition, qui, ſous
quelque rapport qu'on l'enviſage, n'eſt
qu'une ame, & la ſource de toutes les in-
telligences.

„ Si Dieu, dit-il, étoit un corps, comme
„ tout corps eſt compoſé de matiere, il
„ faudroit auſſi dire que Dieu eſt matériel;
„ & la matiere étant eſſentiellement corrup-
„ tible, il faudroit encore dire que Dieu eſt
„ corruptible. „ (L. 1. *de Principiis*, C. 1.)

Peut-on croire qu'un homme tel qu'*Origene*, qui conduit le Matérialiſme juſqu'à
ces conſéquences, puiſſe être incertain ſur
l'immatérialité de l'Etre ſuprême ?

Il appuie fur ces principes l'immatérialité
de l'ame : Si quelques-uns affurent que notre
„ homme intérieur qui a été fait à l'image
„ de Dieu, eft corporel, ils doivent, con-
„ féquemment à cette idée, faire de Dieu
„ lui-même un Etre corporel, & ils doivent
„ lui donner une figure humaine ; ce qu'on
„ ne peut faire fans impiété. (*Homel. 1. in*
Genef.)

„ S'il y en a qui croient que l'ame eft
„ un corps, dit-il ailleurs, je voudrois
„ qu'ils me montraffent d'où viendroit à
„ ce corps la faculté de penfer, de fe
„ reffouvenir, & celle de contempler les
„ chofes invifibles. „ (*de Principiis*, ibid.)
Eft-on incertain de la fpiritualité de
l'ame & de fon immatérialité, lorfqu'on
établit de pareils principes ?

Qu'oppofent nos Philofophes à ces paffages, pour prouver qu'*Origene* n'avoit
point de fentiment arrêté fur l'immatérialité
de Dieu & fur celle de l'ame ?

Un paffage de la Préface de fon livre des
Principes, dans lequel *Origene* dit qu'il faut
examiner fi Dieu eft corporel, ou s'il a
quelque forme, ou s'il eft d'une nature différente de celle des autres corps : s'il en eft
de même du S. Efprit, & de toutes les Natures raifonnables.

Dans ce même endroit, *Origene* dit qu'il
va traiter tous ces fujets d'une maniere différente de celle dont il en parle dans les
autres Ouvrages, dans lefquels il n'a point
traité cette matiere à fond & exprès. Ce

paſſage ne veut pas dire qu’il ne ſait à quoi s’en tenir ſur ces objets, puiſque dans le livre des principes, il établit formellement l’immatérialité de Dieu & celle de l’ame.

Comment a-t-on pu conclure de ce paſ-ſage, que l’Egliſe n’avoit rien défini ſur l’immatérialité de l’ame, au ſiecle d’*Origene*.

Origene dit, il eſt vrai, dans ſon livre des Principes, que la nature de Dieu ſeul, c’eſt-à-dire, du Pere, du Fils & du S. Eſprit, a cela de propre, ” Qu’elle eſt ſans ” aucune ſubſtance matérielle & ſans ſo- ” ciété d’aucun autre corps qui lui ſoit uni. ” Mais du moins *Origene* ſuppoſe que les ames ſont unies à un corps dont elles ſont par-tout diſtinguées. Il ne dit pas qu’elles ſoient ma-térielles. Comment auroit-il dit que l’ame eſt corporelle ou matérielle, lui qui ne reconnoît pour ſubſtances immatérielles, que celles qui ne peuvent être diſſoutes ou brûlées, & qui aſſure que l’ame des hom-mes ne peut être réduite en cendres, non plus que les ſubſtances des Anges & des Trônes.

Pour terminer ce qui regarde *Origene*, nous avertirons que l’Auteur de la *Philo-ſophie du bon ſens* a travaillé ſur quelque citateur infidele ; car *Origene*, dans le lieu même qu’il cite, ſoutient préciſément le contraire du ſentiment qu’il attribue à cet Auteur ; c’eſt ce qui auroit été évident pour tout lecteur, ſi M. d’*Argens* avoit cité le paſſage en entier. [Nous avons tiré cet article du Dictionnaire des Héréſies.]

PASCAL.

Sa défense contre M. de Voltaire. *Observations préliminaires sur la critique que ce Poëte en a faite.*

LE bel esprit de M. de V. a voulu lutter contre le génie de *Pascal.* C'est dans ses *Lettres Philosophiques* qu'il a combattu ce grand homme ; & il ouvre ainsi le combat.

,, Voici des remarques critiques que j'ai
,, faites depuis long-temps sur les *Pensées*
,, de M. *Pascal.* Ne me comparez point ici,
,, je vous prie, à *Ezéchias*, qui voulut faire
,, brûler tous les livres de *Salomon.* Je res-
,, pecte le génie & l'éloquence de *Pas-*
,, *cal* ; mais plus je les respecte, plus je
,, suis persuadé qu'il auroit lui - même
,, corrigé beaucoup de ses pensées, qu'il
,, avoit jettées au hazard sur le papier, pour
,, les examiner ensuite ; & c'est en admirant
,, son génie, que je combats quelques-unes
,, de ses idées. Il me paroît qu'en général
,, l'esprit dans lequel M. *Pascal* écrivit ses
,, pensées, étoit de montrer l'homme dans
,, un jour odieux. Il s'acharne à nous pein-
,, dre tous méchants & malheureux. Il écrit
,, contre la nature humaine, à-peu-près
,, comme il écrivoit contre les Jésuites. Il
,, impute à l'essence de notre nature, ce
,, qui n'appartient qu'à de certains hom-

„ mes ; il dit éloquemment des injures au
„ genre humain. J'ose prendre le parti de
„ l'humanité contre ce mysantrope sublime.
„ J'ose assurer que nous ne sommes, ni si
„ méchants, ni si malheureux qu'il le dit.
„ Je suis de plus très-persuadé que s'il avoit
„ suivi, dans les livres qu'il méditoit, le
„ dessein qui paroît dans ses Pensées, il
„ auroit fait un livre plein de paralogismes
„ éloquents, & de faussetés admirablement
„ déduites. Je crois même que tous ces livres
„ qu'on a fait depuis peu pour prouver la
„ Religion Chrétienne, font plus capables
„ de scandaliser que d'édifier. Ces Auteurs
„ prétendent-ils en savoir plus que J. C. & ses
„ Apôtres ? C'est vouloir soutenir un chêne
„ en l'entourant de roseaux ; on peut écarter
„ ces roseaux inutiles, sans craindre de
„ faire tort à l'arbre. J'ai choisi avec dis-
„ crétion quelques pensées de *Pascal*. J'ai
„ mis les réponses au bas. Vous jugerez
„ comment je me suis tiré d'affaire. »

M. de V. qui ne veut combattre que
quelques - unes des idées de M. *Pascal*,
décide néanmoins, de sa pleine puissance,
que ce grand génie auroit fait un livre plein
de paralogismes & de faussetés. Mais une
décision aussi hardie de la part du Poëte
devenu raisonneur, contre un homme tel
que *Pascal*, n'en imposera qu'aux gens qui
ne connoissent ni l'un ni l'autre. Comment
M. de V. peut-il savoir la forme, la liaison
que M. *Pascal* auroit données à son Ouvrage ? Connoît-il toutes les idées que ce

savant homme auroit ajoutées , pour élever un édifice auſſi ſolide que magnifique.

Le portrait qu'il a fait des hommes choque M. de V. ; mais il devoit ſe ſouvenir que c'eſt celui que S. *Paul* lui-même en a tracé , & *David* avant lui. Prétend-il en ſavoir plus que S. *Paul* & *David* , & connoître mieux les hommes qu'eux ?

Il eſt encore très-mécontent de tous ces livres qu'on a faits pour prouver la Religion Chrétienne. Selon lui , ils ſont plus propres à ſcandaliſer qu'à édifier. Je penſe bien que certaines gens , qui n'aiment point qu'on leur montre que la Religion eſt fondée ſur des preuves ſolides , peuvent en être ſcandaliſés. Des hommes tels qu'*Abbadie* , *Ditton* , *Clarcke* , *Sherlock* , &c. &c. ſont très-peu propres à édifier M. de V. & ceux qui penſent comme lui : mais en récompenſe , ils en édifient d'autres. Ces grands hommes ne prétendent pas en ſavoir plus que J. C. & ſes Apôtres ; une telle préſomption n'ap-partient qu'à d'auſſi grands génies que le Critique ; mais ils veulent ſeulement déve-lopper , faire valoir & mettre dans tout leur jour les preuves de la doctrine de l'Evangile, faire voir la foibleſſe & le ridicule des rai-ſonnemens de ceux qui prétendent ſe donner du relief , en attaquant à tort & à travers le Chriſtianiſme.

L'image du chêne & des roſeaux eſt jolie. „ Il ne lui manque , dit un Apologiſte de „ *Paſcal* , que d'être juſte. La Religion c'eſt „ le chêne : fort bien juſques-là ; mais on

„ ajoute que les livres, les raisons qui la
„ défendent, font les roseaux inutiles qu'il
„ faut écarter. Je ne doute nullement du
„ zele de M. de V. pour un si pieux dessein,
„ & je lui en fais tout le gré qu'il mérite.
„ Mais il est aisé de lui répondre, que ces
„ preuves solides qui persuadent la Reli-
„ gion & qui l'établissent dans les esprits,
„ font les racines du chêne. La vérité du
„ Christianisme, comme toute autre vérité,
„ est, indépendamment de nous, quelque
„ chose d'inébranlable ; mais pour nous
„ persuader, il faut que cette vérité nous
„ devienne sensible par les preuves qu'on
„ nous en donne. C'est à quoi tendent ces
„ livres, dont notre Critique est scanda-
„ lisé. Disons donc, pour rectifier sa com-
„ paraison, qu'ici les roseaux inutiles ce
„ font plutôt ces esprits légers & frivoles,
„ qui sans produire rien de bon, ne font que
„ plier à tout vent, & dont le vain murmure
„ est assurément très-incapable d'ébranler
„ le chêne. „ Si l'on ne faisoit point de livres
en faveur de la Religion Chrétienne, on
pourroit répandre plus hardiment des paralogismes & des faussetés ; on n'auroit pas
à craindre d'être démasqué.

„ Les beautés dont éclatent les simples
„ matériaux que *Pascal* avoit rassemblés,
„ dit un habile homme, annoncent que
„ son Ouvrage, réduit en système, auroit
„ tenu un des premiers rangs en son genre.
„ Les Incrédules sont ravis qu'il n'ait eu le
„ temps que de rédiger ses pensées, parce

„ que comme il y en a d'incomplettes &
„ de défectueuses qu'il auroit revûes & re-
„ maniées, ils en tirent une de ces induc-
„ tions à leur maniere, contre tout l'Ou-
„ vrage, où ces penſées devoient être
„ enchaſſées. Il eſt beau de voir un de nos
„ ſublimes génies, traiter *Paſcal* en petit
„ garçon, & lui apprendre à penſer. Cela
„ ſied bien à celui qui a dit que *Dieu ſouffla*
„ *au nez de ſon image*, & qui a débité tant
„ d'autres penſées de cette force. „ (*Penſees*
raiſonnables oppoſées aux Penſées philoſ. p.
49 & 50.)

Examinons une ou deux de ces remarques, pour donner une idée de la juſteſſe
de cette critique.

Penſée de Paſcal.

En voyant l'aveuglement & la miſere de
l'homme, & les contrariétés étonnantes qui ſe
trouvent dans ſa nature, & regardant tout l'u-
nivers muet, & l'homme ſans lumiere, aban-
donné à lui-même, & comme égaré dans ce re-
coin de l'univers, ſans ſavoir qui l'y a mis,
ce qu'il y eſt venu faire, ce qu'il deviendra en
mourant, j'entre en effroi, comme un hom-
me qu'on auroit porté endormi dans une iſle
déſerte & effroyable, & qui s'éveilleroit ſans
connoître où il eſt, & ſans avoir aucun
moyen d'en ſortir ; & ſur cela j'admire
comment on n'entre pas en déſeſpoir d'un ſi
miſerable état.

Remarque de M. de V.

„ En lifant cette réflexion , je reçois une
„ lettre d'un de mes amis , qui demeure
„ dans un pays fort éloigné. Voici fes pa-
„ roles. *Je fuis ici comme vous m'y av z*
„ *laiffé , ni plus gai , ni plus pauvre , jouif-*
„ *fant d'une fanté parfaite , ayant tout ce*
„ *qui rend la vie agréable , fans amour , fans*
„ *avarice , fans ambition & fans envie : &*
„ *tant que tout cela durera , je m'appellerai*
„ *hardiment un homme très-heureux.* Il y a
„ beaucoup d'hommes auffi heureux que
„ lui. Il en eft des hommes comme des
„ animaux ; tel chien couche & mange avec
„ fa maîtreffe ; tel autre tourne la broche ,
„ & eft tout auffi content ; tel autre devient
„ enragé , & on le tue. Pour moi , quand
„ je regarde Paris ou Londres , je ne vois
„ aucune raifon pour entrer dans ce défef-
„ poir dont parle M. *Pafcal*. Je vois une
„ ville qui ne reffemble en rien à une ifle
„ déferte , mais peuplée , opulente , poli-
„ cée , & où les hommes font heureux ,
„ autant que la nature humaine le com-
„ porte. Quel eft l'homme fage qui fera
„ prêt à fe pendre , parce qu'il ne fait pas
„ comme on voit Dieu face à face , & que
„ fa raifon ne peut débrouiller le myftere
„ de la Trinité ? Il faudroit autant fe défef-
„ pérer de n'avoir pas quatre pieds & deux
„ aîles. Pourquoi nous faire horreur de
„ notre être ? Notre exiftence n'eft point fi
„ malheureufe qu'on veut nous le faire

„ accroire. Regarder l'Univers comme un
„ cachot, & tous les hommes comme des
„ criminels qu'on va exécuter, est l'idée
„ d'un fanatique ; croire que le monde est
„ un lieu de délices, où l'on ne doit avoir
„ que du plaisir, c'est la rêverie d'un Siba-
„ rite. Penser que la terre, les hommes &
„ les animaux sont ce qu'ils doivent être
„ dans l'ordre de la Providence, est, je
„ crois, d'un homme sage. „

Fournissons aux lecteurs sages, & qui
aiment la vérité, la réponse à ces belles
réflexions. *Pascal* nous dépeint la déplorable condition de l'homme, qui ne sait en
ce monde, ni d'où il vient, ni où il va : ignorance qui, pour peu que l'homme réflé-
chisse soigneusement sur lui-même, lui feroit
bien sentir sa misere. A cela M. de V. oppose
le bonheur dont jouit dans une grande
ville, comme Londres & Paris, la multitude qui vit sans réflexion. Ce n'est point
réfuter *Pascal*, ni convaincre son tableau
de mensonge. Les hommes sont infiniment
plus malheureux qu'ils ne le croient : car
pour ne pas sentir sa misere, on ne laisse
point d'être misérable.

Il est vrai que leur condition est suppor-
table ; qu'elle est même douce à bien des
égards. Ils jouissent des biens de la nature,
des dons de la Providence, des douceurs
de la société, dont cette même Providence
forme & entretient les nœuds : tout cela
ensemble fournit une ample matiere à leur
gratitude. Mais leur condition naturelle

n'en eſt pas moins miſérable, à les conſidé-
rer comme privés des ſecours de la Religion,
& mettant à part les eſpérances qu'elle nous
donne. Car voilà le point de vue de *Paſcal.* Repréſentons-nous les habitants d'un
ſuperbe Palais, où la magnificence éclate
de toutes parts, où l'abondance la plus di-
verſifiée remplit tous les beſoins & fournit
à tous les plaiſirs. On n'y fait que manger,
boire, dormir, rire & chanter du matin
au ſoir. Les jours s'y paſſent en fêtes & en
divertiſſemens continuels. Rien ne manque,
dites-vous, au bonheur de ces gens-là.

Quelqu'un vous répond : *Vous êtes dans
l'erreur ; ces gens dont le ſort vous paroît
digne d'envie, ſont en effet très-malheureux.
Je ſuis inſtruit de bonne part que le Palais
qu'ils habitent eſt contre-miné, qu'il doit
ſauter au premier jour, & les enſevelir tous
ſous ſes ruines.* Si cet homme vous dit vrai,
vous devez convenir, ce me ſemble, que
l'ignorance où ſont les habitants de ce Palais du péril qui les menace, n'en détruit
pas la réalité, ni n'empêche pas qu'ils ne
ſoient véritablement dignes de compaſſion.
Pour ceſſer de l'être, il faudroit qu'inſtruits
du péril, ils euſſent pris de juſtes meſures
pour l'éviter. Telle eſt la condition naturelle de l'homme ; telle eſt ſa miſere.

La Religion qui la lui découvre, lui en
fournit en même temps le remede. En nous
montrant le danger qui pend ſur nos têtes,
elle nous apprend les moyens de s'en garantir. Pauvres humains ! Vous habitez un

agréable féjour ; la nature déploie toutes
fes richeffes , l'art s'épuife pour en multiplier les commodités & les agréments. Mais
hélas ! vous ne favez qui vous y a mis ,
combien vous y refterez , & ce que vous
deviendrez quand on vous en tirera. N'y
eût-il que cela feul , vous ne fauriez vous
croire heureux fans être des ftupides ou des
infenfés. Mais fi vous êtes fages , vous n'é-
pargnerez aucun effort pour fortir de cette
cruelle incertitude ; vous chercherez avec
ardeur une lumiere qui la diffipe.

Quel eft l'homme fage , dit M. de V. ,
*qui fera prêt à fe pendre , parce qu'il ne fait
pas comme on voit Dieu face à face , & que
fa raifon ne peut débrouiller le myftere de la
Trinité ?* Ou comme M. de V. a corrigé
depuis : *Quel eft l'homme fage qui fera plein
de défefpoir , parce qu'il ne fait pas la nature
de fa penfée , parce qu'il ne conncît que quelques attributs de la matiere , parce que Dieu
ne lui a pas révélé fes fecrets ?* Une feule
& même réponfe fuffit. L'ignorance que
Pafcal met avec raifon au rang de nos plus
grands maux, celle dont l'homme fage cherche à fe délivrer le plutôt qu'il peut , n'eft
point celle qui l'empêche de pénétrer les
myfteres , la nature de la penfée , les pro-
priétés de la matiere , ou les deffeins cachés
de la Providence ; on donne ou on prend
le change , en le fuppofant. Cette ignorance
eft celle de l'état qui l'attend après cette vie,
& du moyen de parvenir au vrai bonheur ,
qui ne fe trouve point dans la jouiffance des

créatures , & qui , quand même il s'y trouveroit , s'évanouiroit enfin à l'heure de la
mort.

L'homme ne doit point avoir horreur de
fon être ; mais il convient qu'il connoiffe
l'horreur de l'état où il fe trouve par le
péché. La terre n'eft , ni un cachot , ni un
lieu de délices ; c'eft un lieu d'épreuve , de
préparation pour un autre état. L'homme
y doit remplir fa deftination , & pour cet
effet s'en inftruire , en confultant les leçons
que la Religion lui donne. Il n'y a point
là de fanatifme.

On peut juger par cet échantillon de
l'attention que méritent les remarques critiques de M. de V. Nous n'étendrons pas
plus loin les nôtres, & nous renverrons le
lecteur à la *Defenfe des Penfees de* Pafcal
par M. Boullier , imprimée à la fuite des
mêmes Penfées , dans les dernieres éditions
qu'on en a données.

✕✕✕✕✕✕✕✕✕✕✕✕✕✕✕✕✕✕✕✕✕✕✕✕✕✕✕✕✕✕✕✕✕

PHOTIUS.

Remarques fur l'hiftoire de ce Patriarche ,
telle qu'elle eft racontée par M. de V.

» **L**A Chaire Patriarchale de Conftanti-
» nople (dit M. de V. dans fon *Hiftoire*
» *générale*) étant , ainfi que le Trône, l'ob-
» jet de l'ambition, étoit fujette aux mêmes
» révolutions. L'Empereur mécontent du

» Patriarche *Ignace*, l'obligea à signer lui-
» même sa dépofition , & mit à fa place
» *Photius* , Eunuque du Palais , homme
» d'une grande qualité , d'un vafte génie &
» d'une érudition univerfelle. Il étoit grand
» Ecuyer & Miniftre d'Etat. Les Evêques ,
» pour l'ordonner , le firent paffer en fix
» jours par tous les dégrés. Le Pape *Nicolas*
» prit le parti d'*Ignace* , & excommunia
» *Photius*. Il lui reprochoit fur-tout d'avoir
» paffé de l'état de Laïque à celui d'Evêque
» avec tant de rapidité ; mais *Photius* ré-
» pondoit avec raifon , que S. *Ambroife* ,
» Gouverneur de Milan , & à peine Chré-
» tien , avoit joint la qualité d'Evêque à
» celle de Gouverneur , plus rapidement
» encore. *Photius* excommunia donc le
» Pape à fon tour , & le déclara dépofé.

» L'Empereur *Bafile* , affaffin de *Michel*
» fon bienfaiteur, & protecteur de *Photius*,
» dépofa ce Patriarche dans le temps qu'il
» jouiffoit de fa victoire. Rome profita de
» cette conjoncture pour faire affembler à
» Conftantinople le huitieme Concile écu-
» ménique , compofé de 300 Evêques. Il eft
» à remarquer que les Légats qui préfidoient,
» ne favoient pas un mot de grec ; & que ,
» parmi les autres Evêques très-peu favoient
» le latin. *Photius* y fut univerfellement
» condamné comme intrus , & foumis à la
» pénitence publique. On figna pour les
» cinq Patriarches , avant que de figner
» pour le Pape.....

» Quelque temps après, le vrai Patriarche

» *Ignace* étant mort, *Photius* eut l'adreſſe
» de ſe faire rétablir par l'Empereur *Baſile.*
» Le Pape *Jean* VIII le reçut à ſa Commu-
» nion, lui écrivit ; & malgré ce huitieme
» Concile œcuménique, qui avoit anathé-
» matiſé ce Patriarche, le Pape envoya ſes
» Légats à un autre Concile à Conſtanti-
» nople, dans lequel *Photius* fut reconnu
» innocent par 400 Evêques, dont 300
» l'avoient auparavant condamné.

» Il paroît que *Jean* VIII ſe conduiſoit
» avec prudence, car ſes Succeſſeurs s'étant
» brouillés avec l'Empire Grec, & ayant
» alors adopté le huitieme Concile œcumé-
» nique de 869, & rejetté l'autre qui ab-
» ſolvoit *Photius*, la paix établie par *Jean*
» VIII fut alors rompue : *Photius* éclata
» contre l'Egliſe Romaine.....

En liſant cet Extrait, ne diroit-on pas
qu'il eſt vrai & ſincere ? Eſt-il à préſumer
qu'un Hiſtorien veuille tromper ſur un fait
ſi connu ? Mais que penſera-t-on, ſi l'on
montre dans ce ſeul récit huit erreurs capi-
tales, & ſi ſenſibles, que la ſimple écorce
de l'hiſtoire les développe au grand jour.

1°. Jamais le Patriarche *Ignace* ne mé-
contenta l'Empereur. Son crime prétendu
fut d'avoir excommunié le Céſar *Bardas*,
lorſqu'il ſe préſenta aux ſaints Myſteres le
jour de l'Epiphanie 858. Après l'avoir ſouvent averti de finir ſes débauches & ſon
ſcandale, il crut devoir employer la ſévérité
du zele. Ce Prince outré de colere, le fit
chaſſer de Conſtantinople & envoyer en
exil ;

exil ; & malgré les plus indignes traitements ;
il ne put obtenir la renonciation au Ponti-
ficat.

2°. *Photius* fut nommé, contre toutes
les regles, par la seule autorité de *Bardas*.
Les Evêques le rejetterent d'abord, & ne
consentirent à l'ordonner, que lorsqu'on
les eut gagnés par mille promesses. S'étant
ensuite déchaîné contre *Ignace*, & les Prêtres qui lui étoient attachés ; les Evêques
mêmes de la Province de Constantinople,
indignés de ses violences, le déposerent
avec anathême.

3°. *Photius*, pour s'appuyer du suffrage
du Pape, lui écrivit que le Pape *Ignace*
s'étant volontairement retiré dans un Mo-
nastere, à cause de son grand âge & de ses
infirmités, on l'avoit forcé d'accepter la
dignité de Patriarche, & qu'il ne s'y étoit
rendu qu'après bien de combats & de
larmes. Il poussa toujours la politesse jusqu'à la fourberie.

4°. Le Pape *Nicolas*, sans se laisser sé-
duire par les artifices réitérés de *Photius*,
ayant compris le vrai de cette affaire, dé-
savoua ses Légats, qui, par complaisance
pour l'Empereur, avoient prévariqué, en
souscrivant à la condamnation d'*Ignace*,
& assembla un Concile à Rome, où il
déposa & anathématisa *Photius*. L'usurpa-
tion du Siege de Constantinople, son
ordination faite par un Evêque condamné,
la déposition d'*Ignace* contre toutes les
regles, dans un Concile séditieux & violent,

la séduction des Légats du S. Siege , la
persécution cruelle contre *Ignace* & contre
les Evêques qui lui étoient soumis ; voilà
ses crimes motivés dans la Sentence , &
non pas précisément d'avoir passé trop rapidement de Laïque à l'état de Pasteur.

5°. *Photius* , pour condamner le Pape ,
fabriqua lui-même un Concile œcuménique,
qu'il remplit de mensonges , à-peu-près
comme on imagine un roman. Il fit souscrire ces Actes chimériques par vingt-un
Evêques , & y ajouta près de mille sous-
criptions fausses ; & tel fut le Concile ridicule où il prétendit avoir anathématisé le
Pape *Nicolas*.

6°. *Bardas* , protecteur de *Photius* , étoit
déjà mort , lorsque *Basile* prévint l'Empereur *Michel* qui avoit voulu le faire assassiner. Si dès le lendemain il rappella *Ignace*
& chassa *Photius* , c'est que son injustice
étoit si criante , qu'il n'étoit pas possible de
la laisser impunie , dès que *Michel* , persécuteur d'*Ignace* , n'existoit plus.

7°. L'Empereur *Basile* & le Patriarche
Ignace écrivirent sur le champ au Pape.
C'est à leur sollicitation que fut assemblé
le huitieme Concile : jamais Légats ne par-
lerent avec tant de dignité & d'autorité.
Pour en convaincre M. de V. , il ne faut
que le prier de lire les Actes du Concile. Il
y verra encore que l'Empereur ne voulut
souscrire qu'après tous les Légats ; que
Donat , Evêque d'Ostie , premier Légat ,
souscrivit en cinq exemplaires pour les cinq

Patriarches. (Non pour les repréfenter, puifqu'il étoit Légat du Pape ; mais parce que ces exemplaires leur étoient deftinés) Les deux autres Légats du Pape firent de même, & après eux le Patriarche *Ignace* & les Légats des Patriarches d'Alexandrie, d'Antioche & de Jérufalem.

8°. *Marin* II, *Adrien* III, *Etienne* V, grand Pape & fucceffeur de *Jean* VIII, ne purent être furpris par les artifices de *Photius*, & n'eurent avec lui aucune communication. Jamais le faux Concile de *Photius* n'a été reçu en Occident. Si les Légats eurent la foibleffe de paffer les ordres du Pape, qui avoit feulement écrit qu'il falloit ufer d'indulgence envers *Photius*, leur faute ne donna aucune atteinte au huitieme Concile, toujours reconnu en Occident pour écuménique.

Confrontez ces obfervations avec le récit de M. de V. ; & cet art infidieux qui cache fes préjugés fous une fincérité apparente, vous apprendra quel jugement vous devez porter de fon hiftoire.

Jamais les Grecs, avec toute leur éloquence, n'ont autant maltraité l'Eglife Romaine que M. de V. Diftinguons deux états de l'Eglife Grecque. Cette Eglife du temps des *Chryfoftome*, & lorfque tout l'Orient étoit foumis à l'Empire, ne méprifoit point celle de Rome. On le voit par le refpect que les Patriarches & les Empereurs avoient pour elle, par la qualité de Préfidents qu'ont toujours eu les Légats

Romains dans les Conciles généraux tenus dans l'Orient même, par le recours que les Orientaux avoient au Pontife de Rome dans les affaires les plus importantes. L'Eglise Grecque , dans sa décadence même , ne méprisa jamais l'Eglise Romaine ; mais elle devint alors jalouse de cette autorité que tout le monde Chrétien respectoit , & ennemie implacable de cette fermeté avec laquelle l'Eglise Romaine condamnoit toutes les erreurs des Grecs.

S A L O M O N.

Remarques sur la conduite de ce Prince à l'égard d'Adonias.

» ADONIAS (dit M. de V. , *Dictionnaire*
» *Philosophique* , article *Salomon*) exclu
» du Trône par *Salomon* , lui demanda
» pour toute grace qu'il lui permît d'épou-
» ser *Abisag* , cette jeune fille qu'on avoit
» donnée à David pour le rechauffer dans
» sa vieillesse. L'Ecriture ne dit point si
» *Salomon* disputoit à *Adonias* la Concubine
» de son Pere ; mais elle dit que *Salomon* ,
» sur cette seule demande , le fit assassiner.
» Apparemment que Dieu, qui lui donna
» l'esprit de sagesse , lui refusa alors celui
» de justice & d'humanité , comme il
» lui refusa depuis le don de la continence.
M. de V. , en condamnant la sévérité de

Salomon, ne fait réflexion, ni fur le caractere d'*Adonias*, ni fur la nature de la demande qu'il faifoit. Ce Prince étoit entreprenant ; il avoit tenté de s'emparer du Trône, du vivant de fon Pere, & pour réuffir il s'étoit lié principalement avec *Joab*, Général de *David*, & avec le Grand-Prêtre *Abiathar*.

Ces deux puiffantes têtes avoient des raifons particulieres de foutenir fes prétentions, comme de fon côté il avoir befoin de leur affiftance. *Joab* qui étoit Général des Armées, avoit intérêt à le placer fur le Trône, pour maintenir fa propre autorité. Il afpiroit à demeurer toujours à la tête de l'Armée, & il ne pouvoit mieux réuffir dans ce deffein, qu'en ayant un Roi qui lui fût redevable de la Couronne, & qui dépendît toujours en quelque maniere de lui. Et d'un autre côté, *Adonias* qui connoiffoit *Joab* pour homme de tête & d'un génie entreprenant, & qui favoit le crédit qu'il avoit parmi les foldats & parmi le peuple, ne pouvoit choifir de meilleur moyen d'affurer l'heureux fuccès de fes deffeins, que d'engager un homme de ce poids & de ce caractere dans fes intérêts. *Abiathar* n'avoit guere moins de crédit parmi les Sacrificateurs & les Lévites, que *Joab* parmi les foldats. Les Prêtres étoient très-refpectés parmi les Juifs, & formoient un corps confidérable dans l'Etat, diftingué par le rang & par les emplois de ceux qui le compofoient.

R 3

Mais quoiqu'*Adonias* eût eu attention de les mettre dans ses intérêts, il perdit la Couronne; mais il ne perdit jamais de vue ses prétentions. Ce qui le prouve, c'est qu'il parloit de ses droits au Sceptre, dans le temps même qu'il faisoit semblant d'y renoncer. Mais rien ne décéloit mieux ses desseins cachés, que la nature de la demande qu'il faisoit. Il follicitoit une grace qui, dans l'Orient, avoit toujours été le privilege du Successeur au Trône : le droit de posséder les Concubines de son Prédécesseur. La politique & la Religion même demandoient également que *Salomon* prévînt l'effusion du sang qu'une guerre civile auroit causée. Elles l'obligeoient d'arrêter les desseins d'*Adonias* dans leur source, en le privant de la vie. Sa réponse à *Bathseba* sa mere, fournit naturellement ces idées. *Pourquoi*, dit-il, *demandez-vous* Abisag *pour* Adonias ? *Demandez plutôt que je lui cede mon Royaume, sous prétexte qu'il est mon aîné.* On voit par ces paroles que *Salomon* avoit pénétré dans les vues secrettes de son frere, & qu'il les regardoit comme un nouvel attentat contre lui.

En supposant qu'*Adonias* n'eût pas ce dessein, & qu'il n'apperçût pas les conséquences de sa demande, *Salomon* n'étoit pas obligé de le savoir, ni de l'expliquer favorablement. C'étoit assez que la chose fût criminelle en elle-même, & d'une dangereuse conséquence pour le Royaume ; on ne juge jamais les coupables par leurs intentions , mais par leurs actions. D'ailleurs , c'étoit une occasion critique où tout délai pouvoit être dangereux. Il y a de certains crimes qui sollicitent la politique , & qui ne permettent pas d'écouter la voix de la nature , parce qu'une pitié déplacée peut avoir des suites terribles pour les Etats.

§. II.

Du Temple de Salomon.

M. de *Voltaire* , depuis qu'il a fait bâtir un beau Château , ne goûte pas l'architecture du Temple de *Salomon.* Il le regarde comme un monument de barbares. Ce n'est pas ainsi qu'en ont pensé plusieurs Savants distingués , dont l'autorité peut contrebalancer celle d'un homme qui est guidé plutôt par son imagination que par la vérité. Comme cette matiere a produit plusieurs volumes *in-folio* , & que de V. ne l'a traitée qu'en six lignes , nous croyons devoir renvoyer aux Auteurs qui l'ont exposée avec autant d'érudition que de clarté. Il faut consulter d'abord *Villapandus* , Jésuite de Cordoue , mort en 1608. Son Commentaire en trois volumes *in-folio* sur les chapitres d'*Ezechiel* , concernant le Temple , contient une description de la Ville & du Temple de Jérusalem , qui passe pour un chef-d'œuvre. Il y avoit travaillé , avec son Confrere *Jérôme Prado* , pendant seize ans , par les ordres & aux dépens de *Philippe* II ,

Roi d'Espagne. L'Ouvrage fut imprimé à Rome, & parut en 1596.

Urbain Chevreau, dans son Histoire du monde, a donné une description du Temple de *Salomon*, tirée de celle de *Rabbi Jacob Jehuda Leon*, imprimée en hébreu, en espagnol, en flamand, en françois, & traduite en latin par *Jean Saubert*, Professeur à Helmestad.

Le P. *Lami* de l'Oratoire a fait un *in-folio De Tabernaculo fœderis, de sancta Civitate Jerusalem & de Templo, libri septem*. Il avoit travaillé pendant quarante ans à cet Ouvrage, qui n'a paru que cinq ans après sa mort, arrivée en 1715.

M. *Nevvton*, nous a aussi donné une description du Temple de *Salomon*, à la suite de *la Chronologie des anciens Royaumes corrigée*.

On trouve encore dans le Dictionnaire de la Bible de D. *Calmet*, le plan du Temple dressé par le savant M. *Prideaux*, sur les Mémoires que fournissent l'Ecriture Sainte, *Josephe* & le Talmud. On voit au même endroit un plan nouveau du Temple, suivant que l'a conçu D. *Calmet*.

M. *Rocques*, Pasteur de l'Eglise Françoise à Basle, qui a continué les Discours sur la Bible de M. *Saurin*, entre dans un détail très-curieux sur tout ce qui a rapport au Temple de *Salomon*.

Mais ce que dit M. d'*Anville*, le plus habile & le plus exact Géographe de nos jours, sur le Temple de *Salomon*, est ce

qu'il y a de plus certain & de plus fatis-
faifant. Voyez fa *Differtation fur l'étendue
de l'ancienne Jérufalem & de fon Temple*,
&c. à Paris 1747, *in-8°*. Le nom de ce
Savant aura fans doute plus de poids, à
l'égard des Incrédules même, que celui de
M. de V. Il eft plus naturel en effet de s'en
rapporter à un homme du métier, qu'à un
mauvais plaifant qui ne cherche que l'occafion de placer un bon mot.

M. de V. éleve auffi quelques difficultés
fur les richeffes immenfes que *David* laiffa
à *Salomon* pour la conftruction du Temple.
Mais D. *Calmet* prouve dans fes Differta-
tions (tom. 1, p. 659) par l'exemple des
plus riches Monarques de l'Afie & du nouveau Monde, qu'il n'a pas été impoffible
à *David* d'accumuler tant de richeffes. Ses
grandes conquêtes, l'étendue de fes Etats,
les tributs confidérables qu'on lui payoit,
la durée de fon regne, tant d'autres moyens
qu'il avoit pour amaffer de l'or & de l'ar-
gent, fuffifent pour empêcher l'incrédulité
de foupçonner de l'altération dans les
Livres facrés. Voyez cette matiere traitée
d'une maniere également favante & judi-
cieufe dans l'Auteur déjà cité.

SAMUEL.

§. I.

Sa conduite, envers Agab, justifiée.

LEs Amalécites ayant attaqué inhumainement dans le desert les Israélites accablés de fatigue après leur sortie d'Egypte, & ayant même fait périr ceux qui n'étoient pas en état de suivre le gros de l'Armée, Dieu accorda, non-seulement à *Josué* la victoire sur eux ; mais il jura d'effacer entiérement la *mémoire d'Amalec de dessous les Cieux*. Ce fut dans cette idée que Dieu ordonna à *Saül*, élu Roi d'Israël, de marcher contre *Amalec*, de le détruire entiérement, & de n'épargner rien de ce qui seroit à lui. Ce Prince entra en effet dans le Pays, le ravagea, & tailla en pieces tout ce qu'il trouva. Il n'épargna qu'*Agag*, Roi de ces barbares, & ce qu'il y avoit de meilleur dans son troupeau, sous prétexte d'en faire un sacrifice au Seigneur, & cela contre l'ordre exprès qu'il avoit reçu de Dieu. *Vade & interfice peccatores Amalec, &c.* (Voyez le premier Livre des Rois, chap. XV, ⊽. 18.) Mais Dieu irrité de la désobéissance de *Saül*, lui envoya *Samuel* pour la lui reprocher. Le Prophete le força de lui livrer *Agag*, qu'il coupa en morceaux à Galgala, devant l'Autel du Seigneur.

Voilà ce que M. de V. trouve une action détestable. » Que diroit-on , mes Freres , » (dit-il dans son Sermon des Cinquante) » si , lorsque *Charles-Quint* l'Empereur eut » un Roi de France en ses mains , son » Chapelain fût venu lui dire : *Vous êtes* » *damné pour n'avoir pas tué François I* , » & que ce Chapelain eût égorgé le Roi » de France aux yeux de l'Empereur & ». en eût fait un hachis ? »

Cette comparaison cloche dans tous les sens. Premiérement, un Chapelain de *Charles-Quint* ne pouvoit pas se dire inspiré comme *Samuel.* Secondement, *Charles-Quint* & *François I* avoient la même Religion , & *Agag* étoit idolâtre. Troisiémement, l'ordre porté contre les Sujets de ce Roi , étoit à la vérité rigoureux , mais positif & donné par Dieu même. *Fais mourir tant les hommes que les femmes , tant les adultes que ceux qui tettent , tant les bœufs que le bétail , tant les chameaux que les ânes.*

Quelques Interprêtes observent , sur ce passage , que les Israélites étoient obligés en conscience d'exécuter l'ordre de Dieu , sans la moindre restriction , sans examen & sans pitié ; & que Dieu ne leur avoit laissé que le mérite de l'obéissance. Comme il est le maître absolu de la vie & des biens des hommes , il n'y avoit dans ce commandement rien que de très-juste. M. le *Clerc* dit qu'un massacre si général & une pareille destruction devoit être envisagée comme la peste , qui enleve l'innocent & le coupable.

Tandis que la mort eſt un châtiment pour
le dernier, Dieu peut ſuffiſamment recom-
penſer & dédommager le premier d'une
autre maniere. Un enfant, par exemple,
quelque regreté qu'il ſoit de ſes parents,
a ſujet de bénir Dieu de ce qu'il le retire
dans l'enfance, & de ce que, lui épargnant
les maux & les miſeres de cette vie, il le
tranſporte dans le ſéjour du bonheur. On
peut voir ce que nous avons répondu aux
difficultés que l'on fait contre le traitement
que les Iſraélites firent aux Nations Cana-
néennes, dans l'article de *Joſué*.

Nous ajouterons ſeulement l'excellente
ſolution que M. Saurin a propoſée (dans
ſes Diſcours ſur la Bible, tome 4, Diſcours
30.) ſur le cas particulier dont il s'agit ici.
» Des particuliers qui compoſent un corps
» de peuple, ſont puniſſables du crime de
» ceux qui compoſoient ce corps long-temps
» auparavant, lorſqu'ils paroiſſent approu-
» ver ce crime, lorſqu'ils l'imitent, &
» qu'ils témoignent par leurs actions qu'ils
» auroient tenu la même conduite, s'ils
» avoient été dans les mêmes circonſtances.
» C'eſt ſur ce principe que J. C. diſoit aux
» Juifs de ſon temps, que Dieu leur alloit
» redemander tout le *ſang qui avoit été ré-*
» *pandu ſur la terre, depuis* Abel *le juſte,*
» *juſqu'à* Zacharie, *fils de* Barachie.

» Or, ſelon ce principe, les Amalécites
» du temps de *Saül* étoient coupables des
» mêmes injuſtices que leurs peres avoient
» exercées quatre cents ans avant eux.

„ Qu'on fuive ce peuple à la trace, on le
„ verra, depuis *Moyfe* jufqu'à *Saül*, acharné
„ contre les Ifraélites. Qu'on fe rappelle
„ toutes les oppreffions qui donnerent
„ occafion aux exploits d'*Hehu*, de *Gédéon*,
„ à ceux de *Jephte* & à ceux même de *Saül*;
„ on reconnoîtra fans peine que les Ama-
„ lécites renouvelloient, pour ainfi dire,
„ dans chaque moment de leur fubfiftance,
„ l'indigne traitement que leurs peres
„ avoient fait aux Ifraélites fortant d'Egypte.
„ Dieu n'avoit différé de les punir, que par
„ un effet de fon fupport; mais ce fupport,
„ loin de devoir déformais adoucir leur
„ fentence, ne fervoit, par l'abus qu'ils en
„ avoient fait, qu'à la rendre plus rigou-
„ reufe, & qu'à en preffer l'exécution. „
Pour ce qui eft des enfants à la mammelle,
la folution de M. le *Clerc* me paroît tout-
à-fait fatisfaifante.

Quant au châtiment particulier d'*Agag*,
il paroît affez ce qu'il faut penfer de ce
monftre, par ce que lui dit *Samuel. Comme
ton épée a privé les femmes d'enfants, ainfi
ta mere fera privee d'enfants entre les femmes.* Ces paroles marquent que c'étoit un
tyran fanguinaire & cruel, qui ne fut pas
puni, purement à caufe des péchés de fes
ancêtres, commis quatre cents ans auparavant, mais à caufe de fa propre cruauté.
La vue d'*Agag* excita tellement le zele de
Samuel, qu'il ordonna à l'Exécuteur de la
juftice de le faire mourir; ou peut-être le
tua-t-il de fa propre main, comme *Gédéon*

tua *Zeba* & *Zalmuna.* Il fut fans doute autorifé à cette action par un ordre exprès de Dieu, où il s'y porta à l'imitation des Lévites, qui détruifirent ceux qui avoient adoré le Veau d'or, & de *Phinées*, qui tua *Zimri* & *Cozbi.* La mort d'*Agag* avoit été prédite plus de quatre cents ans auparavant par *Balaam*, felon la Verfion vulgate. *Tolletur propter Agag, Rex ejus, & auferetur regnum illius.*

Cette prophétie rendoit encore plus coupable *Saül*, & fa clémence étoit hors de propos. Ecoutons comment *Samuel* lui parle dans l'hiftorien *Jofeph.* (Antiquités Judaïques, livre VI, chap. 8)

„ Ce ne font pas les victimes, répondit
„ *Samuel*, qui font agréables à Dieu ; mais
„ les hommes juftes qui obéiffent à fes
„ volontés, & qui ne croient rien de bien
„ fait que ce qu'il ordonne. Car on
„ peut, fans le méprifer, ne lui point
„ offrir de facrifices : mais on ne fauroit
„ lui défobéir fans le méprifer ; & ceux
„ qui lui défobéiffent, ne fauroient lui
„ offrir de véritables facrifices, & qui lui
„ foient agréables. Quelques graffes que
„ foient les victimes qu'ils lui préfentent,
„ & quelques pures que foient leurs offran-
„ des en elles-mêmes, il les rejette & en a
„ de l'averfion, parce que ce font plutôt
„ des effets de leur hypocrifie, que des
„ marques de leur piété. Mais, au con-
„ traire, il regarde d'un œil favorable
„ ceux qui n'ont d'autre défir que de lui

„ plaire , & qui aimeroient mieux mourir,
„ que de manquer au moindre de ſes com-
„ mandements. „

Ce paſſage prouve que les cérémonies de
l'ancienne Loi , & les vertus de ceux qui
la pratiquoient , n'étoient d'aucun prix devant Dieu , ſi elles n'étoient accompagnées
du déſir de lui obéir ſans réſerve ; & c'eſt
préciſément en quoi manqua *Saül*.

§. I I.

Si l'apparition de Samuel *eſt une impoſture
de la Pythoniſſe d'Endor , ou un miracle.*

Cet endroit de l'Ecriture eſt un de ceux
qui a le plus exercé l'eſprit contentieux
des Incrédules modernes ; ils n'y voient
qu'une fourberie groſſiere. Mais qu'on liſe
le texte divin avec l'attention la plus ſcru-
puleuſe , je ne crois pas qu'on y découvre
la moindre expreſſion & la plus légere circonſtance qui puiſſe faire ſoupçonner que
Saül fut trompé par la Magicienne ; tout
ſemble , au contraire , concourir à détruire
cette opinion.

L'Hiſtorien ſacré dit formellement que la
Pythoniſſe vit *Samuel* ; que *Saül* le reconnut ; qu'il l'interrogea , & que ce Prophete
lui répondit : *Cum vidiſſet mulier Samuelem.... Intellexit Saül quod Samuel eſſet...
Et ait Samuel , quid interrogas me ?* Trou-
ve-t-on de l'ambiguité dans ces termes ?
Offrent-ils quelque équivoque ? L'Ecrivain

le plus exact ne s'expliqueroit pas autrement , s'il vouloit nous apprendre un fait
réel & certain. Combien d'événements qu'on
n'ose revoquer en doute , & qui néanmoins
ne sont pas si clairement énoncés ? Celui-
ci , je l'avoue , est bien surprenant ; mais
considérons l'autorité qui nous le propose.
Ce n'est point une femme artificieuse ,
comme on voudroit le persuader , qui dit
à *Saül* qu'elle voit *Samuel* , c'est Dieu même
qui nous assure qu'elle a vu ce Prophete :
Cum vidisset mulier Samuelem ; c'est *Saül*
qui reconnoît qu'on ne l'a point trompé :
Intellexit Saül quod Samuel esset ; c'est *Samuel* qui donne des marques certaines de
sa présence : *Et ait Samuel.*

Dans les différents endroits où l'Ecriture
parle de cet événement , elle n'a qu'un langage uniforme. Il est dit au Chap. 43 de
l'Ecclésiastique , ⅴ. 23 & suiv. , que *Samuel*
après sa mort parla au Roi , (Saül) & lui
prédit la fin de sa vie ; qu'il sortit de la
terre , & fit entendre sa voix pour pro-
phétiser la ruine du Peuple & la peine due
à son impiété. Ces paroles s'accordent parfaitement avec ce qui est rapporté au 28e.
Chapitre du premier livre des Rois ; elles
sont décisives pour constater la réalité de
l'apparition de *Samuel.*

Examinons quel est ici le but de l'Ecrivain que Dieu inspire. Il veut louer *Samuel*
par des traits personnels qui le caractéri-
sent ; il veut transmettre à la postérité le
souvenir de ses actions. Il publie d'abord

celles

celles qui l'ont diftingué durant le cours
de fa vie mortelle ; il nous apprend enfuite
qu'il s'eft rendu recommandable même après
fa mort ; qu'il eft forti du tombeau pour
exercer encore les fonctions de Prophete,
en annonçant à *Saül* & à fon Peuple les
Arrêts du Seigneur. C'eft le S. Efprit qui
a dicté cet éloge ; il ne l'auroit pas fait,
fi *Samuel* ne l'avoit mérité. *Samuel* ne l'a
pas mérité, s'il n'eft point apparu. Les
louanges qu'on lui donne feroient fondées
fur un menfonge, & elles auroient pour
objet l'impofture de la Pythoniffe. Une chimere, une illufion, ont-elles pu honorer un
fi grand homme ? L'éloge qu'en trace l'Efprit
faint, fuppofe la réalité de l'apparition de
ce Prophete : elle eft donc véritable, puifque
la vérité fuprême lui en fait un fujet de
gloire.

Les circonftances de cette hiftoire font
également décifives pour notre fentiment ;
elles démontrent la fincérité de la Magicienne. Il eft hors de doute qu'elle ne connoiffoit pas le Roi, lorfqu'elle s'engagea à
évoquer *Samuel*. Elle ne l'auroit pas entrepris, fi elle avoit cru parler à fon Souverain,
dont elle devoit redouter la colere, n'ignorant pas qu'il puniffoit févérement ceux qui
faifoient profeffion des arts défendus. Auffi
voyons-nous qu'une feule chofe l'inquiete ;
c'eft la crainte d'être dénoncée à ce Roi. Elle
exige un ferment, pour s'affurer qu'elle ne
rifque rien. *Saül*, de fon côté, avoit prévu
que fa préfence pourroit intimider cette

Dévinereſſe. Il eut la précaution de ſe dé‑
guiſer ; il quitta ſes habits royaux , & prit
les vêtements d'un ſimple particulier , ju‑
geant que par cet artifice il engageroit la
Magicienne à parler avec moins de réſerve.
Il ne ſe trompa point ; elle avoue ingénu‑
ment ſa profeſſion ; elle promet à *Saül* le
ſecours de ſon art ; elle ſe diſpoſe pour
l'évocation que ce Prince lui demande. A
peine l'a-t-elle commencée , qu'elle recon‑
noît *Saül* & lui annonce l'apparition de
Samuel. Quel autre que ce Prophete a pu
la faire revenir de ſon erreur , & lui ap‑
prendre que le Roi s'étoit déguiſé ? Elle
étoit ſeule ; par quelle voie a-t-elle pu re‑
connoître ce Prince ? Par une révélation de
Dieu. Elle ne l'invoquoit pas , elle l'offen‑
ſoit ; elle étoit ſur le point de recourir au
démon.

Dira-t-on que cet eſprit de ténebres l'a
déſabuſée ? Il n'avoit garde de lui faire
connoître un Roi ennemi déclaré des Ma‑
giciens , puiſque la frayeur auroit pu la
détourner du crime qu'elle alloit commettre,
& que le démon lui inſpiroit. Il n'y a donc
que *Samuel* , inſpiré par l'Eſprit ſaint , qui
ait pu inſtruire la Pythoniſſe du ſtratagême
de *Saül* , ſoit en le nommant , ſoit par
l'entretien qu'il eut avec lui.

Cette Magicienne ayant une fois reconnu
Saül , eſt-il probable qu'elle ſe fût expoſée
à l'irriter par une impoſture qu'il pouvoit
découvrir ? Que ne devoit-elle pas attendre
de ſon reſſentiment ? En falloit-il davantage

pour déterminer ce Prince à lui faire subir les châtiments dont la seule idée la rendoit si soupçonneuse & si craintive ? D'ailleurs, cette femme en qui l'on suppose beaucoup d'artifice, comme dans toutes les personnes de sa profession, s'y seroit prise autrement si elle avoit prétendu faire illusion au Roi. Elle n'auroit pas prêté à *Samuel* un langage plein d'indignation & d'amertume ; il n'annonce à *Saül* que des disgraces & des revers ; il ne lui dit rien de consolant ; il l'accable de reproches, & ne montre que de l'aigreur. Quel intérêt avoit donc la Pythonisse pour en agir ainsi ? Que pouvoit-elle se promettre en supposant un pareil discours ? Elle devoit tout craindre d'un Prince jaloux, violent, emporté, &, en un mot, du persécuteur de *David*. Elle devoit tout attendre de l'excès de son désespoir, s'il n'eût été forcé de reconnoître que c'étoit *Samuel* lui-même qui lui parloit ainsi de la part de Dieu. Si la Pythonisse ne cherchoit qu'à tromper, il lui étoit bien plus avantageux de flatter, de consoler, de rassurer *Saül* dans les tristes conjonctures où il se trouvoit. Par ce moyen elle se mettoit à couvert des traits de sa vengeance ; elle auroit par-là gagné ses bonnes graces & attiré ses largesses.

Peut-on croire qu'une malheureuse, que l'espoir du gain engageoit dans l'exercice d'un art proscrit & diabolique, eût laissé échapper une occasion si favorable à ses intérêts ? On ne doutera plus de la bonne

foi de cette Magicienne , fi l'on fait attention aux vérités dont *Saül* eft inftruit. Si le
Prophete ne parloit pas réellement , la
Pythoniffe a dû contrefaire fa voix ; comment a-t-elle pu l'imiter jufqu'à ce point de
conformité que *Saül* s'y foit mépris , lui
qui avoit eu de fi fréquents entretiens avec
Samuel , & qui devoit mieux que tout
autre , difcerner le fon de la voix de ce
Prophete ? S'il y a eu de la fupercherie , eft-
il vraifemblable qu'il ne s'en foit pas apperçu ? Ce Prince n'a pas été fi crédule
qu'on veut l'infinuer. N'a-t-il pas recours
à routes les précautions qu'exigeoit la prudence dans une pareille conjonéure , pour
s'affurer de l'apparition de *Samuel* ? Il veut
qu'on lui dépeigne fon air & fa figure :
Qualis eft forma ejus ? La Pythoniffe repréfente ce Prophete avec des traits fi marqués
& fi reffemblants , que *Saül* ne put le méconnoître ; elle fait remarquer en lui ce
maintien grave & ce port majeftueux qui le
diftinguoit : *Deos vidit afcendentes ;* elle
trace jufqu'aux rides qui font fur fon vifage :
Vir fenex ; elle défigne le vêtement qui lui
étoit ordinaire : *Amictus.*

A ce portrait tiré d'après nature , *Saül*
fut obligé de fe rendre. Convaincu de la
vérité du fait par de tels indices , il n'en
vouiut point d'autres : pouvoit-il en attendre de moins équivoques ? Il reconnut , dit
le texte facré , qu'on ne le trompoit point :
Intellexit Saül quod Samuel effet. Obfervez
que l'Ecriture ne dit pas qu'il crut que *Sa-*

muel apparoissoit ; on ne manqueroit pas d'objecter qu'il crut trop légérement , & que ce fut l'effet de son indiscrétion & du trouble qui l'agitoit. Il semble que l'Esprit saint ait voulu prévenir cette difficulté , en nous apprenant , non-seulement que *Saül* crut, mais encore qu'il comprit, qu'il reconnut que c'étoit *Samuel* : *Intellexit Saül quod Samuel esset.* De-là ne peut-on pas conclure qu'il en eut des preuves & des assurances ? Ce n'est qu'après une entiere conviction de l'apparition de *Samuel*, qu'un Roi aussi fier que *Saül* a pu se réfoudre à rendre au Prophete les honneurs qu'il lui déféra : *Inclinavit se...... & adoravit.* Il falloit , en s'abaissant ainsi , qu'il y fût contraint par les vives impressions que faisoit sur lui la présence de ce grand homme ; un Prince orgueilleux ne compromet guere sa dignité & son rang, s'il n'y est déterminé par de pressants motifs.

Saül étoit d'ailleurs trop intéressé à examiner si on ne lui en imposoit point. Il ne s'agissoit de rien moins que de la perte de ses Etats & de la vie ; y avoit-il rien de plus important pour lui , que de s'assurer si ces prédictions émanoient d'un oracle qui ne fût pas suspect , & si le véritable *Samuel* en étoit l'auteur ? Il n'est pas vraisemblable qu'un Prince aussi méfiant ait négligé cette précaution,

D'ailleurs lorsque *Samuel* apparut à *Saül*, la Pythonisse n'avoit pas encore invoqué le démon ; il est certain qu'elle apperçut ce

Prophete avant d'avoir fait aucune opération magique. La furprife & la frayeur
qu'elle témoigne , prouvent clairement
qu'elle ne s'attendoit point à le voir , &
qu'elle ne fe promettoit pas que le démon
pût effectuer fes enchantements. Elle n'auroit pas montré ce trouble & cette confter-
nation , qu'elle fit paroître en appercevant
Samuel , fi elle avoit été accoutumée à de
femblables vifions , & fi elle avoit eu lieu
d'attendre celle-ci.

De plus , quand même le démon auroit
le pouvoir d'évoquer les ames des morts ,
il fe garderoit bien de fufciter celles des
juftes pour effrayer les pécheurs , pour les
inftruire & leur annoncer les vérités divines,
les arrêts du Tout-Puiffant. Le zele de ces
ames heureufes lui eft connu ; il devroit
craindre qu'elles ne paruffent que pour
s'oppofer à fes deffeins. *Satan* n'ignoroit
pas que *Samuel* durant fa vie avoit mis en
œuvre tout ce qui pouvoit engager *Saül* à
rentrer dans la bonne voie. Il pouvoit
compter que ce Prophete feroit encore
après fa mort de nouvelles tentatives pour
le gagner en lui apparoiffant. En effet, il
employa les menaces , qui font fouvent
l'unique moyen de foumettre les cœurs des
plus obftinés. Il lui fit un crime de n'avoir
point obéi à la voix du Seigneur ; il con-
damna fa condefcendance pour les Amalécites , que Dieu lui avoit ordonné d'exterminer. Il parut applaudir aux châtiments
dont ce Prince alloit être accablé , & il

approuva la justice divine qui les lui décernoit. Est-il croyable que le démon ait suscité
Samuel, pour en agir ainsi à l'égard de
Saül ? Osera-t-on dire qu'il a supposé ou
même procuré l'apparition d'un si grand
Prophete, pour reprocher à un Roi impie
des iniquités que cet esprit séducteur lui
avoit inspirées, & qu'il auroit souhaité lui
faire continuer ?

On objectera sans doute que le véritable
Samuel n'auroit point parlé à *Saül* avec
tant d'aigreur, & que son discours ne tendoit qu'à jetter ce Prince dans le désespoir,
en lui déclarant que Dieu l'avoit abandonné.
Je réponds que le discours de *Samuel* n'a
rien qui ne soit digne de ce saint Prophete. Il
parle à un Roi obstiné dans le crime, à un
Roi qui n'a pas su profiter des graces du
Seigneur, & qui paroît encore disposé à
abuser des nouvelles faveurs qu'il pourroit en
recevoir. Il lui parle avec le zele & la fermeté
qu'il convenoit d'avoir en pareilles circonstances. Les autres Prophetes ne se font pas
expliqués moins librement dans plusieurs
occasions ; ils ont témoigné la même sévérité à l'égard des pécheurs endurcis. *Saül*
ne mérite plus aucun ménagement. Devenu
l'objet de la haine de Dieu, dont il avoit
lassé la patience, & sur le point d'éprouver
sa colere, il n'étoit que trop digne de l'indignation d'un Prophete qui avoit tout
tenté pour le ramener de ses égarements.

On ne doit donc pas dire que *Samuel*
désespéroit *Saül*, en lui déclarant que le

Seigneur l'avoir délaissé. Cet abandon ne regardoit que l'Etat temporel de ce Prince. Prêt à livrer bataille aux Philistins, il vouloit en savoir le succès, & intéresser le Seigneur dans sa cause. On lui annonce qu'il n'en doit attendre aucun secours, & que Dieu se déclare pour *David* son rival. *Quid interrogas me, cum Dominus recesserit à te, & transierit ad Æmulum tuum ?* Et quant à la rigueur, il faudroit entendre ces paroles de la reprobation de *Saül* : les menaces que *Samuel* lui fait, sont conditionnelles ; il pouvoit par sa pénitence en acheter l'exécution. On peut encore dire qu'il ne s'agit ici que des graces de choix, que Dieu pouvoit refuser à ce Prince. Si on prétend que le Prophete annonçoit par ces paroles la réprobation de *Saül*, il ne fait que prédire son impénitence finale ; & cela en conséquence de son endurcissement volontaire. Son obstination dans le crime étoit des plus marquées ; elle ne promettoit aucun retour : Dieu prévoyoit sa perte, *Samuel* a pu l'en avertir.

On trouve encore dans le discours de *Samuel* à *Saül*, certaines expressions d'où l'on pourroit conclure que ce n'est point lui qui parloit, mais le démon qui supposoit l'apparition de ce Prophete. *Samuel*, dit-on, étoit dans un lieu de paix ; rien ne pouvoit altérer son repos & sa tranquillité ; pourquoi donc se plaint-il que *Saül* l'inquiete & le trouble pour le faire revenir sur la terre : *Quare inquietasti me ut suscitarer ?* La ma-

niere dont *Samuel* s'exprime en cet endroit,
est figurée & conforme à notre façon de
concevoir les choses. Lorsqu'il se plaint que
Saül l'inquiete, il veut dire que ce Prince
fait tout ce qui est nécessaire pour s'opposer
à sa tranquillité ; qu'il n'en faudroit pas
davantage pour lui causer du trouble, si l'on
pouvoit, dans son état, en être susceptible.
De sorte que ce trouble n'étoit point substantiel & intrinseque, pour me servir des
termes de l'école, mais extrinseque & accidentel. *Samuel* en auroit éprouvé les impressions, si le bonheur dont il jouissoit
avoit permis qu'il les ressentît. Le véritable
Samuel a donc pu s'exprimer comme il a
fait, & la difficulté qu'on vient de proposer
ne prouve point que c'est le démon qui a
parlé lui-même, en voulant persuader que
l'apparition de ce Prophete étoit réelle. En
voici une nouvelle preuve. Je la tire du
genre de prédiction qu'on fait à *Saül*, &
je soutiens que le malin esprit ignoroit les
événements qu'on annonce à ce Prince. Sans
examiner ici quelle connoissance il peut avoir
de l'avenir, je ne crains point d'assurer que
les choses futures, dont l'accomplissement
dépend de notre liberté, lui sont cachées.
L'expérience le prouve chaque jour. Il tente,
par exemple, les justes ; ce qu'il ne feroit
pas, s'il prévoyoit qu'ils ne consentiroient
point à ses dangereuses suggestions, s'il
connoissoit que la tentation doit tourner à
sa honte, servir à leur gloire & augmenter
leur mérite.

Ce principe une fois établi , & je doute
qu'on puisse l'ébranler , n'entrons pas dans
le détail de toutes les prédictions qu'on fit
à *Saül* ; mais considérons seulement celle
qui regarde sa mort. Il est constant qu'elle
fut volontaire , soit qu'il se la procurât par
ses propres mains , soit qu'il se fît tuer par
son Ecuyer. On lui marque précisément le
jour d'une mort si déplorable. Il falloit,
pour l'en informer , qu'on prévît que sa
volonté le détermineroit à un acte de cette
espece. Il a choisi librement ce parti déses-
péré. Cet événement n'avoit aucune liaison
avec le cours ordinaire des choses naturelles.
Il dépendoit uniquement de l'usage que *Saül*
devoit faire de sa liberté. C'est ce que le
démon n'a pu savoir.

On ne peut pas dire que le Seigneur a
permis en cette occasion que le démon
évoquât *Samuel*. Dieu auroit alors favorisé
un art détestable qu'il défend & qu'il punit.
C'étoit condescendre aux intentions per-
verses d'une Magicienne , & exécuter ses
desseins sacrileges. Tout tend donc à montrer le pouvoir de l'Etre suprême dans cet
événement terrible , & à nous faire admirer
sa providence.

TERTULLIEN.

Ce Pere est-il favorable au Matérialisme, comme le prétend M. de V. ?

TERTULLIEN avoit prouvé, contre *Hermogene*, que la matiere n'étoit point incréée. Il fit ensuite un Ouvrage pour prouver que l'ame n'est point tirée de la matiere, comme *Hermogene* le prétendoit ; mais qu'elle venoit immédiatement de Dieu, puisque l'Ecriture nous dit expressément que c'étoit Dieu qui avoit inspiré à l'homme un souffle de vie.

Enfin *Tertullien*, pour réfuter pleinement ceux qui prétendoient que l'ame sortoit du sein de la matiere, & qu'elle n'en étoit qu'une portion, entreprit d'examiner les différentes opinions des Philosophes qui étoient contraires à ce que la Religion nous apprend sur la nature de l'ame ; c'est l'objet de son livre *de l'Ame.*

Il dit que beaucoup de Philosophes ont cru que l'ame étoit corporelle ; que les uns l'ont fait sortir du corps visible, les autres du feu, du sang, &c. ; que les Stoïciens approchent plus du sentiment des Chrétiens, en ce qu'ils regardent l'ame comme un esprit, parce que l'esprit est une espece de souffle.

Tertullien dit que les Stoïciens croyoient que ce souffle étoit un corps, & que les Platoniciens croyoient au contraire que l'ame étoit incorporelle ; 1°. Parce que tout corps étoit animé ou inanimé ; & que l'on ne pouvoit dire que l'ame fût un corps animé, ni qu'elle fût un corps inanimé ; & voici, felon *Tertullien*, la preuve que les Platoniciens en donnoient.

» Si l'ame étoit un corps animé, elle re-
» cevroit fon mouvement d'un corps étran-
» ger, & ne feroit plus une ame : fi elle
» étoit un corps inanimé, elle feroit mue
» par un principe intérieur ; ce qui ne peut
» convenir à l'ame, puifqu'alors ce ne feroit
» point elle qui mouvroit le corps, mais
» elle-même qui feroit mue d'un lieu à un
» autre, comme le corps. »

Voilà, felon *Tertullien*, le raifonnement des Platoniciens, pour prouver que l'ame n'eft point un corps.

Cet Auteur qui avoit prouvé, contre *Hermogene*, que l'ame venoit de Dieu, parce que la Genefe nous difoit que *Dieu l'avoit produite en foufflant fur l'homme*, croyoit que le fentiment des Platoniciens ne s'accordoit point avec l'explication qu'il avoit donnée de l'origine de l'ame. Il attaque le raifonnement des Platoniciens, & prétend qu'on ne peut pas dire que l'ame eft un corps animé ou un corps inanimé, puifque c'eft, ou la préfence de l'ame qui fait un corps animé, ou fon abfence qui le fait inanimé, & que l'ame ne peut être l'effet qu'elle produit ; qu'ainfi on ne peut dire, ni que l'ame foit un corps animé, ni qu'elle foit un corps inanimé : que le nom d'ame exprime sa subsance & la nature de sa subsance, & qu'on ne peut la rapporter, ni à la classe des corps animés, ni à la classe des corps inanimés; qu'ainsi le dilême des Platoniciens porte absolument à faux.

A l'égard de ce que les Platoniciens disent, que l'ame ne peut être mue, ni extérieurement, ni intérieurement, *Tertullien* prétend que l'ame peut être mue intérieurement, comme cela arrive dans l'inspiration; que l'ame est mue intérieurement, puisqu'elle produit les mouvements du corps; qu'ainsi si la mobilité étoit l'essence du corps, les Platoniciens ne pourroient nier que l'ame ne soit un corps.

Voilà, selon *Tertullien*, ce que la raison peut apprendre aux Platoniciens; mais l'Ecriture, selon cet Auteur, nous donne sur l'ame beaucoup plus de lumiere. Elle nous apprend que les ames séparées des corps, sont renfermées dans des prisons, & qu'elles souffrent; ce qui est impossible, dit *Tertullien*, si elles ne sont rien, comme *Platon* le prétend : *Car*, dit-il, *elles ne sont rien, si elles ne sont pas un corps : car ce qui est incorporel, n'est susceptible d'aucune des affections auxquelles l'Ecriture nous apprend que les ames sont sujettes.*

Il est donc certain que *Tertullien* a cru que l'ame avoit, ou étoit un corps; mais, 1°. Il n'a point dit qu'elle fût, ni un corps tiré de la matiere brute, comme *Thales*, *Empedocles*, &c., ni du feu, comme *Heraclite*, ni même l'Ether, comme les Stoïciens.

L'ame n'étoit donc point, selon *Tertullien*, un corps matériel, puisque l'Ether étoit le dernier dégré de subtilité possible dans la matiere.

2°. *Tertullien* soutient que la division des corps, en corps animés & en corps inanimés, est défectueuse, & qu'on ne peut dire de l'ame, qu'elle soit, ni un corps animé, ni un corps inanimé ; ce qui seroit absurde, s'il avoit enseigné que l'ame étoit un corps, ou une portion de matiere. Car si l'ame est une portion de matiere ou un corps, il faut nécessairement qu'elle soit un corps animé, ou un corps inanimé ; car la matiere est, ou brute, ou inanimée, ou vivante ; organisée & animée.

3°. *Tertullien* soutient positivement qu'il y a milieu entre le corps animé & le corps inanimé, c'est-à-dire, la cause qui anime le corps ; laquelle n'est, ni un corps animé, ni un corps inanimé, & cette cause est l'ame ; ainsi, selon *Tertullien*, l'ame est un principe dont la propriété est d'animer un corps, & qui n'est point un corps ; l'ame, selon *Tertullien*, est donc distinguée de la matiere.

4°. *Tertullien* dit que l'ame est ainsi appellée à cause de la subst·nce, & il nie cependant que l'ame soit le feu ou l'Ether ; il suppose donc que l'ame est une substance immatérielle.

5°. *Tertullien* combat ici le sentiment des Platoniciens, qui prétendoient que l'ame étoit une certaine vertu, une espece d'abstraction dont on ne pouvoit se faire

aucune idée, & qui n'étoit rien, selon *Ter-*
tullien. Il ne dit donc que l'ame est un
corps, que pour exprimer qu'elle est une
substance; & c'est pour cela qu'il dit que
l'ame est un corps, mais un corps de son
genre. C'est ainsi que, lorsqu'il raisonne
contre *Hermogene*, qui prétend que la
matiere n'étoit ni corporelle, ni incorporelle, parce qu'elle étoit douée de mouvement, & que le mouvement étoit incorporel, *Tertullien* lui dit que le mouvement
n'est qu'une relation extérieure du corps,
& qu'il n'est rien de substantiel, parce qu'il
n'est point corporel.

6°. *Tertullien* dit qu'il est vrai que l'ame
est un corps, en ce sens qu'elle a les di-
mensions que les Philosophes attribuent
aux corps, & qu'elle est figurée; mais il est
certain qu'on peut croire l'ame immatérielle, & la supposer étendue. Ce sentiment
est soutenu par des Théologiens & des
Philosophes très-orthodoxes.

7°. *Tertullien*, dans le livre *de l'ame*,
réfute le sentiment qui distingue l'esprit de
l'ame, & soutient qu'il est absurde de
supposer dans l'ame deux substances; que
le nom d'esprit n'est qu'un nom donné à
une fonction de l'ame, & non pas un être
qui soit joint à elle, puisqu'elle est simple
& indivisible.

L'ame est une, dit-il, *mais elle a des*
fonctions variées & multipliées; ainsi, lorsque *Tertullien* dit que l'ame est un corps,
il est visible qu'il n'entend rien autre

chofe , finon que l'ame eft une fubftance fpirituelle & immatérielle , mais étendue.

8°. *Tertullien* , dans ce même livre *de l'Ame* , dit qu'il a démontré , contre *Hermogene* , que l'ame venoit de Dieu & non pas de la matiere , & qu'il a prouvé qu'elle eft libre , immortelle , corporelle , figurée , fimple.

Il eft donc certain que *Tertullien* n'a pas donné à l'ame un corps matériel , mais un corps fpirituel , c'eft-à-dire , une étendue fpirituelle , telle que beaucoup de Philofophes & de Théologiens l'attribuent à Dieu : ces Théologiens & ces Philofophes ne font taxés de matérialifme par perfonne.

Tertullien , qui avoit beaucoup d'imagination , regardoit les êtres inétendus des Platoniciens comme des chimeres , & croyoit que tout ce qui exiftoit étoit étendu & corporel , parce qu'il avoit de l'étendue , & que nous connoiffons les corps par l'étendue ; mais il ne croyoit pas que tout ce qui étoit étendu fût matériel , puifqu'il admet des fubftances fimples , des fubftances indivifibles.

Tertullien n'étoit donc point matérialifte ; & je ne conçois pas comment fes Commentateurs , & des Savants diftingués , n'ont point héfité à mettre cet Auteur au rang des matérialiftes.

L'idée que nous venons de donner du fentiment de *Tertullien* fur la nature de l'ame , leve , ce me femble , les difficultés que l'on tire des endroits où ce Pere dit que

Dieu

Dieu est un corps. Nous ne faisons ici que suivre l'explication de S. *Augustin.* ,, *Ter-* ,, *tullien,* dit ce Pere, soutient que l'ame ,, est un corps figuré, & que Dieu est un ,, corps, mais qu'il n'est pas figuré. *Ter-* ,, *tullien* n'a cependant pas été regardé ,, pour cela comme un hérétique ; car on ,, a pu croire qu'il disoit que Dieu étoit ,, un corps, parce qu'il n'est pas néant, ,, parce qu'il n'est pas le vuide, ni aucune ,, qualité du corps ou de l'ame ; mais ,, parce qu'il est tout entier par-tout, ,, remplit tous les lieux sans être partagé, ,, & reste immuable dans sa nature & dans ,, sa substance. ,, (*Aug. de Hær.* c. 86.)

Si *Tertullien* n'a pas été regardé comme un hérétique, parce qu'il a dit que Dieu ou l'ame étoit un corps, ce n'est pas que l'Eglise fût incertaine sur l'immatérialité de Dieu, ou sur celle de l'ame ; c'est parce qu'on croyoit que *Tertullien,* en disant que Dieu étoit un corps, n'avoit point voulu dire qu'il fût de la matiere, mais seulement qu'il étoit une substance ou un être existant en lui-même.

Comment donc l'Auteur de la *Philosophie du bon sens* a-t-il pu conclure du passage de S. *Augustin,* qu'on n'étoit point hérétique, du temps de *Tertullien,* en soutenant que Dieu étoit matériel ? Quelle idée faudra-t-il que nous prenions de son esprit, s'il n'a fait en cela qu'une faute de Logique ? Pourquoi, citant le passage de S. *Augustin,* cet Auteur a-t-il supprimé la raison que S.

Auguſtin donne , pour laquelle *Tertullien*
n'a point été regardé comme un hérétique ,
lorſqu'il fit Dieu corporel ? Si l'Auteur eſt
de bonne foi , ſa philoſophie n'eſt pas la
Philoſophie du bon ſens. [C'eſt l'Auteur du
Dict. des Héréſies qui nous a fourni cette
explication du paſſage de Tertullien.]

TRAJAN.

Des vertus de quelques Princes Payens.

M. de V. exalte beaucoup les vertus des *Trajans* , des *Marc-Aurele* , des *Antonins* ; mais on fait que les tableaux de ceux qu'il veut préconifer , font toujours fans ombre. Les hiftoriens exacts & impartiaux ne penfent , ni n'écrivent de même. „ *Trajan* , dit „ M. l'Abbé de la *Bletterie* , n'étoit pas „ fans tache. Infatiable de victoires , com-„ me *Alexandre* , & comme lui fujet au „ vin , réduit à la fage , mais humiliante „ précaution de défendre qu'on obéît aux „ ordres qu'il pourroit donner au fortir „ de fes longs repas , il étoit d'ailleurs ef-„ clare d'un vice honteux , que les Payens „ mêmes condamnoient. Le nom de *Seigneur* „ toujours détefté par *Augufte* , & néan-„ moins fouffert par *Trajan* , ne devoit „ pas être du goût des Républicains. En „ un mot , il étoit aifé de faire le Panégy-„ rique de ce Prince , fans rien dire de „ faux ; impoffible d'écrire fidélement fon „ hiftoire , fans infinuer au moins quelque „ chofe de défobligeant. „

Les autres Empereurs étoient des hommes , & par conféquent ils étoient fujets à bien des fautes , fur-tout dans une Religion fauffe , qui ne foutenoit pas leur vertu dans un équilibre parfait. MM. les Ency-

clopédistes qui reglent les rangs en ce monde,
disent que *Marc-Aurele* est le premier des
Princes & des hommes, & *Julien* le second.
Remarquez qu'il faut que ce soit deux
Payens qui aient les deux premiers rangs ;
„ mais, suivant M. de *Tillemont*, *Marc-*
„ *Aurele*, bien loin d'être un Dieu, n'étoit
„ pas même un homme sans reproche &
„ sans défaut, quand on n'en jugeroit que
„ selon les lumieres de la raison & selon
„ les regles humaines de la morale, &c. „
(Voyez l'Histoire des Empereurs, tome 2,
p. 395.)

Quant à *Julien*, on sait qu'il étoit le
singe de cet Empereur, & qu'il vouloit
l'imiter jusques dans ses défauts, sur-tout
dans la profusion des victimes qu'il immo-
loit aux Dieux. Car il étoit, dit M. *Bayle*,
infatué des superstitions du Paganisme, &
tellement infatué, qu'un Historien de sa
Religion n'a pu s'empêcher d'en faire une
espece de raillerie. Voyez JULIEN.

F I N.

TABLE.

TABLE.

F I N.

9 782019 216153